OTTO PROKOP · WOLF WIMMER

Der moderne Okkultismus

gustav fischer
taschenbücher

Der moderne Okkultismus

Parapsychologie und Paramedizin

Magie und Wissenschaft im 20. Jahrhundert

Von

Prof. Dr. med. Otto Prokop

und

Dr. jur. Wolf Wimmer

Mit 28 Abbildungen und 15 Tabellen

GUSTAV FISCHER VERLAG · STUTTGART

1976

CIP-Kurztitelaufnahme der Deutschen Bibliothek

Prokop, Otto
Der moderne Okkultismus : Parapsychologie u. Paramedizin, Magie u. Wiss. im 20. Jh. / von Otto Prokop u. Wolf Wimmer.
(Gustav-Fischer-Taschenbücher : Medizin)
ISBN 3-437-10420-9

NE: Wimmer, Wolf :

Satz: Bauer & Bökeler oHG · Denkendorf
Druck: Offsetdruckerei Karl Grammlich · Pliezhausen
Einband: Großbuchbinderei Sigloch, Stuttgart
Printed in Germany

Unseren Eltern

Vermeide die Lehren der Grübler,
deren Theorien nicht durch die
Erfahrung bestätigt werden.

LEONARDO DA VINCI

Vorwort

Nicht erst hier stellen wir fest:

1. Hochschullehrer haben die sittliche Verpflichtung, ihren Schülern klare Bilder von dieser Welt zu vermitteln, in der sie sich zurechtfinden müssen.
2. Das vorliegende Buch ist ein Protest und eine Anklage, gerichtet gegen die Tätigkeit der Parapsychologen und Paramediziner, die mit Unterstützung einer bestimmten Presse nunmehr jahrelang ungestraft die Öffentlichkeit gründlichst fehlinformiert haben.
3. Daß viele Wissenschaftler zu den in diesem Buch angeschnittenen Dingen schweigen, verrät entweder Überbeschäftigung mit ihrem Fachgebiet, Gleichgültigkeit oder Uninformiertheit und Fehlen an Argumenten, die in der Tat im Schrifttum weit verstreut liegen und aufgefunden werden müssen.
4. Fairneß hat aus Gründen der Psychohygiene ihre Grenzen.

Diese sehr lapidar und manchen Lesern zu einfach klingenden Feststellungen kommen natürlich nicht aus «heiterem Himmel», sondern sind das Ergebnis einer jahrelangen Befassung mit der Materie, zahlreicher Diskussionen und aus Erfahrungen, die wir im Gerichtssaal sammelten. Die okkulten Argumente erweisen sich für den Erfahrenen als immer die gleichen.

Vor dem ersten Weltkrieg machten die denkenden Pferde von Elberfeld viel von sich reden. Sie konnten Zahlen von einer Tafel ablesen, auch wenn sie nicht in Ziffern, sondern phonetisch geschrieben waren, und damit Rechenoperationen durchführen, die mündlich oder schriftlich gegeben waren. Sie konnten auch durch Klopfen Namen nennen und die Uhrzeit ansagen, ja sie konnten Wurzeln ziehen und zwar Quadratwurzeln, Kubikwurzeln und Vierte Wurzeln. Unter den rechnenden Pferden war sogar ein angeblich blindes Pferd! Die Behandlung des gesamten Stoffes erinnert an die Art, mit der die moderne Parapsychologie ihre Fälle bearbeitet. Und viele Gelehrte von hohem Rang beeilten sich, die Phänomenologie zu bestätigen. Unter ihnen waren Professoren, Doktoren und auch Pfarrer. Man stelle sich vor, solche Gelehrte würden als «Sachverständige» vor Gericht auftreten und sich – wie bei den denkenden Pferden geschehen – zu Protestresolutionen zusammenschließen, wenn ein seriöser Experte ganz einfach einen Dressurtrick annimmt. So war es in der Tat im Fall der denkenden Pferde, wo herauskam, daß die «Zählvorgänge» bei den Pferden ganz einfach durch Rucken an den Zügeln vom Pferdepfleger gesteuert waren usw. Welche Pseudogelehrtheit haben diese Pferde ausgelöst, ja sogar – wie in der Parapsychologie – statistische Auswertungen.

Man mag sich über derlei Schnurren amüsieren und schließlich achselzuckend resignieren, weil eben «der Blödsinn ewig blüht» und es noch keinem gelang, dem Stultus, der den Sapiens belehren möchte, seinerseits etwas beizubringen. Der Spaß hört jedoch auf, wenn man das Ende sieht, nämlich die schweren Schäden nicht nur finanzieller, sondern vor allem körperlicher und seelischer Art, die der Okkultismus in unserer Bevölkerung tagtäglich anrichtet. Es bleibt ja nicht bei harmlosen Schrullen, wie die, daß jemand auf den Sonntagsschweinebraten verzichtet, nur weil er fürchtet, es könne die verstorbene Großmutter darinstecken. Das Übel hat ganz andere Dimensionen: Elend, Krankheit und vorzeitiger Tod von Hunderttausenden durch gewissenlose Okkultverbrecher, das sind die wahren Folgen des ungeistigen Schwärmertums, das nun von verantwortungslosen Multiplikatoren bereits wieder zur Volksseuche großgezogen worden ist. Im Angesicht der Gefahr für die Volksgesundheit erachten wir uns als verpflichtet, zur Trockenlegung des Sumpfes beizutragen.

Die Verfasser

Inhaltsverzeichnis

Einführung

Wir haben an anderer Stelle nicht nur einmal demonstriert, daß sehr viele Menschen einen Hang zu Mystik und Parawissenschaften zeigen. Die Flut an Literatur beweist das. Auch ist es absolut unbestritten, daß sich immer mehr Menschen die Frage vorlegen, welchen Sinn ihr Dasein eigentlich hat. Da diese Frage naturwissenschaftlich oder überhaupt wissenschaftlich nicht geklärt werden kann, sucht ein Teil der Menschen Schutz bei dem, der mehr verspricht – so ein Weiterleben nach dem Tode in besseren Umständen. Noch mehr – getrieben vom Untergrund der genetischen Konstitution und hineingestellt in die Umwelt, fühlen sich wohl alle diejenigen, bei denen ein Gefühl für Schuld und Sühne ausgebildet ist, früher oder später unverstanden, durch andere überrundet und zurückgesetzt und verlangen nach Anerkennung und Belohnung. Glaubensgemeinschaften versprechen das und doch: Durch das von diesen angelegte enge Korsett überlieferter Moralvorstellungen wirken sie triebbehindernd: Du sollst nicht, Du darfst nicht, Du mußt, Du darfst nicht begehren! Gleich dem Programm politischer Parteien wird der Weg in die Zukunft vorgezeichnet, in die nächste Generation und zum Himmel oder zur Hölle. In der Gemeinschaft werden Regeln vorgegeben, die den Menschen von Geburt an bis zu seinem Ende begleiten, und naturgemäß von der Gesellschaftsordnung beeinflußt steht ihm der nächste bei – oder er tut es nicht! Denn der eine ist mehr gemeinschaftsfähig als der andere. Und wieviele denken vorrangig nur an sich? Je größer aber die Populationen werden, desto strenger werden die Regeln, die ein erträgliches Zusammenleben ermöglichen. Die Exposition des Einzelnen auch gegenüber Partnern wird immer prekärer. Und was soll alles, wenn morgen schon das Ende kommt. Zur konsequenten Behandlung dieser Fragen kommen die meisten wohl nicht und schieben die Antwort hinaus von heute auf morgen und von morgen auf übermorgen. Doch es gibt da Überbrückungshilfen: Alkohol, Nikotin, Alkaloide und Psychodrogen, «Sonnenbrillen für die Psyche» alle mit aufschiebender Wirkung, und *es gibt noch die Parawissenschaften, die auf einfache Fragen auch mit einfachen Antworten bereitstehen:*

Du brauchst Dir keine Sorgen machen, das hat keinen Sinn, denn alles ist in den Sternen vorgezeichnet! *(Astrologie)*

Daß Dein Vater an Krebs starb, ist klar, denn er lag auf einer Wasserader und die Strahlen sind zu beseitigen. *(Radiaesthesie)*

Die Krankheit ist leicht heilbar, denn HAHNEMANN hat unzweideutige Regeln aufgestellt. Man braucht nur Mittel geben, die... *(Homöopathie)*

Die Krankheit ist sicher am Auge zu diagnostizieren, also ist Sorge nicht am Platz. *(Augendiagnose)*

Ein anderer Mensch ist stest mit Dir verbunden, wenn Du in einer Notsituation bist, und errät Deine Gedanken. *(Telepathie)*

Wenn wir Erdöl für unsere Kraftfahrzeuge brauchen, so können wir es finden und die Tiefe seiner Lage und seine Mächtigkeit erschließen. *(Wünschelrute)*

Bei Schmerzen solltest Du keine Sorge haben und Dich nicht fürchten, denn ein einziger Nadelstich genügt, um sie zu beseitigen. *(Akupunktur)*

Wenn Du älter bist und willst wieder jung sein, so können das Frischzellen besorgen oder «spezifische Nervennahrung»: Lezithin. *(Frischzellentherapie)*

Das Leid, das Dich ergriffen hat, als die Mutter starb, ist nicht so groß, denn sie wird sich erfahrungsgemäß bei Dir melden und Dir über ein Medium Auskunft geben. *(Parapsychologie)*

All das Aufgezählte hat für den naturwissenschaftlich geschulten Betrachter folgende Charakteristiken:

1. Bei den Vertretern all dieser Behauptungen gibt es Rückfrageverbot, denn die Grundzüge seien der Menschheit schon seit hunderten oder gar tausenden Jahren bekannt, also stehe ein Ableugnen dem Wissenschaftler schlecht an.

2. Auch wenn die Behauptungen absurd sind, so werden sie doch von einigen ehrenwerten Menschen, darunter auch Wissenschaftlern hohen Grades, wenn auch nicht mit logischen Argumenten, so doch gemütsmäßig vertreten («Man sollte sich um diese Dinge kümmern»).

3. Diejenigen, die ablehnen, sind unverbesserliche Rationalisten, die vom «grünen Tisch» aus das verwerfen, «was ihnen nicht in den Kram» paßt. Denn «Es gibt mehr Dinge zwischen Himmel und Erde».

4. Noch mehr: die, die kritisieren, «haben einen Auftrag», «gehören einer politisch anderen Partei an», «sind vorgeschickt». «Politisch Ding --- schlechtes Ding.»

5. Da alle Parawissenschaften und darunter auch die Parapsychologie früher oder später oder gar stets von den Vertretern der Naturwissenschaften herausgefordert werden, verbünden sie sich gegenseitig und entleihen wechselseitig Argumente.

6. In allen Streitfällen beteiligen sich auch Geistesschwache und manche Vertreter der Presse, da Halbbildung meist völlig ausreicht, um hier mit einigen allgemeinen Schlagworten mitzureden.

7. Massenpsychologisch sind die Okkultisten und Parawissenschaftler stets im Vorteil, weil

suggestive Behauptungen wesentlich wirksamer sind als Beweisführungen (LE BON)

weil sensationelle Behauptungen höheren Auffälligkeitswert besitzen und dann selbst fehlerhafte Einzelbeobachtungen, überzeugend vorgetragen, höherrangig und vorrangiger akzeptiert werden, als mühsame Widerlegungen oder Überprüfungen «eiskalter« Wissenschaftler. Diesen Eiskalten aber werden «große Gelehrte» vorgehalten.

Es wird in diesem Zusammenhang z.B. der große GOETHE gerne zitiert, der sich bekanntlich nicht nur einmal, sondern vielfach und tüchtig geirrt hat (Farbenlehre), aber stets als Garant der Parawissenschaftler ebenso herhalten muß wie bei Festansprachen in akademischen Gremien, und was würde sich hier besser eignen als der «Faust»:

«Daran erkenn' ich den gelehrten Herrn:
Was ihr nicht tastet, steht euch meilenfern,
Was ihr nicht faßt, das fehlt euch ganz und gar,
Was ihr nicht rechnet, glaubt ihr, sei nicht wahr,
Was ihr nicht wägt, hat für euch kein Gewicht,
Was ihr nicht münzt, das, meint ihr, gelte nicht.»

(Doch das spricht der Teufel!)

8. Unerklärliches läßt sich wissenschaftlich mitunter so raffiniert aufmachen, daß man erst durch längeres Nachdenken hinter den Trick kommt. So gibt es eine Reihe von mathematischen Ansätzen, mit denen man «beweisen kann», daß eins gleich zwei ist oder in der Planimetrie 63 gleich 64 gleich 65 ist oder zwei gleich unendlich (vgl. LIETZMANN, 1969).

9. Hochschullehrer finden es mitunter unter ihrer Würde, sich mit der Materie überhaupt zu befassen, und halten es als Zeichen des «freien Wettbewerbes» oder «freien Spiels der Kräfte» oder gar als «Zeichen der Demokratie und der freiheitlichen Gesellschaftsordnung», wenn auch «die anderen zu Wort kommen». Und so, meinen sie, werde das Leben bunt und abwechslungsreich.

10. Das alte Sprichwort «Trau – schau wem» und das Dahinterleuchten hinter die materiellen Interessen, die Infamie, die betrügerischen Machenschaften, wird als unvornehm angesehen, und es werden folgende Epitheta angehängt:

Die Geologen sind ja nur *neidisch*, daß wir mit der Wünschelrute *auch* Wasser finden!

Die Hochschulmediziner *neiden* uns den Homöopathen ja nur die große Beliebtheit in der Öffentlichkeit!

Sie *hassen* uns ja nur, weil wir mehr Geld verdienen und *bedrohen* uns deshalb mit dem Kadi!

Und unsere diagnostischen Erfolge sind ja besser, was dadurch bestätigt wird, daß alle von der Wissenschaft Enttäuschten zu uns kommen.

11. Hätte man einem Wissenschaftler vor 200 Jahren gesagt, daß wir einmal Eisenblöcke mit Gammastrahlen durchleuchten können, so hätten sie uns ausgelacht. Und sie hätten uns ausgelacht, wenn wir ihnen gesagt hätten, daß wir die Stimmen von Menschen aufzeichnen können oder Apparate nach der wissenschaftlichen Prosperität eines Großunternehmens befragen können usw. So sind die, die nur stets leugnen, die «ewig Gestrigen», die dem Fortschritt der Menschheit aus Hochmut und Selbstdünkelei ständig Hindernisse auftürmen. Dabei sei der Mensch das «feinste Registrierinstrument», das auch voraussehen könne.

So können wir fortsetzen – und nach jahrelanger Befassung mit der Materie der Parawissenschaften tritt schließlich eine Sättigung ein, die manchen Naturwissenschaftler davon überzeugt, daß es letztlich keinen Sinn habe, sich auf diesem Gebiet anzulegen. So kommt es dann zu unserer heutigen Situation, die uns veranlaßt, dieses kleine Buch zu schreiben.

Tab. 1: Daten zur Verbreitung abergläubischer Vorstellungen

Glauben an den Teufel		
Protestanten	22 %	ALLAN-SCHIFF-KRAMER (1969)
Katholiken	52 %	ALLAN-SCHIFF-KRAMER
Katholische Kirchgänger	76 %	ALLAN-SCHIFF-KRAMER
USA-Bürger	36 %	Umfrage der Washington Post
jeder 20. ist davon überzeugt, daß er selbst oder eine nahestehende Person vom Teufel besessen ist oder war		April 1974
Glauben an die Existenz von Hexen		
Erwachsene Bürger der BRD (n = 2000)		Repräsentativumfrage Allensbacher Institut für Demoskopie Nr. 25 (1973)
Männer, die fest an H. glauben	2 %	
Frauen, die fest an H. glauben	2 %	
Vielleicht gibt es Hexen		
Männer	6 %	
Frauen	11 %	
Glauben an Erdstrahlen		
Kraftfahrer, die befragt wurden (männlich, n = 569)	10 %	PROKOP,O., und PROKOP, L. (1955)
Glauben an Astrologie		
Kraftfahrer, die befragt wurden (männlich, n = 569)	5 %	PROKOP, O., und PROKOP, L. (1955) «mehr oder weniger»
Engländer	40 %	R. EISLER (bei REINERS 1951)
«Glauben Sie an eine Beeinflussung unseres Lebens durch die Sterne?»	11 % ja	IFAK (Institut für Absatzforschung Wiesbaden Erhebung für BRD)
«Glauben Sie an die Möglichkeit, daß man aus den Sternen die zukünftigen Ereignisse ablesen kann?»	22 % ja	IFAK, Wiesbaden Dez. 1974
Glauben an das Zweite Gesicht		
Erwachsene der BRD und WB		BENDER (1971) nach Erhebungen des Allensbacher Instituts für Demoskopie, 1958
glauben daran	53 %	
unentschieden	11 %	
Glauben an Spuk		
glauben daran	18 %	dito
unentschieden	11 %	

Glauben an Amulette		
Nach Feststellungen von privater Seite	85 %	nach ALLAN (Wien) persönliche Mitteilung
Glauben an außersinnliche Wahrnehmung		
Glauben an ESP (extrasensory perception)		Erhebungen durch Fragebogen an Lesern von New Scientist,
«sicher»	25 %	1972
möglich	42 %	Ausgewertet von 1500 Lesern der Zeitschrift (Science, vol. 181, Seite 143, 1973); offenbar nur England

Literatur

ALLAN-SCHIFF-KRAMER: Falsche Geister–Echte Schwindler
Paul Zsolnay Verlag, Wien, Hamburg (1969)
BENDER, H.: Unser sechster Sinn
Deutsche Verlagsanstalt, Stuttgart (1971)
LIETZMANN, W.: Wo steckt der Fehler? 5. Aufl.
Teubner Verlagsgesellschaft, Leipzig (1969)
PROKOP, O. und PROKOP, L.: Ermüdung und Einschlafen am Steuer
Zschr. gerichtl. Med. 44, 343 (1955)
REINERS, L.: Steht es in den Sternen?
Paul List Verlag, München (1951)

Astrologie

Die Tatsache, daß berühmte Politiker, Geschäftsleute, Verleger und auch Schauspieler und Schauspielerinnen Astrologen bemühen und Horoskope anfordern, wird von vielen Menschen als Gütezeichen für die Astrologie angesehen. Wenn sich erfolgreiche Schauspielerinnen wie Marlene Dietrich oder Hildegard Knef für die Astrologie verwenden, wird das so assoziiert: In beiden Fällen schließt der unbefangene Betrachter: «Sie waren erfolgreich, weil sie sich nach den Sternen richteten.» Andere sagen, es sei – auch wenn am Geburtshoroskop nichts stimme – doch klar erwiesen, daß im September Menschen vom Typ Jungfrau geboren würden, eben Menschen mit eigener Charakterologie usw. Daß sich 1974 «Der Spiegel» in einem besonderen Heft (Nr. 53) eingehend mit den Hintergründen auseinandergesetzt hat, bezeugt das öffentliche Interesse an dieser Materie. Daß sie auch genetische Aspekte hat, wird in dem Augenblick auch dem Laien evident, wenn er sich vor Augen hält, daß sich zweieiige Zwillinge, die zur gleichen Zeit geboren werden, genetisch wie Geschwister verhalten. Diese Frage scheint den Autoren wichtig. Und noch ein anderes: Nach astrologischer Lehre beginnt mit der Geburt eine Kausal-Ereignis-Kette, deren Ende grob, nach astrologischer Meinung, programmiert ist. Kann man, wenn ein Teil dieser Kette abgelaufen ist – nicht auch rückwärts verfolgen, denn die einzelnen Bestimmungsglieder liegen ja nun definiert vor?

Es ist fast unwürdig, daß sich ein Hochschullehrer die Zeit nimmt, zu einer Disziplin Stellung zu nehmen, die dem finstersten Aberglauben angehört. Trotzdem mußten wir das nicht nur einmal tun, und wenn schon nicht aus dem Fach Gerichtsmedizin heraus, an das auch solche Dinge herangetragen werden, so doch aus den vielen Debatten, in die jeder Mensch früher oder später einmal hineingezogen wird, und sei es nur, weil Verwandte und Bekannte bei einem Familientreffen darüber in «sachkundiger» Weise zu sprechen beginnen. Daß die Grundzüge der Lehre grundfalsch sind, geht aus folgenden Argumenten hervor, die wir einmal zum Zwecke einer Gerichtsverhandlung zusammengestellt haben:

Einige nichtmedizinische Bemerkungen zur Astrologie

a) Die Sterne stehen im Kosmos nicht dort, wohin sie die Astrologen plaziert haben. Durch die Präzession ist eine Verlagerung eingetreten. Sie standen vor 2000 Jahren dort, wo sie die Astrologen noch heute vermuten.

b) Die Häuserlehre der Astrologen stellt eine willkürliche und durch nichts begründete Aufteilung des von der Erde aus zu übersehenden und nicht zu übersehenden Sternenhimmels dar. Sie ist selbst für einen Laien eine Zumutung – nur denkt er darüber nicht nach.

c) In der Astrologie haben die meisten Sterne des Himmels keine Bedeutung. Der Polarstern, der Große Bär, die Sterne der Milchstraße, der Orion, sind z.B. ohne Bedeutung. Nur zehn «Planeten» (darunter auch Sonne und Mond) und die Sterne der Tierkreiszeichen haben Gültigkeit.

d) Die Lehre der Aspekte ist nur aus dem alten Götterglauben heraus zu verstehen. Standen sich die Sterne gegenüber (standen sich die Götter gegenüber) = 180 Grad – in der Astrologie als Opposition bezeichnet –, so war die Wirkung der Sterne aufeinander ungünstig («Kampfposition»).

e) Die Ausdeutung einer «astrologischen Konstellation» von Gestirnen im Horoskop ist so vielfältig, daß Nachhineintreffer in jedem Falle konstruiert werden können. Hierbei helfen die Primär- und Sekundärdirektionen, die «Transite», die «Aszendenten», die «Generalsignifikatoren», die «Mundanaspekte», die «Zeitregenten» usw. Die Trefferkonstruktionen sind Meisterwerke der Kritiklosigkeit.

f) Die Zuordnung der Menschen (Tiere, Schiffe, Gebäude) zu bestimmten, ihren Charakter bedingenden Tierkreiszeichen ist gänzlich unbegründet. In der Astrologie gelten z.B. «Stier»-Menschen als zähe Nützlichkeitsmenschen mit großem Familiensinn (Robespierre, Kant und Hitler waren «Stiere»). «Krebsmenschen» zeigen ein Mißverhältnis zwischen Wollen und Können, sie sind unentschlossen, weiblich und ohne Ausdauer (Cecil Rhodes, Graf Zeppelin). «Waagenmenschen» haben ein starkes Gerechtigkeitsgefühl, aber keine Tatkraft (Hindenburg, Foch, Himmler). Das Gericht mache einen Versuch: man gebe dem Astrologen eine genaue Schilderung des Charakters eines ihm unbekannten Mannes und erläutere dessen Schicksal. Dann gebe man ihm das Geburtsjahr und gestatte ihm sogar eine Rücksprache mit der Ehefrau des Probanden, die er über Charaktermerkmale ihres Mannes nach Belieben ausfragen kann. Dann möge er das zuständige Tierkreiszeichen nennen. Er wird nicht in der Lage sein – der Autor hat den Versuch mehrfach angestellt.

Nun ist das Merkwürdige an der Astrologie, daß ja nur *die* Sternenkonstellation für den Menschen Bedeutung haben soll, die zur Zeit der Geburt unterstellt wird, und nicht schon die eines früheren Zeitpunktes, in dem der Mensch im eigentlichen Sinne mit seinem späteren Schicksal ausgestattet wird oder ausgestattet werden kann, nämlich dem der Vereinigung von Ei – und Samenzelle. Das ist der Zeitpunkt der Komposition der schicksalsträchtigen Erbmasse. Dieser Zeitpunkt steht aber zu dem der Geburt in keinem gesicherten zeitlichen Zusammenhang, da es verschieden lange Tragzeiten gibt, die selbst der Gesetzgeber in einer großen Zeitspanne anerkennt (181 bis 302 Tage). Man kann daher heute sagen, daß durch die Genetik und Medizin gegen die Astrologie der letzte und vernichtende Schlag geführt worden ist.

1. Zwillingslehre: Zwei eineiige Zwillinge oder zwei zweieiige Zwillinge sind auch Horoskopzwillinge. Eineiige Zwillinge sind stets gleichgeschlechtlich und besitzen absolut zuverlässig das gleiche genetische Material, sind daher z.B. in allen Blutgruppeneigenschaften und hinsichtlich der Enzymmuster gleich. Sie erkranken sogar – insbesondere bei entsprechender Anlage, etwa für eine Stoffwechselanomalie, – annähernd gleichzeitig. Trotzdem hat der eine später einen schlechten Ehepartner gewählt, der andere einen guten. Der eine gerät unter ein Auto, der andere aber stirbt Jahre danach an einer Tumorerkrankung.

2. Ein heterozygoter Vater mit der Blutgruppe A_1 Rh-positiv vom Typ R_1r (*CDe/cde*) kann seinem Kind folgende «Chromosomensätze» vererben, d.h. von entsprechenden Autosomen gesteuert, folgende Kombinationen:

A_1r, A_1R^1, $O\,r$, $O\,R^1$

Angenommen, die Mutter habe als Kind einmal eine Bluttransfusion eines Rh-positiven Spenders erhalten und habe selbst die Eigenschaft O rr (*cde/cde*) und im Serum Antikörper gegen die Eigenschaft Rh, so können folgende schicksalhafte Ereignisse eintreten:

a) Ein A-geprägtes Spermium des Ehemannes gelangt gar nicht zur Befruchtung und wird im Zervixsekret durch das dort vorhandene Anti-A, das bei O-Frauen hier auch vorhanden ist, inhibiert.

b) Ein O-geprägtes Spermium, das dem Kind auch noch die Eigenschaft r (cde) vermittelt, kommt zur Befruchtung. Erfolg: Die sich entwickelnde Frucht ist genetisch OO rh/rh (oder rr = *cde/cde*) und es wird gesund sein.

c) Ein O-geprägtes Spermium von Typ R_1 kommt zur Befruchtung. Das Kind wird dann vom Genotyp OOR^1r (*Phaenotyp O Rh +*) sein. Durch die im mütterlichen Serum vorhandenen und weiter stimulierten Rhesusantikörper aber tritt eine haemolytische Neugeborenen-Erkrankung auf. Das Kind kommt gelb oder hydropisch zur Welt und hat wegen eines Krampfleidens später im Leben schlechtere Möglichkeiten.

d) Ein Spermium mit der genetischen Prägung A_1R^1 bewirkt, wenn es zur Befruchtung führt, ein Kind vom Typ A_1Rh + (genotypisch A_1O R^1r) und es wird wegen des bekannten ABO/Rh-Antagonismus klinisch entweder gesund oder nur wenig erkrankt sein.

e) Ein Kind, das vom Vater A_1r ererbt, wird später die Gruppe A_1Orr hinsichtlich seines Genotyps haben und im Phaenotyp als A_1rh-negatives Kind gesund sein. Es sei denn – es verwirklicht sich eine ABO-Erythroblastose.

Welches Kind nun zur Welt kommt, entscheidet aber der Zeitpunkt der Prägung der Zygote oder, wenn wir weiter zurückverfolgen, der Zeitpunkt, zu dem die Geschlechtszellen entstehen. Oder gar, als die Mutter vor Jahren immunisiert wurde. Diese Zeiten stehen in keinem Zusammenhang mit dem Geburtshoroskop. Nun sind über 1000 genetische Syndrome und Mißbildungen bekannt und für einen Teil von diesen liegt die Ursache in einer «Nondisjunction», was bedeutet, daß infolge Nichttrennens homologer Chromosomen bei der ersten meiotischen Teilung letztlich «Trisomien» zustandekommen. Das Individuum hat dann ein Chromosom zuviel. Oder ein anderer Fall: Durch ein genetisches Mißgeschick geht ein Chromosomenstück verloren: Deletion. Die entsprechenden Kinder solcher Anlagen können aber leicht, mittelgradig oder schwer krank sein, oder sind nicht lebensfähig.

Eindrucksvoll ist die Astrologie auch durch die Embryopathien zu widerlegen. Hätte die schwangere Mutter zur Zeit der sensiblen Phase der Entwicklung des Embryos vielleicht zwischen dem 20. und 40. Tag seiner Entwicklung kein Thalidomid genommen, wäre ein gesundes Kind zur Welt gekommen, so aber stellen sich verschiedene klinische Stigmata ein: Herzmißbildungen, Fehlen von Gliedmaßen, alle Gliedmaßen verkürzt etc. So haben die Tabletten das Schicksal des Kindes bestimmt und nicht das Geburtshoroskop. Hätte die Herstellungsfirma das schädliche Medikament nur einen Tag früher zurückgezogen, könnte das Kind ungeschädigt zur Welt gekommen sein. So aber war vielleicht die Postverbindung oder das Telefon gestört.

Die Überlegungen können beliebig fortgesetzt werden. In einer großen Familie würde z.B. ein rezessives Gen vererbt, das seine Träger nur bei homozygoter Anlage erkranken läßt. Alle in der Familie sind klinisch gesund. Ein junger, hinsichtlich des Gens heterozygoter Mann aus der Familie aber verliebt sich in seine ebenfalls heterozygote Kousine und sie zeugen ein Kind. Dieses *kann* nun, je nachdem wie der jeweilige Chromosomensatz in den Geschlechtszellen ausgestattet ist, homozygot hinsichtlich des schädlichen Gens sein und trägt das schwere Erbleiden.

Wann also entscheidet sich das Schicksal des Kindes primär? Doch wohl zu dem Zeitpunkt, als die beiden Partner sich kennen lernten und sekundär durch den Zufall, daß *gerade die beiden* den Schaden vermittelnden Chromosomen in ihren Geschlechtszellen zusammengetreten sind.

Nur der Laie wird sagen, daß diese Beispiele sehr weit hergeholt sind. Doch könnten gleich 100 Beispiele für so entstehende genetische Erkrankungen genannt werden.

Zurück zur Blutgruppenkunde, um zu zeigen, wie die Ärzte heute in das Horoskop «eingreifen». Nehmen wir den gar nicht seltenen Fall an, bei einer Rhesussituation würde ein Arzt zu Rate gezogen, weil das Neugeborene nach der Geburt immer gelber wurde und es zu Krampfanfällen kam. Hatte der Arzt aber gerade die entscheidende Vorlesung an der Universität versäumt und ist mit dem Krankheitsbild deshalb nicht vertraut, so behandelt er konservativ, statt einen Blutaustausch vornehmen zu lassen. Das Kind ist verloren! Ursache ist aber nicht das schlechte Geburtshoroskop.

Doch diese Überlegungen, so schlüssig sie auch sind, können die gläubigen Astrologen nicht überzeugen. Sie huldigen weiter einem blinden Namensfetischismus und lassen die Waage-Menschen weiter im «Gleichgewicht ihrer Gerechtigkeit». Sie kümmern sich nicht darum, daß jedes Genie mit wenigstens 100 Horoskopzwillingen das gleiche Horoskop und das gleiche Schicksal haben müßte und doch war nur der Genius allein erfolgreich. Die Zeitungshoroskope sind aber hinsichtlich der darin verbreiteten Torheiten einsame Spitze, und sie werden wohl z. T. schon von Vorzimmerdamen in den Redaktionen angefertigt. Unter den heutigen Bedingungen der Wissenschaft darf daher selbst der gebildete Laie nicht mehr auch nur ein einziges Horoskop ernst nehmen bzw. das Geschwätz ihrer «wissenschaftlichen» Garanten. Diese berufen sich ja jetzt so gerne auch auf die Höhenstrahlung und andere Strahlungen, die auf den Menschen einwirken.

Wenn astrologische Horoskope überhaupt einen Zweck haben sollen, dann doch wohl nur den, daß der Betreffende einen Nutzen daraus ziehen kann – wenn er sich ein solches Horoskop anfertigen läßt. Sog. Astrologen, Astraltelepathen und Leute, die sich «Kosmobiologen» nennen, versprechen auch den Nutzen eines solchen «Gutachtens». Es enthält nur törichte, bestenfalls «intuitiv» der Persönlichkeit angepaßte («Fishing») Aussagen, etwa wie es auch bei

Kartenschlägerinnen der Fall ist. Doch daß der wissenschaftliche Wert gleich *null* ist – dieses Wissen ist heute auch einem Laien zumutbar:

1. Weil er sich fragt, warum der Astrologe für sich und seine Familie nicht Unheil abwenden kann,

2. Weil Grundzüge der Genetik heute auch schon in der Schule gelehrt werden und bei Nachdenken diese ihn skeptisch machen müßten,

3. Weil der Laie, spätestens seit den Diskussionen um den § 218 StGB, unbedingt wissen müßte, daß die «Menschwerdung» der Leibesfrucht – selbst nach religiösen Vorstellungen – nicht vom Geburtstermin abhängig ist, der in der Astrologie eine so große Rolle spielen soll,

4. Weil er erkennen muß, daß eine Berufung auf die Höhenstrahlung, die zur Zeit der Geburt nach Art eines Zeitzünders als «Schicksalstrahlung» wirken soll, kompletter Unsinn ist. Sie durchdringt auch schon vor der Geburt wegen ihres Energiereichtums den Leib der Mutter und des Kindes und kommt nicht von denjenigen Sternen, die in der Astrologie von Bedeutung sind.

Astrologen, insbesondere die, die für die einzelnen Tage vorgedruckte Horoskope ausgeben, sind deshalb entweder Oligophrene oder minderbegabte fanatische Psychopathen oder letztlich betrügerische Geschäftemacher. Die Astrologie ist daher nicht einmal wegen der ihr angeblich innewohnenden Gemütswerte, die in Kreisen von Halbgebildeten in sie hineinprojiziert werden, akzeptabel und kann ohne Not aus unserer Kultur entfernt werden, soweit sie nicht sogar Gegenstand strafrechtlicher Erhebungen sein muß (Betrug).

Tab. 2: Fehlleistungen prophetischer Art von «berühmten» Astrologen

Historisch:

Melanchthon hielt in Wittenberg auch Vorlesungen über Astrologie und prophezeite Karl V., daß er bis 1584 leben würde. Er hatte sich um dreißig Jahre verschätzt. Ferner sagte er dem Kind seines Freundes Melander hohe geistliche Würden voraus, doch hatte er vergessen, nach dem Geschlecht zu fragen – es war ein Mädchen. Er prophezeite Ferdinand I. von Toskana ein langes und glückliches Leben, doch starb dieser wenige Wochen später.

Mewes (1896)	Von 1932 an wird für Europa eine 28-jährige Friedensperiode sein.

Ferriem (1899)	Für Deutschland wird im nächsten Jahrhundert noch eine besondere Glanzperiode kommen, den Sohn des jetzigen Kaisers wird man den «Löwen» nennen; das Reich wird vergrößert; u. a. wird Russisch-Polen an Deutschland abgetreten werden.
Thebes (1905)	«Die Zukunft Belgiens ist äußerst trübe. Dieses kleine Land macht zwar einen ruhigen und glücklichen Eindruck... aber ich wiederhole meine früheren Worte: dieses Land wird ganz Europa in Flammen setzen.»
Reinhardt (1913)	Keine Kriegsgefahr. Behauptungen verdächtig auf Chauvinismus.

Literatur

Kemmerich, M.: Prophezeiungen. Alter Aberglaube oder Wahrheit, 4. Aufl. Albert Langen Verlag, München (1925)

Reiners, L.: Steht es in den Sternen? Paul List Verlag, München (1951)

Wünschelrute – Erdstrahlen – Radiästhesie
(«Strahlenfühligkeitslehre»)

Einer der Autoren dieses Buches wurde vor wenigen Monaten von einem ordentlichen Professor und Hochschullehrer, der sich am Rande einer Großstadt ein Wochenendhaus baute, gefragt, was er tun solle. Ein Wünschelrutengänger habe ihm Wasser angezeigt, doch liege die Bohrstelle so ungünstig. Er habe gehört, daß «wir uns mit der Frage befaßt hätten». Mehr in der Tat wußte er von diesem Komplex nicht. Da in der Nähe auf gleicher Höhe mehrere Siedler schon Wasser hatten, rieten wir ihm, an der günstigsten Stelle eine Bohrung niederbringen zu lassen. Sie war erfolgreich. Man darf schließen, daß dann, wenn ein Hochschullehrer (der Medizin) schon über den Komplex 1974 nicht Bescheid wußte, Kenntnisse von weniger Gebildeten nicht erwartet werden können. Deshalb haben sich die Autoren dieses Buches entschlossen, an der Verbreitung h a n d f e s t e r Kenntnisse mitzuwirken.

Im früheren Reichsgesundheitsblatt Heft 38, Seite 727/28 (1936) sah sich das damalige Reichsgesundheitsamt veranlaßt, der irreführenden Propaganda der Wünschelrutengänger, die die Existenz von sog. «Erdstrahlen» behaupteten, mit einer Erklärung entgegenzutreten. Da diese frei von politischen Erwägungen ist, nicht nationalsozialistisches Gedankengut beinhaltet und sachlich zutreffend ist, ist es trotz des gebotenen Abstandes von dieser Ära gestattet, diese Erklärung in wesentlichen Punkten zu zitieren. Sie ergänzt im übrigen eine Warnung vor dem Ankauf von Abschirmapparaten, Funkschmuck und dergleichen aus dem Jahre 1933 (veröffentlicht im Reichsgesundheitsblatt Seite 879). Die zu der Erklärung nötigen Prüfungen waren, wie der Veröffentlichung entnommen werden kann, nach Auswertung der auf «breiter Grundlage in Angriff genommenen Untersuchungen, die unter erheblichem Aufwand an Zeit und Kosten durchgeführt wurden», von zahlreichen Fachleuten vorgenommen worden.

Die zu beantwortenden Fragen ergeben sich mit den Antworten und Schlußfolgerungen aus der Erklärung, von der wir den zweiten Teil im Wortlaut abdrucken:

1. Gibt es einen ortsgebundenen und reproduzierbaren Rutenausschlag?

2. Bestehen irgendwelche Beziehungen zwischen den Aussagen der Rutengänger über «Erdstrahlenzonen» und dem Gesundheitszustand der darüber lebenden Menschen und Tiere? Wird das Wachstum von Bakterien von diesen «Erdstrahlen» beeinflußt?

3. Gibt es auf physikalischer Grundlage erbaute Apparate, die auf die gleiche Ursache wie die Wünschelrute ansprechend eine Kontrolle der Rutengänger gestatten?

4. Gibt es, falls das Vorkommen der «Erdstrahlen» bewiesen wird, irgendwelche Vorrichtungen, sie abzuschirmen?

Die auf Grund der Versuche erhaltenen Antworten auf diese Fragen sind sämtlich negativ ausgefallen:

1. a) Die Befunde mehrerer bewährter Rutengänger über «Erdstrahlenzonen» (sog. Reizzonen) ein und desselben Gebietes stimmten nicht miteinander überein.

b) Auch die Angaben desselben Rutengängers über «Erdstrahlenzonen» ein und desselben Gebietes stimmten bei Wiederholungsversuchen untereinander nicht überein.

2. a) Die Befunde verschiedener Rutengänger über die angeblich krebskrank machende Unterstrahlung von Wohngebäuden ließen in keinem Fall irgendwelche Beziehungen zwischen den angegebenen «Reizstreifen» und den nach statistischer Erhebung tatsächlich vorgekommenen Krebsfällen erkennen. Für die von den Rutengängern behauptete Existenz sogenannter Krebshäuser, die eine besondere Gefahr für die darin lebenden Menschen darstellen sollen, fehlt jeder Beweis.

b) Es konnte auch keine krankmachende Wirkung von mit der Wünschelrute angeblich gefundenen «Erdstrahlen» auf Tiere festgestellt werden. Vielmehr sind in den Stallungen gesunder Tierbestände von den Rutengängern «Reizstreifen» in derselben Stärke angegeben worden wie in Stallungen mit weniger gesundem Vieh.

c) Versuche an Kulturen verschiedenster Infektionserreger und an Tieren, die mit derartigen Kulturen infiziert wurden, haben keine Beeinflussung ihrer Virulenz durch «Erdstrahlen» erkennen lassen.

3. Die angeblich zum Nachweis der «Erdstrahlen» geeigneten Apparate (sog. objektive Wünschelruten) haben sich, soweit sie von uns untersucht worden sind, entgegen den Behauptungen der Herstellerfirmen und des Schrifttums hierfür sämtlich als unbrauchbar erwiesen. (Von einer Namensnennung der Herstellerfirmen mußte einer gegebenen Zusage gemäß abgesehen werden.)

4. Da somit kein Beweis für das Vorhandensein einer mit Hilfe der Wünschelrute oder ihr gleichwertiger Vorrichtungen auffindbaren pathogenen Strahlung erbracht worden ist, ist auch der Versuch, sie abzuschirmen, völlig sinnlos. Überdies hat kein Abschirmverfahren, das von uns untersucht und auf verschiedenen von Rutengängern angegebenen Reizstreifen geprüft werden

konnte, irgendwelchen Einfluß auf die Rutenreaktion oder die Anzeigen der obenerwähnten physikalischen Instrumente gehabt.

5. Schließlich ist auch die Behauptung, daß die Wünschelrute an Mensch und Tier Krankheitsherde finden könne, untersucht worden. Ein Beweis hierfür wurde nicht erbracht. Zwischen Rutenausschlag am gesunden und kranken Tier zeigte sich kein Unterschied.

Die aus den Befunden der Wünschelrutengänger abgeleiteten Gefahren für die Volksgesundheit konnten dem Reichsgesundheitsamt bisher in keinem Falle glaubwürdig nachgewiesen werden. Auch haben die unter Leitung des Reichsgesundheitsamts angestellten Versuche nicht den geringsten Beweis für das tatsächliche Bestehen der angeblich krankmachenden und vornehmlich krebserregenden «Erdstrahlen» erbringen können. Die von gewissen Kreisen verbreiteten gegenteiligen Behauptungen sind deshalb als verwerfliche Beunruhigung der Bevölkerung aufs schärfste zu verurteilen.

Berlin, den 12. März 1936.

Gezeichnet:

Professor Dr. AULER, Geschäftsführer des Reichsausschusses für Krebsbekämpfung,
Professor Dr. FRIEDRICH, Direktor des Instituts für Strahlenforschung der Universität Berlin,
Professor Dr. GERLACH, Direktor des Physikalischen Instituts der Universität München,
Professor Dr. GOETZE, Direktor der Klinik für Geburtshilfe und Kinderkrankheiten der Tierärztlichen Hochschule Hannover,
Professor Dr. HOLZLÖHNER, Direktor des Physiologischen Instituts der Universität Kiel,
Professor Dr. KOLHÖRSTER, Direktor des Instituts für Höhenstrahlenforschung der Universität Berlin,
Professor Dr. LINKE, Direktor des Universitätsinstituts für Meteorologie und Geophysik in Frankfurt a. M.,
Professor Dr. MATTHIAS, Direktor des Hochspannungsinstituts Neubabelsberg der Technischen Hochschule Berlin,
Professor Dr. MIESSNER, Direktor des Hygienischen Instituts der Tierärztlichen Hochschule Hannover,
Professor Dr. STARK, Präsident der Physikalisch-Technischen Reichsanstalt,
Oberbergamtsdirektor VERSE, Kommissarischer Präsident der Preußischen Geologischen Landesanstalt,
Geh. Reg.-Rat Dr. WEBER, Präsident i. R. des früheren Sächsischen Landesgesundheitsamtes.

Der Hinweis, das sei ja 1936 gewesen und die Erforschung der Wünschelrute sei ja inzwischen erheblich fortgeschritten, kann nicht angenommen werden. Unter den Unterzeichneten findet sich auch der

Name Prof. Dr. FRIEDRICHs, inzwischen verstorbenes und hochangesehenes Mitglied der damaligen Deutschen Akademie der Wissenschaften zu Berlin, der nicht nur einmal, sondern vielfach zum Ausdruck brachte, daß sich seine Meinung und sein fachmännisches Urteil über die Wünschelrute nicht geändert habe (persönliche Gespräche von Prof. Dr. Dr. hc. FRIEDRICH mit dem Autor P.).

Da die «Wünschelrutenforschung» sich auch nach dem 2. Weltkrieg – angefacht durch gewisse Illustrierte und Zeitungen von noch niedrigerem Niveau – erneut in das Bewußtsein der Bürger eingeschlichen hat, und diese und selbst staatliche Stellen in gröbster Weise mißinformiert wurden, ferner Betrügereien mit der Wünschelrute an der Tagesordnung waren, kam von sachkundiger Seite im Jahre 1950 folgende Erklärung zustande, die wir als zweiten harten Beleg im Wortlaut den Lesern ins Gedächtnis zurückrufen:

Erklärung

Die auf der Direktoren-Konferenz am 23. März 1950 in Heidelberg versammelten Direktoren der Geologischen Landesämter bzw. Landesämter für Bodenforschung in der Bundesrepublik Deutschland geben zur Frage der Wünschelrute folgende Erklärung ab:

Die Geologie fast aller Kulturstaaten, besonders in Deutschland, hat sich seit langen Jahren, um nichts unversucht zu lassen, mit zahlreichen exakten Prüfungen der Wünschelrute (des Pendels und Apparaten nach Art der Wünschelrute) beschäftigt. Sie hat keine Gelegenheit unterlassen, Angaben von Wünschelrutengängern mit den tatsächlichen Verhältnissen des Untergrundes zu vergleichen. Das klare Ergebnis ist, daß ein Zusammenhang zwischen Wünschelruten- (Pendel-) Ausschlag und Untergrund nicht erwiesen, ja noch nicht einmal wahrscheinlich gemacht worden ist.

Die Direktoren der genannten Geologischen Landesämter müssen daher nachdrücklichst darauf aufmerksam machen, daß die Wünschelrute zum Aufsuchen von Bodenschätzen jeglicher Art, einschließlich Wasser, völlig unbrauchbar ist. Vor allem muß bei allen Arbeiten, die ganz oder teilweise durch öffentliche Mittel finanziert werden, auf Grund dieser wissenschaftlichen Erkenntnis die Verwendung der Wünschelrute entschieden abgelehnt werden.

gez. Prof. Dr. RÜGER
gez. Prof. Dr. KIRCHHEIMER
gez. Dr. WEIDENBACH
gez. Dr. ARNDT
gez. Prof. Dr. KOCH
gez. Dr. HECK

gez. Prof. Dr. BENTZ
gez. Prof. Dr. MICHELS
gez. Dr. Ing. von HÜLSEN
gez. Prof. Dr. AHRENS

30. 11. 1950
gel. u. einverstanden
gez. BRÄUHÄUSER

Als nach der Einführung der UKW-Sendungen durch Rundfunk und Fernsehen prominente Wünschelrutenforscher behaupteten, sie hätten neue Beweise für den Wünschelrutenausschlag durch diese Strahlenqualität, veranstalteten der Direktor des Instituts für Gerichtliche Medizin der Universität Bonn, Prof. Dr. ELBEL und sein Assistent Priv.-Doz. Dr. PROKOP, eine Untersuchung, die schließlich zu der folgenden Erklärung führte, die wir in vollem Wortlaut ebenfalls widergeben:

Institut für Gerichtliche Medizin
der Universität Bonn
(Direktor: Prof. Dr. H. ELBEL)

Bonn, den 1. Mai 1954

Dr. Dr. WÜST hat in einem Vortrag, gehalten auf der Tagung des Verbandes der Ruten- und Pendelkunde e. V. in Passau vom 22. August 1952, folgende Versuche beschrieben:

1. Rutengänger konnten in einem Umkreis von 10–20 m um einen UKW-Sender herum keine Reizstreifen mehr auffinden. Der Sender hatte etwa 1 Watt Leistung, die Energie wurde durch die Schwingungsspule abgestrahlt, um eine möglichst geringe Reichweite zu erzielen. Die Wellenlänge wurde dabei zwischen 7 und 11 m variiert.

2. In nächster Nähe des Senders traten unspezifische Ausschläge auf, die aber schon in 2–3 m Entfernung aufhörten. Daran schloß sich eine Zone ohne jeden Ausschlag an. Bei etwa 20 m Abstand vom Sender konnte der Rutengänger allmählich wieder Reizstreifen feststellen.

3. Bei einem weiteren Versuch wurde mit einer UKW-Gegensprechanlage (Fabrikat Lorenz) gearbeitet. Das Gerät strahlte Wellen von 4,27 m aus, Leistung 0,3 Watt. Rutengänger WETSCHKY spürte die Strahlung mit der Schleifenrute auf 8 m, mit der Spiralrute auf 12 m Abstand. Analog zum ersten Versuch schloß sich auch hier eine Zone an, innerhalb derer auf Reizstreifen keine Ausschläge mehr erfolgten. Diese Zone reichte bis 150 m. Ab 200 m Abstand war wieder die volle Empfindlichkeit des Rutengängers vorhanden.

4. Versuch im Strahlungsfeld eines UKW-Grossenders (Langenberg-Mühlacker), Wellenlänge etwa 3 m. Unspezifische Rutenausschläge durch den Sender traten mit Abnahme der Intensität bis zu einem Abstand von etwa 600 m ein. Die mittlere Zone, bei der auch über Reizstreifen keine Ausschläge eintraten, war bei 4 km Abstand noch nicht erreicht. Weitere Versuche wurden durch Witterungseinflüsse verhindert.

Diese Versuche wurden im Institut für Gerichtliche Medizin der Universität Bonn nachgearbeitet.

Als technische Mittel waren vorhanden:

a) ein UKW-Sender, Wellenlänge = 2 m = 150 M-Hertz,
Leistung etwa 280 Watt, Antenne = abgestimmter Dipol,
b) ein Kurzwellensender, Wellenlänge von etwa 30 m = 10 M-Hertz,

Leistung etwa 7 W, Antenne = die Schwingungsspule.

Im *Prüffeld* (Abstand von dem Sender etwa 10 m) waren etwa folgende Energien vorhanden:

aa) beim 2 m-Sender etwa 30 Watt,

bb) beim 30 m-Sender etwa 1/100 Watt

Als Rutengänger waren tätig:

1. Herr Karl Heinrich Graf von KLINCKOWSTROEM, Bonn
2. Herr Ernst Paul SCHMIDT, Mehlem
3. Herr Hermann SCHERP, Bonn
4. Herr Samuel OTTE, Bonn

Es waren zwei *Halbkommissionen* gebildet worden, von denen die eine auf dem Versuchsfeld, die andere zur Beobachtung der Rutengänger von einem neutralen Ort bzw. am Sender arbeitete, um die Ergebnisse und Leistungen auf dem Prüffelde bzw. an den Sendern protokollarisch festzulegen.

Die Anordnung des Prüffeldes und der Sender

Das Prüffeld befand sich vor dem Institutsgebäude. Es war von zwei Reizstreifen durchzogen, die die Rutengänger vor dem Beginn der Versuche festlegten und bezeichneten. Die beiden Sender befanden sich im ersten Stock des Institutsgebäudes und strahlten ihre Energien durch das geöffnete Fenster. Der Dipol des 2-m-Senders war parallel zum Hause außerhalb des Fensters angebracht.

Es wurden zwei Versuchsreihen durchgeführt:

A. Mit dem ersten Versuch sollte ermittelt werden, ob auf dem neutralen Feld durch die elektromagnetischen Strahlungen Ausschläge auftraten.

Die Rutengänger begingen einzeln auf die Dauer von etwa zwei Minuten das Feld. Der Sender wurde in den Rutengängern unbekannten Zeiten ein- oder ausgeschaltet.

Das übereinstimmende Ergebnis der Rutengänger war:

> Ein Zusammenhang zwischen der Ultrakurzwelle (2m) und Kurzwellenstrahlungen bei den oben genannten Energien und den Rutenausschlägen ist *nicht* vorhanden.

B. Mit dem zweiten Versuch sollte ermittelt werden, ob über Reizstreifen die elektromagnetische Strahlung einen Rutenausschlag verhindern oder abschwächen kann.

Die Rutengänger überquerten einzeln etwa 6 bis 10 mal den Reizstreifen. Dabei waren bei jeder Überquerung die Sender ohne Wissen der Rutengänger ein- oder ausgeschaltet.

Ergebnis

> Eine Beeinflussung der Rutengänger durch die beiden Strahlungen der oben genannten Eigenschaften war in keinem Falle vorhanden.

Die Versuche wurden von den zwei voneinander unabhängigen Protokollführern vollständig schriftlich niedergelegt. Sie sind hernach ausgewertet.

Die Richtigkeit dieser Feststellungen und Ergebnisse wurde durch die Rutengänger, die Versuchsleiter und die Protokollführer durch Unterschrift bestätigt.

Daß alle diese genannten Erklärungen nicht «off hand» erfolgten, sondern wohl erwogen und wohl begründet waren, ist klar; dafür bürgt der Name von Universitätsinstituten, staatlichen Einrichtungen, wissenschaftlichen Akademien und Universitätsprofessoren, die ihren guten Namen nicht für eine schlechte Sache hergeben würden. Auch lagen bereits einschlägige Veröffentlichungen aus der ganzen Welt vor. Einige davon, die uns besonders wertvoll erschienen, haben wir an anderer Stelle einmal zusammengestellt. Sie sind aus der Tabelle 3 zu entnehmen.

Wir wollen die vorstehende Tabelle ergänzen und nochmals eine Erklärung bringen, die am Ende der von der Königlich Niederländischen Akademie der Wissenschaften 1955 herausgegebenen Schrift über die Brauchbarkeit der Wünschelrute in der Landwirtschaft steht (Seite 164 der Schrift, wörtliches Zitat):

«Endresultate.

Das Ergebnis der Untersuchungen, woran eine Anzahl bekannter Rutengänger mitgearbeitet hat und das auf ausgedehnten Versuchen beruht, führt zur Schlußfolgerung, daß die Wünschelrute keinen einzigen praktischen Wert hat für die Beurteilung der Tauglichkeit von Ställen als Aufenthalt für Tiere und vom Boden als Standort für Pflanzen. Dasselbe gilt für die schützende Wirkung gegen Beschwerden bei Tier und Gewächs, welche Abschirmapparaten zugeschrieben wird.»

Da, wie schon aus dem vorigen ersichtlich, die Wünschelrutengänger und die Pendler sich immer wieder auf Ausstrahlungen aus der Erde berufen, die sog. «Erdstrahlen», und diese angeblich auch Krankheiten bei Tier, Mensch und Pflanzen bedingen und nach ihrer Ansicht durch sog. «Abschirmgeräte» vernichtet, absorbiert oder umgewandelt werden können, mußten sich Gerichte wiederholt mit dem aus diesem Aberglauben resultierenden Betrügereien befassen. Die Strafkammern haben es indes meistens vermieden, in den «wissenschaftlichen Streit» einzugreifen, der durch «Sachverständige« von Wünschelrutenverbänden in der Regel in die Verfahren eingebracht wird, um ein dubium pro reo zu erzielen. Hier werden in der Regel gemütsbetonte Angriffe gegen die sog. verknöcherten Schulwissenschaften gestartet. Kleinere Gerichte sprechen dann die Angeklagten

Tab. 3: (nach O. PROKOP 1973) Tabellarische Aufstellung der Untersuchungen, welche die Unspezifität des Wünschelrutenausschlages annehmen lassen

Jahr	Autor bzw. Untersucher	Ort	Anzahl der Rutengänger	Erfolg
1912	Verband zur Klärung der Wünschelrutenfrage (nach Quiring)	Kalibergwerk, Riedel bei Häningen/Hannover	4	Urteil des Landesgeologen Dr. WOLFF: Wünschelrute eignet sich nicht zur Mutung von Kalisalzen
1920	Preußische Geolog. Landesanstalt	Ladeburg, Staßfurt, Winsen, Rottmersleben	3	Im wasserundurchlässigen Ton wurde Wasser angegeben (Adern). Braunkohlen dort angegeben, wo keine sind, dort nicht angegeben, wo sie unmittelbar anstehen. Auf nicht vorhandenes Salz und nicht vorhandene Kohle reagierten alle drei glänzend, weil danach gefragt worden war
1930/33	WACH	Aurolzmünster, Schatzgrabung	2	Verschiedene Versionen (mindestens drei)
1932	GERLACH	Münchner Gebäude	3	Bei Einzelprüfungen drei verschiedene Ergebnisse
1933 und 1949/50	EKSTRÖM	Stockholm, verschiedene Prüfstreifen,	9	Verschiedene Ergebnisse («Wirrwarr»)
		Prüffeld Wohnhaus	2 (sehr empfindliche)	Kein Zusammenhang
		Brunnenfeld		Alle Angaben verschieden
1933	MICHELS	Bremen, «Prüfreizstreifen»	1	Keine Übereinstimmung
1933	PFEIFFER	Bei Stuttgart, Gelände mit Grundwasserhorizont	10 (darunter 9 erfahrene)	Keine Übereinstimmung

1936	Goetze und Miessner	Hannover, mehrere Gebäude und Tiere	2	Alle Aussagen verschieden, auch im Wiederholungsversuch bei Einzelprüfungen
1946	Gassmann	Bei Zürich, Prüffeld	mehrere	«Es ist nicht gelungen, Reizstreifen zu ermitteln, die…»
1948/49	Ongley	Neuseeland, Prüfgelände	75	Keine Übereinstimmung, gleiche Ergebnisse beim Ausraten
1952	Niederländische Akademie der Wissenschaften	Stall 9	3	3 verschiedene Ergebnisse
		Stall 12	3	3 verschiedene Ergebnisse
		Zweiter Stall 12	3	3 verschiedene Ergebnisse
		Dritter Stall 12	4	4 verschiedene Ergebnisse
		Stall 14	3	3 verschiedene Ergebnisse
		Stall 17	3	3 verschiedene Ergebnisse
		Stall 19	3	3 verschiedene Ergebnisse
		Stall Zoötechnik	3	3 verschiedene Ergebnisse
1953	Niederländische Akademie der Wissenschaften	Terrain	5	5 verschiedene Ergebnisse
		Silountersuchungen	4	4 verschiedene Ergebnisse
1952	Niederländische	«Klein Hoekstuk»	2	2 verschiedene Ergebnisse
1952/53	Akademie der	«Klein Hoekstuk»	3	4 verschiedene Ergebnisse
1952	Wissenschaften	«Paardeweideplekken»	2	2 verschiedene Ergebnisse
1952	Prokop	Hagen, «Prüfreizstreifen»	1 («Rutenmeister«)	Bei angeblich ein- und ausgeschaltetem Entstrahler geprüft: verschiedene Ergebnisse
1953	Prof. Schwenkhagen (Gewährsmann)	Fabrikhalle, Mutung aus verdunkelter, fahrbarer Kanzel	1	Völlig verschiedene Ergebnisse
1954	Brüche	Mosbach, Wohnhaus	2	2 verschiedene Ergebnisse
1954	Wendte, Prokop (unveröffentlicht)	Bonn, Institutsgelände	4	Einigung über «Prüfreizstreifen» erst nach diktatorischem Befehl eines Rutengängers: «Hier ist er!»
1956	Makkink	Delft/Holland	8	8 verschiedene Ergebnisse

wegen *subjektiver* Unschuld frei, doch keineswegs immer. Die 2. Große Strafkammer des Landgerichts Wuppertal hat in einem Strafverfahren gegen zwei Ärzte und einen Rentner (22 KMs 1/57 (20 II) und 22 KMs 2/57 (63 II)) die Ärzte wegen Betruges in Tateinheit mit Beihilfe zur unerlaubten Ausübung der Heilkunde, und den Rentner wegen Betruges in Tateinheit mit unerlaubter Ausübung der Heilkunde verurteilt.

In der Urteilsbegründung (13. 5. 1958) finden sich folgende bemerkenswerte Passagen:

«Was zunächst die Behauptung der Anhänger der Ruten- und Pendelkunde anbetrifft, es gebe gesundheitsschädliche *Erdstrahlen*, so ist das Gericht nach sorgfältiger Würdigung aller ihm zur Verfügung stehenden Erkenntnismittel zu der Überzeugung gelangt, daß in Wahrheit solche Strahlen nicht vorhanden sind. Die Strafkammer folgt damit den an Hand einer Fülle von Beweismaterial einleuchtend vorgetragenen Gutachten der Sachverständigen Prof. Dr. Gerlach (Direktor des Physikalischen Instituts der Universität München) und Prof. Dr. Schwenkhagen (Leiter der Technischen Akademie Bergisch-Land), deren Darlegungen der Direktor des gerichtsmedizinischen Instituts der Universität Bonn, Prof. Dr. Elbel, als Sachverständiger vom medizinischen Standpunkt aus voll unterstrichen hat.

Hiernach ist schon der Ausgangspunkt der radiästhetischen Lehre, das Phänomen des Wünschelruten- und Pendelausschlages belege die These von der Existenz der Erdstrahlen, unrichtig.» (Seite 50 der Urteilsbegründung)

Es kommt indes noch folgendes hinzu:

«Das Kriterium wissenschaftlicher Leistungen und Ergebnisse besteht in ihrer Reproduzierbarkeit. Objektiv reproduzierbare experimentelle Befunde bilden die Basis jeder modernen Forschung. Betrachtet man das Phänomen der Rutenund Pendelbewegung unter diesem Gesichtswinkel, so ist das Resultat für die Frage der Feststellung von Erdstrahlen eindeutig negativ.» (Seite 51 der Urteilsbegründung)

Man kann bei dieser Sachlage daher nur mit großem Erstaunen feststellen, daß sich insbesondere die sog. Parapsychologen unbeirrt mit der Wünschelrute befassen, so als liege hier ein großes Geheimnis vor. Lassen wir zwei zu Wort kommen:

Bender, H. (1971) Seite 120: «Die oft sehr kräftigen Ausschläge werden durch unbewußte Muskelbewegungen verursacht, die ebensowohl reine Phantasievorstellungen als unbemerkt gebliebene Wahrnehmungen oder auch hin und wieder echte paranormale Informationen zur Äußerung bringen können. Beim Rutengehen im Gelände können minimale physikalische Reize, wie etwa Änderungen des magnetischen Feldes über Wasservorkommen, die Reaktion auslösen.»

Keller, W. (1973) Seite 376: «Berichte über erfolgreiches Rutengehen, auch einwandfrei bezeugte, sind zahlreich.»

Auf dem in Prag 1973 abgehaltenen I. Kongress der Psychotroniker (Parapsychologen und andere Parawissenschaftler) wurde dann das Scheinproblem auf die Spitze getrieben, indem ein Vortragender allen Ernstes folgendes feststellte, was wir aus den auf diesem Kongress ausgegebenen Abstracts entnehmen:

Seite 88

«Biophysische Anomalien wurden vom Verfasser festgestellt in mehreren Erdgaslagern im Gebiet O., die er durchkreuzte im Auto (Marke angegeben, Verf.) und im Hubschrauber (Marke angegeben, Verf.), der mit mittlerer technischer Geschwindigkeit 180–200 km pro Stunde in einer Höhe von 180–200 m flog. Die Automobilfahrten wurden durchgeführt in näher bezeichneten Lagern. Nach Anlauf des zweiten der genannten Fahrzeuge und 1 Min. Lauf des Autos mit mittlerer Geschwindigkeit von 20 Stunden/km machten die Rahmen (Ruten) folgende Anzahl von Umdrehungen:

Messing 22, Aluminium 50 und Stahl 86 (durchschnittl. Angabe nach 2 Messungen). Beim Überqueren der Lager von W., K. und T. im Hubschrauber machte der Messungsrahmen (Wünschelrute, Verf.) in 1 Min. 23–30 Umdrehungen, der Aluminiumrahmen zwischen 13 und 19. Dabei zeigte der Messingrahmen eine größere Empfindlichkeit als der stählerne oder der aus Aluminium. Mit dem Hubschrauber wurden bei weitem nicht alle Lager erfaßt. Die Tiefe produktiver Schichten betrug im Gebiet von T. zwischen 1700 u. 2300 m, in den übrigen dreien zwischen 2020 und 2880. Sie befinden sich in den Kohlen- und Gesteinsschichten aus der Steinkohlenzeit.»

Spätestens hier wird der Leser, dessen Onkel oder Großmutter usw. auch «rutenkundig» war oder ist, die Frage stellen, warum die Wünschelrute *ganz von selbst* eigentlich ausschlägt. Das umfangreiche Schrifttum der Radiaesthesisten wird ihn belehren, und wir wollen es ihm sagen, was sie sich ausgedacht haben:

Aerosole: Schwebeteilchen in der Luft, die olfaktorisch den Wünschelrutengänger reizen

Dynamoprinzip: Der Wünschelrutengänger schneidet mit seiner Stahl- oder Metallrute beim Gehen das erdmagnetische Feld oder Änderungen desselben, was Reizströme erzeugt

Mikroseismische Bodenschwingungen: Minimale Bodenbewegungen über Wasseradern werden mit einer Reaktion beantwortet

Luftelektrischer Vertikalstrom setzt unterschiedliche Reaktionsbedingungen

Verschieden elektrische Leitfähigkeit des Bodens wird wahrgenommen

Ausstrahlungen von Radiumemanation: Der Mensch ist ein so feines Registrierinstrument wie ein Geiger-Zähler

Tiefenbestimmung der Quellen und Wasserläufe vermittelst der Wünschelrute.

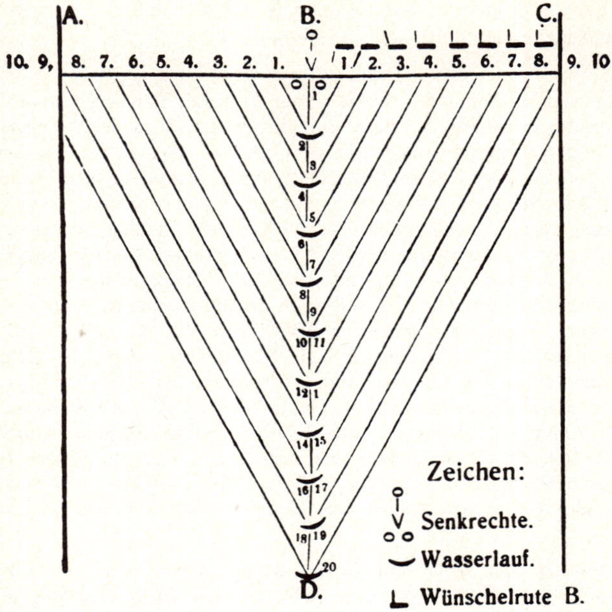

Der Beginn der Rutensenkung bis zur Senkrechten doppelt genommen ist die ungefähre Tiefe des Wasserlaufes.

Beispiel:

Rute senkt sich auf Linie B-C = 4 Meter vom Punkt B.
Tiefe der Wasserader B-D = 8 Meter.

Abb. 1: Bestimmung der Tiefe einer «Quelle» oder eines Wasserlaufes, wie sich das Herr von GRAEVE (1913: «Meine Wünschelrutentätigkeit», Verlag Mittag, Gernrode) vorstellte. Die Strecke vom «Ankündigungsstrahl» bis zum «Hauptausschlag» mit Faktor 2 multipliziert ergibt die Tiefe des Wasserlaufes. Doch ist alles reine Phantasie. Welchen Schaden von GRAEVE mit seinen Mutungen angerichtet hat, ist von uns an anderer Stelle tabellarisch dargestellt worden (Zeitschrift f. Ärztliche Fortbildg. 2, 156, 1959). Er selbst aber ließ sich als begnadeten Menschen und «Sproß eines alten Raubrittergeschlechts feiern», um so Assoziationen an «urwüchsige Erdkraft» – Blut und Boden! – zu erwecken.

Unterschiede im Schwerefeld werden vom Menschen ebenso wie von einer Feldwaage erfaßt

Ferner sind Reizursachen:
Stehende Wellen, Schwingungen von 1 bis 10 Hertz, Kurzwellen, Mittelwellen, Langwellen, «W-Strahlen», Ultraschall.

Alle genannten Agentien indes sind nur erfunden worden, weil sich die Rutengänger einfache Prinzipien der Reizphysiologie nicht vergegenwärtigt haben und mit der Physiologie nicht vertraut sind (vgl. Abb. 1).

Diese gehen aus den folgenden Überlegungen hervor, die einer von uns (P.) im Zusammenhang mit anderen Überlegungen seinerzeit von wissenschaftlicher Seite unwidersprochen (1957) dargelegt hat.

Tab. 4: Vergebliche Schatzgrabungen auf Grund von Wünschelrutengänger-Aussagen

Hausberg von **Obergänserndorf** (Niederösterreich):	2 Rutengänger «fanden» römisches Goldbergwerk; große Keller und Gänge mit «Geschmeiden». Gefunden wurde nichts (KYRLE 1934)
Straßhof (Niederösterreich):	Große Schätze durch Rutengänger angegeben und kartographisch verzeichnet. Grabung ergab lößige Schichten mit Glimmerplättcheneinschlüssen, von denen die Rutengänger annahmen, es seien «Reste eines römischen Waschgolddepots» (KYRLE 1934)
Schloßpark von **Schönbrunn**:	Ungeheuere Goldschätze festgestellt, doch Nachgrabung als entbehrlich angesehen.
Burgmauern des **Leopoldsberges** (Wien):	Goldfunde in einer verschlossenen Mauernische angezeigt. Nichts gefunden (KYRLE 1934)
Tullnerfelde (N.Ö.):	Grabungen nach Rutengängerangaben wegen Goldes. Haussuchung bei den Goldgräbern wegen Anzeige, sie hätten gefundenes Gold unterschlagen. Nichts gefunden.
Hafnerbach bei Prinzersdorf (N.Ö.):	Römische Goldwäscherei. Glimmer gefunden, der als Gold angesprochen wurde (KYRLE 1934)
Ebelsberg (Oberösterreich):	Großes Grabgewölbe vermutet. Grabung erfolglos. Ähnliches auch in Attnang (KYRLE 1934)

Aurolzmünster (bei Braunau, Oberösterreich)	Viele Rutengänger, Psychotiker, Psychopathen und Glaubensbefangene tätig: Große Attilagräberanlage mit soviel Gold, «wie die Bank von Frankreich nicht fassen kann». Hunnen- und Gotengräber und Atlantistempelstadt mit goldenen Baldachinen und Altären. Alles okkultistische Phantasien. Schließlich Konkurse und Zusammenbrüche der Beteiligten und ihrer Geldgeber. (KYRLE 1934 und ausführlich GELLER, PROKOP, WENDTE 1955)

Der Arzt, der sich mit solchen Problemen befaßt, wird nicht daran zweifeln, daß bei derartigen Wünschelruten-Vorkommnissen nicht selten psychiatrische Momente eine sehr wesentliche Rolle spielen (WEITBRECHT, GEYER, GELLER, PROKOP, WENDTE). Diese sollen aber nicht Gegenstand dieser Betrachtung sein, vielmehr soll geprüft werden, inwieweit naturwissenschaftlich-biologisch die radiaesthetischen Anzeigeinstrumente, Wünschelrute und Pendel, als präzise Werkzeuge angesehen werden können.

Bekanntlich wird behauptet, daß die Wünschelrute und das Pendel ruhig gehalten bzw. über das Versuchsfeld getragen würden und daß durch plötzlich einsetzende, z.B. aus den Erdstrahlen kommende Impulse eine zusätzliche spezifische Muskelaktion bewirkt würde, die den Ausschlag des radiaesthetischen Instruments verursache. Da bereits kleinste Impulse die im labilen Gleichgewicht schwebende und angespannte Rute zu einer kleinen Stellungsänderung zwingen und damit ein Ausschlag zustandekommt (HOLZLÖHNER), wird man prüfen müssen, ob nicht auch unspezifischerweise eine derartige Stellungsänderung möglich werden kann. Dies muß man uneingeschränkt und ausnahmslos für alle Rutengänger bejahen, da es Bewegungseinflüsse gibt, die sich dem Bewußtsein des Menschen entziehen. Eine ruhige Haltung der Wünschelrute ist a priori schon gänzlich unmöglich. Man vergleiche mit einem stehenden Schützen, der über sein angelegtes Gewehr visiert. Ein Ruhighalten ist bereits nach kurzem Halten nicht mehr möglich, das Gewehr muß abgesetzt werden, weil der Intentionstremor die Zitterbewegungen immer mehr vergrößert. Wie erheblich größer sind die Zitterbewegungen der die Wünschelrute haltenden und anspannenden Muskeln, wenn man noch dazu daran denkt, daß der Wünschelrutengänger geht. Untersuchungen über die Zitterbewegungen, soweit sie hier von Interesse sind, finden sich bei LEHMANN. Das Tragen einer Wünschelrute kann ferner arbeitsphysiologisch als statische Haltearbeit bezeichnet werden, unterliegt also demnach auch allen hier bekannten Gesetzmäßigkeiten. Wie mittels arbeitsphysiologischer Versuchsanordnungen festgestellt worden ist, wird bei auftretender Ermüdung infolge statischer Arbeitsleistung die Kraftentfaltung größer (DOLGIN u. LEHMANN 1929), was zu einer geringeren Durchblutung der Muskulatur infolge Kompression versorgender Blutgefäße führt. E. A. MÜLLER hat (1932) dies gerade für die Haltearbeit der (beim Wünschelrutengänger wichtigen) Beugemuskeln des Oberarms und die dabei auftretenden Ermüdungswerte untersucht und berechnet. KRESTOWNIKOW hat aber bei statischer Belastung eine Erhöhung der Chronaxie und Rheobase[1] der angestrengten Muskeln wiederholt feststellen können, wobei sogar bestimmte Korrelationen zwischen arbeitenden und ruhenden Muskeln (regional verschiedenen) bestehen. Dies bedeutet aber – auf den Wünschelrutengänger übertragen –, daß die Empfindlichkeit der angespannten Muskeln infolge wechselnder Erregung und Erregbarkeit schwankt und mit zunehmender Ermüdung durch die statische Belastung eine geringere Ansprechbarkeit auf zusätzliche Impulse zu erwarten ist. Welch vielschichtige Änderung der bioelektrischen Parameta der Muskulatur bei Dauerkonstraktion und wiederholten Dauerkontraktionen auftreten, haben erst unlängst RHEIN und Mitarbeiter gezeigt (RHEIN u. a. 1974).

Beim Studium der Bewegungen der Wünschelrutengänger wird man aber noch viel kompliziertere Verhältnisse unterstellen dürfen und an Bewegungszuwendungen denken müssen, die aus den pyramidalen und extrapyramidalen Mechanismen resultieren. Daß Gemütserregungen die Ausdrucksbewegungen eines Menschen beeinflussen (BIRNBAUM, BAUDOUIN, LAMBERT, ferner einschlägige Lehrbücher der Psychologie) und dazu noch die von bestimmten Autoren abgetrennten Phänomene der Gestik, Mimik und Physiognomik, ist hinlänglich bekannt. Es kann aber nicht ernsthaft in Abrede gestellt werden, daß Gemütsbewegungen gerade bei Wünschelrutengängern, die etwa beobachtet werden oder Gold oder «Wasseradern» suchen, auftreten. Besonders aber Bewegungsimpulse, die aus dem Pallidum und Striatum einfließen, sind von Gemütserregungen abhängig, was ja bekanntlich das Studium der PARKINSONschen Erkrankung lehrt. Die Schüttelbewegung der Arme werden bei Erregung stärker. Als weiteres Bewegungsmoment muß beim Wünschelrutengänger das Auftreten von Ungeduldsbewegungen im Sinne von EBBECKE diskutiert werden. So können etwa Kratzbewegungen, wie wir sie von vielen Tieren, die sich putzen (Fliege, Biene, Huhn, Hund, Katze, Affe), her kennen und als Urform sogar beim Rückenmarksfrosch und Spinalhund als «Wischreflexe» sehen, beim Menschen als Symbolhandlung auftreten. EBBECKE hat z. B. das Kratzen hinter dem Ohr als einen Fall einer solchen unlustbetonten Symbolhandlung beschrieben, die gerade von der Stimmung stark abhängig ist. Wer wird bezweifeln können, daß lust- und unlustbetonte Momente die Tätigkeit des Rutengängers beeinflussen! Der Gedanke an Wasser, an Gold und an das Honorar, an die Ehre oder die Blamage schaffen die ursächlichen Faktoren der Lust und Unlust. Das Studium der menschlichen Bewegungen zeigt weiter ein oft symplexes Zusammenspielen von Unbewußtem, Affektivem und Willkürlichem. EBBECKE hat das am Beispiel des Gähnens und Schluckens untersucht. Es kann reflektorisch auftreten, willkürlich ausgelöst werden, ja bei

1 Rheobase: Reizschwelle beim Dauerschluß eines konstanten Stromes. Chronaxie: Zeit, die ein Strom von der doppelten Rheobase haben muß, um eine Muskelerregung zu bewirken.

bestimmten Menschen dann einsetzen, wenn sie an anderen Menschen den Vorgang beobachten («Gähnen steckt an») oder sogar nur ein «Gähnmodell» (Auf- und Zuklappen der aufeinandergelegten Hände) sehen oder – und das ist für uns am wichtigsten – nur an das Gähnen denken.

Übertragen wir das auf den Rutengänger: Er denkt an die Muskelzuckung im Arm, an den Ausschlag, an die Bewegung, an das Fließen des Wassers, oder er sieht eventuell gar ein «handgreifliches» Modell. Wenn wir nochmals an die HOLZLÖHNERsche Arbeit denken, nach der schon 1 Winkelgrad in der Stellungsänderung der Wünschelrute ein Umschlagen derselben bewirkt, so werden wir im Zusammenwirken mit dem vorher Gesagten verstehen, warum ein Radiaesthesist so oft «danebengreift».

GRASSBERGER hat bereits vor 50 Jahren in Wien in einer ausgezeichneten Betrachtung physiologisch direkt auf die Greifbewegungen im Hinblick auf das Rutengehen Bezug genommen und dieses als atavistische Greifbewegung analysiert. Sinngemäß sagt er, daß das kleine Kind nach allem greift, was ihm einen gewissen Auffälligkeitswert zu bieten scheint. Es greift schon in der Wiege nach der goldenen Uhr, nach blitzenden Gegenständen, farbigen Mustern usw., «um zu begreifen». Diese Greifbewegungen werden durch Ausreifen von Hemmungszuwendungen beim Erwachsenen in den Hintergrund gedrängt, gehen aber nicht verloren. So müssen in vielen Ausstellungen gut sichtbare Schilder angebracht werden: «Berühren verboten», weil einige Besucher «gedankenlos» triebhaft «begreifen» wollen. Bei anderen zuckt es nur noch in den Fingern – ein empfindliches Anzeigeinstrument, die Wünschelrute, kann aber dadurch ausschlagen.

Daß allein die gedankliche Vorstellung eines muskelmotorischen Vorganges Wegbereiter dieser Bewegung sein kann, ist naturwissenschaftlich in einer glänzenden Arbeit von ALLERS und SCHEMINZKY nachgewiesen worden. Die Autoren haben schon 1926 in der von einer Vorstellung betroffenen Muskulatur Muskelaktionsströme bei ihren Versuchspersonen nachgewiesen. Also die Vorstellung einer Bewegung (z. B. Wünschelrutenausschlag) genügt schon, um diese Bewegung zu katalysieren. (Schon 1920 hat MOEDE von psychologischer Seite her synonyme Bewegungen bei Versuchspersonen gesehen, die einen Experimentator beobachteten.)

Die zuletzt zitierten Arbeiten führen zu einem großen Gebiet hinüber, das unter dem Sammelbegriff «Ideomotorische Bewegungen» («CARPENTER-Effekt») bekannt ist, einem Phänomen, das erst in letzter Zeit von RICHTER näher analysiert wurde. Das sehr komplexe Gebiet muß einem näheren Studium empfohlen werden. Vereinfacht versteht man darunter eine menschliche Reaktionsform in Form einer Bewegung, die unbewußt aus der Beobachtungs- oder Vorstellungswelt vielfach geradezu gesetzmäßig zutage tritt.

Der Wünschelrutengänger ist im Hinblick auf die Ideomotorik von uns schon vor Jahren mit dem «Unfäller» verglichen worden. Es gibt ja bekanntlich Menschen, welche bei einem ganz bestimmten Arbeitsvorgang oder bei einer bestimmten Verkehrssituation oder Situation des täglichen Lebens immer wieder verunglücken, wobei für das Zustandekommen der Bewegung, die schließlich zu dem Unfall führt, die zufällige Anwesenheit bestimmter bedingender Faktoren oder Umstände auslösend wirkt. Daß die Ideomotorik dementsprechend auf im Einzelfall noch näher zu untersuchende Umstände hin Bewegungen in Gang bringen kann, ist klar, was selbst von Anhängern der Wünschelrute vielfach zugegeben wurde.

Man sieht, wie sich das ganze Problem der Radiaesthesie in zahlreiche naturwissenschaftlich gut durchstudierte Einzelfragen auflösen läßt. Dies wird gleich weiter deutlich, wenn man noch an andere physiologisch wichtige Erkenntnisse denkt.

Bei der Lage der Wünschelrute in der Hand des Rutengängers wird die Aufrechterhaltung des labilen Gleichgewichtes in hohem Maße von der Handreibung abhängig sein. Diese aber ist vom Feuchtigkeitsgehalt der Handinnenfläche mitbestimmt. Sie wiederum ist dem TARCHANOFF-Reflex unterworfen. Nicht nur bei körperlichen Anstrengungen, sondern auch bei Gemütserregungen kann man im Experiment das Austreten von Schweißtröpfchen aus den Schweißporen beobachten.

Dieses Phänomen ist ja auch vom Lügendetektor her bekannt, bei dem die Leitfähigkeit der Körperoberfläche für galvanischen Strom gemessen wird («Psychogalvanometer»). Bei Personen, die während einer Vernehmung lügen, soll infolge Schweißaustritt der Hautwiderstand abnehmen. Der Vorgang ist aber bekanntlich nicht spezifisch.

Beim Studium der Wünschelruten-Literatur wird der Arzt aber noch vielfach auf eine Unkenntnis grundlegender biologischer Erkenntnisse bei den Wünschelrutenforschern stoßen. Wegen der grundsätzlichen Bedeutung sei hier auf ein in der Sinnesphysiologie bekanntes Phänomen hingewiesen, das stets unbeachtet geblieben ist. Es ist das Phänomen des «Einschleichens». Immer wieder werden von Privatforschern der Rutengänger Abbildungen veröffentlicht, welche die Koinzidenz des Rutenausschlages mit Verzerrungen des magnetischen oder Veränderungen des elektrischen Feldes beweisen sollen. Diese kurvenmäßigen Darstellungen sind meist schon so vieldeutig, daß man bei willkürlichem Verschieben der Abszisse in den Kurven auch andere geeignete Punkte als bedeutsam anschuldigen könnte. Es ist auch nicht einzusehen, warum das magnetische Erdfeld oder ganz bestimmte Größen in diesem einen Rutenausschlag bewirken sollen, wo künstliche, viel stärkere magnetische Felder auf den Rutengänger ohne Effekt geblieben sind (siehe Literatur Königlich-Niederländische Akademie der Wissenschaften). Selbst wenn die schwachen Erdfelder biologisch relevant wären, so wäre wegen des allmählichen Reizanstieges im Rutengänger beim Hineingehen in das Feld kein biologischer Effekt wegen des «Einschleichens» zu erwarten.

Dieses Phänomen ist ganz einfach am Kniesehnenreflex zu demonstrieren. Wird mit dem Reflexhammer rasch auf die Kniesehne geschlagen, so kommt es zu einem raschen Reizanstieg («steiler») und zum Reflex. Nehmen wir aber einen Reflexhammer und drücken allmählich auf die Kniesehne, so können wir auch bei zehnfach stärkerer Kraftanwendung keinen Reflex auslösen. Die Muskelzuckung bleibt aus. Das gleiche gilt auch für elektrische Muskelreize.

Es ist im Schrifttum der Radiaesthesisten vielfach behauptet worden, daß gerade die schwächsten Reizänderungen beim Rutengänger von Bedeutung seien, und es wird dabei auf die Homöopathie Bezug genommen. Auch hier – so wird argumentiert – würden Stoffverdünnungen, die sogar über die LOSCHMIDTsche Zahl hinausgehen, starke biologische Reize setzen. Ein derartiges Bezugsetzen kann nicht durchgreifen, da die Homöopathie eine der Glaubenssphäre angehörige Disziplin ohne naturwissenschaftliche Grundlage und Anerkennung ist (PROKOP, JUNG, SCHEIBE, LENDLE). Dabei muß freilich gesagt werden, daß es überhaupt müßig ist, auf die dauernden Behauptungen der Rutengänger einzugehen, da die offiziellen und z. T. über viele Monate hinweg durchgeführten Prüfungen ergeben haben, daß die Aussagen mehrerer Rutengänger einander stets widersprechen und nicht reproduzierbar sind (in den letzten Jahren: Königlich-Niederländische Akademie der Wissenschaften, EKSTRÖM, GASSMANN, MAKKINK).

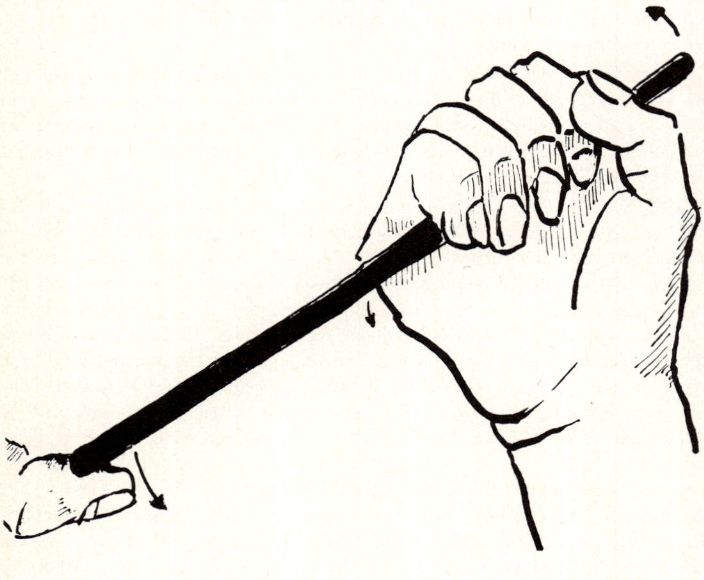

Abb. 2: Erprobung des Phaenomens nach O. KOHNSTAMM. Man nehme einen Stab und drücke unter Anspannung des M. flexor carpi ulnaris gegen ein Widerlager (isotonische Anspannung). Nach Wegnahme des Widerlagers macht die Hand «wie von selbst» eine Ulnar-ventral-Flexion. Das ist das einfachste Modell für das «Ziehen» der Wünschelrute, bei dem der Effekt durch das doppelseitige Auftreten des Ziehens noch verstärkt wird. Ein anderes Modell: Zwei Personen tragen mit überkreuzten Händen zwischen sich ein Kind, das auf den gekreuzten Händen sitzt. Wird das Kind nach einiger Zeit abgesetzt, sind die Arme «besonders leicht» mit einer Neigung nach oben zu ziehen. Weitere einfache Modelle sind bekannt.

Dem Kenner der Materie wird aber ein anderes medizinisches Problem auffallen, dessen Anwendbarkeit auf die Wünschelrute uns erst vor einigen Jahren aufgefallen ist: die zentrale Nacherregung (KOHNSTAMM 1915).

Heute wird die Nacherregung schon als Gesellschaftsspiel ausgelöst. Faßt man mit einem etwa gleichgroßen Bekannten die Hände über das Kreuz und bildet so einen Sitz und trägt auf diesem Sitz ein Kind einige Zeit spazieren, so wird man beobachten, daß nach Absetzen der Last in den Armen ein ganz eigenartiges Gefühl der Leichtigkeit auftritt, so «als würden die Arme von einer unbekannten Kraft gehoben». Die gleiche Sensation hat auch ein Experimentator, der sich seitlich an eine Wand stellt und etwa 20 Sekunden den gestreckten Arm mit dem Handrücken gegen die Wand drückt. Macht der Experimentator dann eine Wendung um 90°, so wird er beobachten, daß der Arm nun ganz leicht geworden ist, ja daß er von geheimnisvoller Kraft sogar ein Stück gehoben wird.

Diese subjektiv sonderbar anmutende Kraft tritt beim Wünschelrutengehen besonders lebhaft in Erscheinung, da hier die Handbeuger beider Seiten in gleicher Weise dann «nacherregt» werden, wenn die Wünschelrute durch Gleiten aus ihrem Gleichgewicht die Möglichkeit zu einer Kontraktion der Beuger (besonders fls. carpi uln.) freigibt (vgl. Abb. 2). Die Nacherregung kann im übrigen nach einiger Zeit verstärkt wieder in Erscheinung treten (ALLEN).

Dieser verblüffende Effekt ist es, der beim Wünschelrutengänger den Glauben an «Erdstrahlen» bewirkt. Das subjektiv starke Erlebnis, das er immer wieder haben kann, macht ihn zum gläubigen Anhänger okkulter Vorstellungen.

Man stelle sich nur vor: Erst kommt durch Ideomotorik (Vorstellung vom «Zugreifen» = vom Ausschlag) die Wünschelrute aus dem labilen Gleichgewicht, und dann kommt die so auffallende Nacherregung zustande. All das ist für den Laien eine Überraschung – er weiß das einfach nicht. Und er kennt auch nicht das Symmetriephänomen, das bei manchen Menschen verstärkt in Erscheinung tritt – vielleicht bei den «sensiblen» Menschen («Psychastheniker») am lebhaftesten. Beim Rutengänger mag dies bedeuten, daß ein ideomotorisches «Zugreifen» beim Rechtshänder *rechts* nicht ohne Einfluß auf Tonus von Muskeln links oder anderen Muskeln (etwa der mimischen Muskulatur) ist. Eine einfache Analyse der Armbeuger-Verhaltensweisen allein genügt also nicht – und so erkennt wohl nun auch der weniger mit der Biologie Vertraute, wie man selbst auf dem Gebiet der okkulten Wünschelrute wissenschaftlich argumentieren kann. (Vgl. dazu JACOB 1955).

Tabellarischer Anhang zu Äußerungen von Fachleuten über die Wünschelrute und die Erdstrahlen

Prof. Dr. M. Trenel (1935)
(Angewandte Chemie 48, 174, 1935)
Die Behauptungen Doblers über den objektiven Nachweis von «Erdstrahlen« und damit über die Lösung der Wünschelrutenfragen müssen als irrtümlich bezeichnet werden.

Prof. Dr. M. Trenel (1935)
(Angewandte Chemie 48, 575, 1935)
Die Auffassung von Dr. Dobler, daß «die Strahlung des bewegten Wassers» z.B. von unterirdischen Wasseradern, mit Hilfe von blankgeritztem Aluminium-Blech auf lichtempfindlichen Schichten *nachgewiesen* werde, ist ein wissenschaftlicher Irrtum.

Dr. C. Pomayer (1936)
(Tierheilkunde und Tierzucht – Ergänzungsband, Lieferung 56, Seite 787, 1936)
Zusammenfassend betone ich, daß die «Rutenforscher» seit 1000 Jahren bis zum Frühjahr 1936 über kein einziges Ergebnis verfügen, das von der Wissenschaft anerkannt ist oder über das sie unter sich einig sind. Kein Rutler ist in höherem Grade voll zuverlässig und frei von Ausflüchten. Man verdeckt geschickt, daß die Hauptsachen, Wünschelrute und Erdstrahlen, in allen Teilen unverstanden, daß die Feststellungen und Schlüsse nur unbelegte und total falsche Annahmen sind, daß demnach auf der ganzen Linie mit unbekannten Größen operiert wird. Zwei Jahre lang fortgesetzte eindringliche Arbeiten von Kommissionen höchster deutscher Autoritäten haben jetzt eindeutig die volle Nichtigkeit des Wünschelrutenkomplexes in allen oben beleuchteten Punkten ergeben!

Prof. Dr. K. v. Bülow(1940)
(Kosmos, 37, 10, 1940)
Das Ergebnis sachlicher Prüfung aber ist, daß die Rute Wünsche verrät, nicht aber Bodenschätze oder Krebsgeschwüre. Einzelerfolge, selbst wenn sie jeder Nachprüfung stichhaltig sein sollten, beweisen nicht das Gegenteil.

Dr. Volker Fritsch (1940)
(Beiträge zur angewandten Geophysik, 8, 3, 352, 1940)
Die Geophysik hat in den letzten Jahrzehnten zu wiederholten Malen bewiesen, daß sie die Ergebnisse der Forschung auch dann übernimmt, wenn sie dadurch zu weitgehenden Revisionen über bisherige Anschauungen gezwungen wurde. Dies trifft insbesondere auf dem Gebiet der Strahlenforschung im weitgehendsten Maße zu. Wenn man aber die Untersuchungen der radioaktiven Strahlung, der Höhenstrahlung und anderer anerkannt hat, die bisherigen Ergebnisse der Erdstrahlenforschung aber nicht anerkennt, hat dies seinen

Grund darin, daß die Existenz jener Strahlung durch sorgfältige, in jeder Hinsicht einer strengen Kritik gewachsenen Untersuchungen unter Beweis gestellt wurde, die Erdstrahlenforschung solche Beweise aber bisher schuldig blieb.

Nelson, A. (1945)
(Colliery Engineering, April 1945, Seite 89)
The experts on water supply connected with the National Geological surveys have often reported on divining and from the records they are unanimously against it. H. B. Woodward, who was a member of the British Geological Survey and specially connected with water supply problems, refers to diviners as «uncertain» and often «remarkably unsuccessful», and quotes authorities in support of that view. The United States Geological Survey has issued a memoir on the subject and O. E. Meinzer in the introduction states emphatically its «practical uselessness» and declares that it is difficult to see how for practical purposes the entire matter could be more thoroughly discredited, and it should be obvious to everyone that further tests by the United States Geological Survey of this so-called ‹witching› for water, oil or other minerals would be a misuse of public funds.

Prof. Dr. F. Michels (1951)
(Hessisches Ärzteblatt, Juni, August, September 1951, Keine Seitenzahl im Separatum)
Aber alle bisherigen Versuche, die exakt durchgeführt wurden, haben einen Zusammenhang zwischen Untergrund und Wünschelrutenausschlag nicht erwiesen, ja noch nicht einmal wahrscheinlich gemacht. Somit muß dieses Instrument Wünschelrute als unbrauchbar zur Feststellung von unterirdischen Bodenschätzen, Krankheit erzeugenden «Reizstreifen» und dergleichen angesprochen werden.

Prof. Dr. F. Michels (1951)
(Straße und Verkehr 137, 12, 374, 1951)
Die Wissenschaft hat wahrlich nichts unversucht gelassen, sich ernsthaft mit dem Problem der Wünschelrute zu beschäftigen, in der Hoffnung, daß es möglich wäre, daß gewisse Personen, beeinflußt von Kräften, die aus dem Untergrund wirken, reproduzierbare und ortsgebundene Wünschelrutenausschläge bekämen. Diese Realität des «Wünschelrutenphaenomens» ist bisher noch nicht bestätigt. Wir müssen vorerst uns noch an Goethes Wort halten: «Erfahrung ist die beste Wünschelrute».

Prof. P. M. G. Levy (1953)
Une expérience radiesthésique de recherche de disparus
Comité belge pour l'investigation scientifique des phénomènes réputés paranormaux, Brüssel 1953
Die Broschüre berichtet eingehend über eine große Aktion, die von der genannten Organisation im Jahre 1952 veranstaltet wurde, um festzustellen, ob

sich die Radiästhesie zur Auffindung von vermißten Personen eignet oder nicht. 31 Radiästhesisten haben dem Aufruf des Komitees Folge geleistet und an Hand von ihnen zugesandten Lichtbildern und Handschriften versucht, den Aufenthaltsort der Abgebildeten festzustellen. Im ganzen wurden 142 derartige Feststellungen getroffen. Das Ergebnis war ein glattes Fiasko; den namhaftesten Vertretern der Radiästhesie ist es nicht gelungen, den Nachweis zu erbringen, daß die von ihnen verfochtene Methode imstande ist, auch nur brauchbare Anhaltspunkte zu liefern.

H. R. Schinz(1955)
(Oncologia 8, 2, 233, 1955)
Ich fühle mich verpflichtet, festzustellen, daß Bodenreize in Form von Erdstrahlen nie physikalisch nachweisbar waren und daß auch biologische Versuche die Existenz solcher Erdstrahlen nicht bewiesen haben.

Prof. Dr. G. Wagner (1955)
(Naturwissensch. Monatsschrift «Aus der Heimat» 63, 1/2 (1955)
Keine einzige Erdölgesellschaft verwendet einen Rutengänger, dafür in steigendem Maße Geologen und Geophysiker. In Mecklenburg waren 1,5 Millionen Mark, von den Schaffgottsch-Werken 5 Millionen Mark für Wünschelrutenbohrungen ausgegeben worden; keine einzige wurde fündig. So vollzieht sich eine rasche Auslese! «Es besteht die klare Tatsache, daß die 67 Erdöl- und Erdgas-Felder Deutschlands mit wissenschaftlichen Methoden gefunden worden sind und daß die Wünschelrute auch auf diesem Gebiet restlos und vollkommen versagt hat». (Mitteilung von Prof. Dr. Bentz, der die größten Verdienste um den Aufschwung der deutschen Erdölerzeugung hat.) Die Behauptung, daß die erfolgreichen Bohrungen von Nienhagen und Zistersdorf Rutengängern zu verdanken seien, ist unwahr. Die entscheidenden Erfolge erzielten nur solche Firmen, die ihre Erdölsuche auf wissenschaftlicher Basis betrieben. Die erste erfolgreiche Bohrung in Zistersdorf wurde von dem aus Ulm stammenden Geologen Dr. Moos angesetzt, nachdem der österreichische Geologe Friedl jahrelang darum gekämpft hatte. Die Prophezeihungen von Rutengängern bei hessischen Bohrungen erwiesen sich als «delphische Orakel».

Dr. G. Schwab, (1956)
Zur Frage des Einflusses der kosmischen Strahlen und Erdstrahlen auf die Krebshäufigkeit
Dissertation, Erlangen (1956)
Aus verschiedenen genannten Gründen mußte auch die Möglichkeit, Fragen über die u. U. krebsfördernde Wirkung der KS und der ES mit Hilfe der Statistik beantworten zu können, verneint werden.

Dr. H. H. Wendte (1956)
(Die Heilkunst 69, 6, Juni 1956, ohne Seitenangabe im Separatum)
Zusammenfassend kann zu den Theorien und der Technik der Radiaesthesie so wie zum Problem der Wünschelrute gesagt werden:

Die von der Radiaesthesie aufgestellten Theorien sind von den einzelnen Sparten der Schulwissenschaft, von den Physikern, Geologen, Biologen, Psychologen, namentlich von den Medizinern widerlegt. Die Rutenreaktion ist nicht auf ASW zurückzuführen. Die Wissenschaft hat das Ruten-Problem als ein vorwiegend biologisches einwandfrei zu klären vermocht.

Prof. Dr. H. Elbel (1964)
(Selecta Nr. 45, 1402, 1964)
Der Ausschlag (einer Wünschelrute) hat weder mit Reizstreifen, noch mit Krebs, noch mit Wasseradern, noch mit Metallen etwas zu tun ... Ob eine Fachzeitschrift von Format der SELECTA in dieser üblen Brühe überhaupt rühren sollte, muß ich Ihnen überlassen.

Literatur

Allen, F.: The postcontraction of the muscles of the arm
Quart. J. exper. Physiol. 26, 305 (1937)
Allers, R. und Scheminzky, F.: Über Aktionsströme der Muskeln bei motorischen Vorgängen
Pflügers Arch. Physiol. 212, 169 (1926)
Baudouin, Ch.: Psychologie der Suggestion und Autosuggestion
Sibyllen-Verlag Dresden (1926)
Bender, H.: Unser sechster Sinn
Deutsche Verlags-Anstalt, Stuttgart (1971)
Birnbaum, K.: Handwörterbuch der medizinischen Psychologie
Thieme, Leipzig (1930)
Brüche, E.: Bericht über Wünschelrute
Naturwiss. Rundschau 9, 367 (1954)
Curschmann, H. und Kramer, F.: Lehrbuch der Nervenkrankheiten
2. Aufl., Springer, Berlin (1925)
Dobler, P. E.: Physikalischer und photographischer Nachweis der Erdstrahlen
Franken-Verlag, Feuchtwangen (1934)
Dolgin und Lehmann zit. nach Müller
Ebbecke, U.: Angeborene Verhaltensweisen des Menschen
Dtsch. Med. Wschr. 1, 54 (1955) und 2, 88 (1955)
Ekström, G.: Slagruta och Vattenadror
Kungl. Landtbruksakademiens Handlingar och Tidskrift 40 (1932)
Ekström, G.: Nagra senare undersökningar angaende slagrutan
Grundförbättring 165 (1949/50)
Fritsch, V. und Jelinek, F.: Beiträge zur Physik der Wünschelrutenfrage
Huber, Dießen bei München (1936)
Gassmann, F.: Bericht über Versuche mit der Wünschelrute
Mitt. aus d. Inst. f. Geophysik an d. ETH Zürich, Nr. 3, Juni 1946
Gassmann, F.: Versuche mit der Wünschelrute
Vierteljahresschr. naturwiss. Ges. Zürich XCI (1946)

GEYER, H.: Über die Dummheit
Musterschmidt Verlag, Göttingen (1955)
GELLER, W., PROKOP, O. und WENDTE, H. H.: Eine Wünschelrutenaffäre von unvorstellbarem Ausmaß
(Psychopathographische Untersuchung des Falles)
Arch. Kriminol. 116, 3 (1955)
GERLACH, W.: Zum Problem der Wünschelrute
Naturwiss. 20, 883 (1932)
GOETZE, R. und MIESSNER, H.: Wünschelrutenversuche an der Tierärztlichen Hochschule zu Hannover
Dtsch. Tierärztl. Wschr. 44, 1 (1936)
GRAEVE, O.: Abwehr unberechtigter Angriffe auf die Wünschelrute
Intern. Mineralquellenzeitung, 13, 284, Wien (1912)
GRAEVE, O.: Bestätigungen über erfolgreiche Schürfungen vermittels der Wünschelrute
Osterode o. J. (angebl. 1912)
GRAEVE, O.: Zur Wünschelrutenfrage
Mitteilungen für die öffentlichen Feuerversicherungsanstalten 45, 2, Kiel (1913)
GRASSBERGER, R.: Die Wünschelrute und andere psychophysische Probleme
Selbstverlag, Wien (1917)
GRASSBERGER, R.: Die Wünschelrute
Selbstverlag, Wien (1918)
GRUHLE, H. W.: Lehrbuch der Nerven- und Geisteskrankheiten
2. Aufl., Marhold, Halle (1952)
HOLZLÖHNER: Sinnesphysiologisches zur Rutengängerfrage
Med. Welt 8, 286 (1936)
JACOB, H.: Wahrnehmungsstörung und Krankheitserleben
Monograph. Ges. Neurol. u. Psychiatrie, Heft 78
Springer, Berlin, Göttingen, Heidelberg (1955)
JENNY, E., OEHLER, A. und STAUFER, H.: Schweiz. med. Wschr. 39, 947 (1935), 24, 572 (1936)
JUNG, F.: Die Situation der Homöopathie in der UdSSR
Z. ärztl. Fortbild. 51, 1045 (1957)
KELLER, W.: Was gestern noch als Wunder galt
Droemer Knaur, Zürich (1973)
KÖNIGLICH NIEDERLÄNDISCHE AKADEMIE DER WISSENSCHAFTEN: Rapport van de Commissie tot Onderzoek van het Wichelroede en Aardstralenproblem 1954
Noord-Hollandsche Uitgevers Maatschappij, Amsterdam (1954)
KÖNIGLICH NIEDERLÄNDISCHE AKADEMIE DER WISSENSCHAFTEN: Beknopt Overzicht van de Resultaten van een Onderzoek naar de Beteknis van de Wichelroede voor de Landbouw
Noord-Hollandsche Uitgevers Maatschappij, Amsterdam (1955)
KÖNIGLICH NIEDERLÄNDISCHE AKADEMIE DER WISSENSCHAFTEN: Onderzoek naar de Betekenis der Wichelroede voor de Landbouw
Noord-Hollandsche Uitgevers Maatschappij, Amsterdam (1955)

KOHNSTAMM, O.: Demonstration einer katatonieartigen Erregung beim Gesunden
Neurol. Zbl. 290 (1915)
KRESTOWNIKOW, A. N.: Physiologie der Körperübungen
Volk & Gesundheit, Berlin (1953)
KYRLE, G.: Wünschelrute und Archäologie
Sitzungsber. d. Anthropol. Ges. Wien, Jg. 1933/34
LAMBERT, F.: Autosuggestive Krankheitsbekämpfung
4. Aufl., Verl. d. Lambert-Coué-Instituts, Radebeul-Dresden (1936/37)
LENDLE, L.: Theoretische Betrachtungen zur homöopathischen Lehre
Vortr. anl. d. Stuttgarter Ärzte-Fortbildungstagung v. 9. 7. 1955
MAKKINK, J. H.: Het Wichelroedeverschijnsel
Landbouwkundig Tijdschrift 86, 1, 10 (1956)
MICHELS, F.: Prüfung eines Wünschelrutengängers durch die Deutsche Gesellschaft für Mineralölforschung
Öl und Kohle 1, 15 (1934)
MOEDE, W.: Experimentelle Massenpsychologie
Leipzig (1920)
MÜLLER, E. A.: Das Arbeitsmaximum bei statischer Haltearbeit
Arb. physiol. 5, 605 (1932)
NELSON, A.: Can «Divining» be substantiated?
Colliery Engineering 89 (1945)
ONGLEY, P. A.: New Zealand Diviners
New Zealand J. of Sciences and Technology (Sec. B) 30, 38 (1949)
ONGLEY, P. A.: Divining in New Zealand
J. of the Brit. Waterworks Association 31, 163 (1949)
PFEIFFER, W.: Ein Versuch mit Rutengängern
Naturwiss. Mschr. «Aus der Heimat» 24, 24 (1933)
PREUSSISCHE GEOLOGISCHE LANDESANSTALT: Versuche zur Klärung der Wünschelrutenfrage
Eigenverlag, Berlin (1921)
PREUSSISCHE GEOLOGISCHE LANDESANSTALT: Zur Wünschelrute
I. Die mit Rutengängern im Dezember 1920 angestellten Versuche der Preuß. Geolog. Landesanstalt.
2. Aufl., Eigenverlag, Berlin (1929)
PREUSSISCHE GEOLOGISCHE LANDESANSTALT: II. Merkblatt für die Anstellung geologischer Versuche mit Wünschelrute und Pendel
Eigenverlag, Berlin (1922)
PROKOP, O.: Über den Lügendetektor
Wissenschaft und Fortschritt 7, 453 (1957)
PROKOP, O.: Wünschelrute, Erdstrahlen und Wissenschaft
Urania, Leipzig/Jena (1957)
PROKOP, O. und PROKOP, L.: Homöopathie und Wissenschaft
Enke, Stuttgart (1957)
QUIRING, H.: Wünschelrute und Geophysik
Lux, Murnau (1954)

RHEIN, A., BUCHHOLZ, Ch., KRAMER, H. und KÜCHLER, G.: Veränderungen der bioelektrischen Muskelaktivität während langdauernder Willkürkontraktionen bei vorgegebener Haltekraft
Acta biol. med. Germ. 33, 2, 231 (1974)
RICHTER, H.: Über ideomotorische Phänomene
Z. Psychol. 157, 201 (1954)
RICHTER, H.: Zum Problem der ideomotorischen Phänomene
Z. Psychol. 161 (1957)
SCHEIBE, E.: Über die Grenzen der Herstellbarkeit sog. homöopathischer Arzneimittel
Dtsch. Ges. Wesen 13, 188 (1958)
TRENEL, M.: Wuchsstörungen bei Pflanzen durch Erdstrahlen?
Ergebn. d. Agrikulturchemie 4, 32 (1935)
TRENEL, M.: Über den objektiven Nachweis der Einwirkung von «Erdstrahlen» auf die Wünschelrute
Angewandte Chemie 48, 174, 575 (1935)
WACH, A.: Shin, der Herr der Zahl 22
Eigenverlag (1932)
WAGNER, G.: Erdstrahlen und Entstrahler – Hexen und Hausgötzen?
Aus der Heimat 46, 18 (1933)
WAGNER, G.: Geologie und Wünschelrute
Aus der Heimat 63, 1 (1955)
WALKER, K.: Die andere Wirklichkeit
Rascher Verlag, Zürich (1904)
WEITBRECHT, H. O.: Beiträge zur Religionspsychopathologie
Scherer, Heidelberg (1948)
WENDTE, H. H.: Arzt und Erdstrahlen
Der Landarzt H. 16 (1954)
WENDTE, H. H.: Die Wünschelrute und die Bienenzucht
Zschr. Deutsche Bienenwirtschaft, Nr. 7 und 8 (1954)
WENDTE, H. H.: Todeskilometer
Kriminalistik 9, 128 (1955)
WENDTE, H. H.: Erdstrahlengefahr?!
Verlag Kriminalistik, Hamburg (1956)

Homöopathie

Bei der Fertigstellung dieses Buches haben in Bonn die ersten Beratungen über ein Gesetz zur Neuordnung des Arzneimittelrechts stattgefunden. Die in der Bundesrepublik geführten Diskussionen – erst jetzt in der 7. Wahlperiode des Bundestages – lassen erkennen, daß selbst 1975 manchen Diskutanten das Prinzip der Homöopathie nicht ganz klar ist und daß von einigen Diskussionsteilnehmern Phytotherapeutika, anthroposophische Mittel und homöopathische Mittel zusammen abgehandelt werden, so als würden sie zusammengehören. Ohne eine bestimmte Zeitung oder Zeitschrift zu nennen, erkennt insbesondere der ärztliche Leser, wohl aber auch der medizinische Laie, daß ein «Arzneimittel» auch nach den neuen Erwägungen einer Prüfung unterliegen wird, nämlich ob es wirksam ist oder nicht. Es scheint, als hätten bestimmte Herstellerfirmen schon jetzt bezüglich ihrer Präparate Besorgnis, ob sie einer Überprüfung standhalten werden. Deshalb wird das Problem nicht nur eines der Zulassung sein, sondern letztlich für Existenz oder Nichtexistenz verschiedener Firmen bedeutsam. Und das gilt offenbar für Arzneimittel aller Art, ob sie nun im Sinne der Naturwissenschaft «Heil»-Mittel sind oder nicht oder sein könnten. So greift dieser Beitrag nicht unerheblich in eine aktuelle Diskussion ein. Bestimmte Firmen beantragen auch staatliche Forschungsmittel – so daß das folgende auch hier einschneiden wird. Die Möglichkeit, bestimmte «Naturheilmittel» oder auch Scheinarzneien außerhalb eines Gesetzes für Arzneimittelprüfung bestehen zu lassen, wird offenbar überall geprüft.

Im Jahre 1923 gab der Okkultist G. W. SURYA in seinem Buch «Homöopathie, Isopathie, Biochemie, Jatrochemie und Elektrohomöopathie» (Linder Verlag, Berlin-Pankow 1923) zum Beweis der Güte der Homöopathie unter anderem folgende arglose Statistik, die er einem Arzt Dr. ROUTH verdankte.

Abgesehen von den Rechenfehlern (Prozentrechnung), kann man so keinen Beweis führen:

«Überlegenheit der Homöopathie» (gewertet: Homöopathische Spitäler Englands, Deutschland und Österreichs im Vergleich zu den «anderen» Krankenhäusern.)

Art der Anstalt	Behandelte Kranke	Gestorben	Sterblichkeit
Allopathische Krankenhäuser	119 630	11 721	10,5 %
Homöopathische Krankenhäuser	32 655	1 365	4,4 %

Von dieser Art haben die Homöopathen zahlreiche «Beweise» geführt, doch vergebens – wie wir zeigen werden.

Zusammen mit L. Prokop hat O. Prokop 1957 ein Buch mit dem Titel «Homöopathie und Wissenschaft» herausgegeben, in dem der Homöopathie der wissenschaftliche Prozeß gemacht worden ist. Die Anklage lautete auf grobe Mißachtung der Naturwissenschaften.

Tatsächlich könnte man das Kapitel hier schon abbrechen, da seit der damaligen Zeit in der Homöopathie *nichts* aber *auch gar nichts* hinzukam, was eine eventuelle Teilrevision der Meinung, die damals vertreten wurde, rechtfertigen würde.

Wenn es gültig wäre, daß die Homöopathie ja auch gar keine Wissenschaft sein will, brauchten wir nicht diskutieren, doch sie gebärdet sich so, auch wenn darüber («Wissenschaft oder nicht») in den eigenen Reihen keine Einigkeit besteht.

So erklären drei Vertreter dieser Heildisziplin zu ihrem Fach auch ganz unterschiedlich den Wissenschaftsgehalt der Homöopathie:

SCHOELER, H. (2. Vorsitzender des Homöop. Zentralvereins) 1960

«Die Homöopathie ist die Lehre von den im menschlichen Organismus durch pflanzliche, tierische und chemische Substanzen hervorgerufenen Veränderungen. In diesem Sinne ist die Homöopathie ein naturwissenschaftliches Fach, nicht nur Empirie und Ordnung von Meinungen.»

Abb. 3: Ausschnitt aus dem Gemälde «Der Quacksalber» von Jan Steen. 17. Jh., Rijks-Museum Amsterdam.

DEVRIENT, W. (Berlin)

«Wir wollen aber die Verfasser beruhigen: die Homöopathie ist keine exakte Wissenschaft und soll und kann es gar nicht sein.»

KABISCH, M. (1960)

«Dem Ungläubigen sei noch der Weg empfohlen, an sich selbst mehrere Arzneimittelprüfungen durchzuführen. Er wird dann überrascht sein und feststellen, daß die Homöopathie keine «Charlatanerie», sondern eine exakte Wissenschaft ist, die allerdings mühsam erarbeitet werden muß.»

Daß SCHOELERs und KABISCHs These aber falsch ist, ist offenkundig und wird im folgenden auch bewiesen werden. Weil die Autoren das seinerzeit in ihrem Buch, das die Homöopathie als absolut unwissenschaftlich gekennzeichnet hat, belegt und ganz deutlich ohne Umschweife gesagt haben, dafür haben sie eine Flut von Verleumdungen selbst politischer Art hinnehmen müssen – wohl ein Beweis dafür, daß sie eine Glaubenssphäre (noch besser: Sektierer) getroffen haben. Daß sich die Universitäten von der Homöopathie getrennt haben, ist bekannt und aus einer Fakultätserkärung ersichtlich:

«Die Medizinische Fakultät der Humboldt-Universität zu Berlin gibt folgende Erklärung ab:

Auf Grund der wissenschaftlichen Erkenntnisse ist die Homöopathie weder klinisch noch prophylaktisch in der Behandlung von schweren, insbesondere Organerkrankungen anwendbar.

Berlin, Oktober 1958.»

Diese Erklärung mag «anonym» erscheinen, doch der damaligen Medizinischen Fakultät gehörten so glänzende Persönlichkeiten wie Theodor Brugsch (Innere Medizin), Hartmut Dost (Kinderheilkunde), Willi Felix (Chirurgie), Helmut Kraatz (Gynäkologie), S. M. Rapoport (Physiologische Chemie) und Anton Waldeyer (Anatomie) an, um nur einige zu nennen. Gegenstand der vorhergehenden Verhandlungen war im wesentlichen der Punkt, ob man nicht «ohne jeden Wert» sagen solle. Man tat es nicht, weil der Homöopathie wie jeder Außenseitermethode, die mit Scheinmitteln arbeitet, ein psychotherapeutischer Gehalt innewohnt. Wegen der durch die «Arzneimittelprüfung am Gesunden» scheinbaren «Genauigkeit», welche viele Ärzte und noch mehr Laien faszinierte, wie Napoleon oder den Feldmarschall Radetzky oder gar berühmte Ärzte wie HUFELAND und BIER, hat sich die Homöopathie, die HAHNEMANN ganz offensichtlich aus BROWNschen Lehren entwickelte, über die Welt ausgebreitet. Daß sie die Fachwelt nur vorübergehend überzeugen konnte, bewiesen die medizinischen Handbücher des vorigen Jahrhunderts geradezu signifikant. Daß sie rasch auf Widerstand stieß, belegt unsere Tabelle:

Tab. 5: Ältere klinische Arzneimittelversuche mit Scheinmitteln statt homöopathischer Hochpotenzen und homöopathischer Mittel nach SALINGER (1882) und LOCHNER (1835)

			Resultate für die Homöopathie
1835	Nürnberger Kochsalzversuch an 55 Personen	XXX Potenz Kochsalz XXX Potenz Holzkohle	negativ
1834	Petersburg an 12 Personen Untersucher: Dr. SEIDLITZ Dr. GÖDECKEN	Erste Placeboversuche! Gleiche Erfolge mit Leerpräparaten	negativ
	TROUSSEAU und GOURARD (Hotel Dieu, Paris)	Scheinmittel aus Stärke haben guten Erfolg bei Phtisikern	negativ
	ANDRAL (Pitié, Paris) 130–140 Patienten Geprüft wurden: Aconitum, Bryonia, Colchicin, Thuja, Mercurium		negativ
1837	STÜRMER (Die Versuche wurden 1827 und 1828 im Civilhospital Petersburg durchgeführt)	Eine Menge syphilitischer Symptome	heilt auch durch «Brotpillen»

entnommen aus O. u. L. PROKOP, Homöopathie u. Wissenschaft. Enke, Stuttgart 1957.

Da nach homöopathischer Glaubenslehre die Homöopathie mit einer ihrer Hauptthesen, wonach die Arzneimittel an gesunden Menschen geprüft werden müssen, steht und fällt, sind solche Prüfungen auch tatsächlich auch in größerem Umfang durchgeführt worden. Die Homöopathen gehen ja von der Vorstellung aus, daß die Symptome, die ein Mittel am Gesunden hervorruft, dann auch – findet man sie bei einem Kranken – mit diesem Mittel behandelt werden können. Bekanntlich sind die Prüfungen des Internisten Prof. Dr. Paul MARTINI negativ ausgefallen, doch das soll hier nicht so sehr interessieren wie die Aufzeichnungen des früheren homöopathischen Arztes Dr. Fritz DONNER, welche über die Überprüfung der Homöopathie durch das damalige Reichsgesundheitsamt 1936 bis 1939 berichten.

Weil der Bericht, der wohl auch den bekanntlich abergläubischen Rudolf HESS einschließt, frei von der Ideologie der damaligen Zeit ist, darf man ihn ohne Not bekanntgeben. Er ist deshalb besonders verdienstvoll, weil sich der Autor – der mit den Theorien der Homöopathie bestens vertraut ist – nach einem Leben mit oder für die Homöopathie – schließlich von dieser Sekte abgewandt hat. Man hat ihm, dem späteren Direktor einer Inneren Abteilung eines großen Berliner Krankenhauses, bescheinigt, daß er ein phänomenales Gedächtnis habe. Wir haben aus seinem Bericht bereits bestimmte Passagen an anderer Stelle veröffentlicht (PROKOP 1973). Hier aber gaben wir den entscheidenden Teil im Zusammenhang wieder und sprechen ihm in aller Öffentlichkeit den Dank für seine mühevolle Zusammenstellung aus. Fritz DONNERs Bericht lautet:

«Während des vom 8.–15. 8. 1973 in Berlin abgehaltenen Internationalen Homöopathischen Weltkongresses führte dessen «hoher Protektor», einer der damaligen Minister in seiner Eröffnungsansprache u. a. aus:

«Der Arzt ist der wesentliche Träger des Heilwesens; er ist deshalb vor allem dafür verantwortlich, daß wirklich alles Heilwissen und alle Heilkunst, die der Gesamtheit des Volkes dienlich sein können, auch in der Praxis Anwendung finden. Ich habe daher die Schirmherrschaft des XII. Internationalen Homöop. Kongresses in Berlin übernommen mit der Absicht, das Interesse des Staates an allen Heilweisen zum Ausdruck zu bringen, die der Volksgesundheit dienen. Zugleich möchte ich dabei die Ärzteschaft insgesamt auffordern, auch bisher abgelehnte oder gar angefeindete Heilmethoden unvoreingenommen zu prüfen. Es ist notwendig, daß diese Prüfung nicht nur in der Theorie, sondern vor allem auch an den praktischen Ergebnissen des Wirkens derer erfolgt, die zur Heilung andersgeartete Methoden anwenden als die allgemein üblichen.»

Nun hielt es der Präsident des Reichsgesundheitsamtes Prof. REITER für angebracht, den jahrelangen Vorbereitungen für eine Überprüfung der Homöopathie die Tat folgen zu lassen. Im Herbst 1937 fand im großen Saale des Reichsgesundheitsamtes in feierlicher Sitzung vor einem Gremium führender Vertreter der deutschen Medizin der Beginn dieser Erforschung der Homöopathie statt, der «größte Augenblick in der Geschichte der Homöopathie», wie mir beim Betreten des Saales der damalige Direktor des Stuttgarter Homöopathischen Krankenhauses A. STIEGELE zuflüsterte.

Aus der Eröffnungsansprache des Präsidenten des RGA soll hier nur erwähnt werden, «daß geplant war, die Erforschung der Homöopathie in denkbar größtem Rahmen durchzuführen, falls sich in den ersten Jahren deutlich zeigen sollte, daß an der Homöopathie etwas dran wäre. Dann sollten an allen Universitäten mit den Forschungsarbeiten begonnen werden, wofür nicht nur dutzende, sondern – falls erforderlich – hunderte von Millionen Reichsmark zur Verfügung gestellt werden sollen. Man erwarte weder Wunderheilungen noch daß alles, was bisher homöopathischerseits behauptet worden ist, auch tatsächlich richtig ist. Man wäre durchaus zufrieden, wenn ein gewisser Prozentsatz davon sich bestätigen würde. Die vorgesehenen Forschungen sollten sich nicht nur auf die Arzneimittellehre und die homöop. Krankenbehandlung erstrecken, auch die Grundlagen, wie die Ähnlichkeitsregel und die immer noch umstrittene Arndt-Schulz'sche Regel sollten Gegenstand eingehender Untersuchungen werden. Des weiteren könnte wohl auch auf dem Gebiete der experimentellen Medizin mancher Beitrag geleistet werden, man denke hier an Versuche bei künstlich infizierten Laboratoriumstieren, da hier große Reihen mit und ohne Behandlung bearbeitet und so unter Umständen eindeutige Beweise zu Gunsten der Homöopathie geliefert werden können».

Hier erfolgte ein Zwischenruf von H. RABE, der behauptete, daß die Homöopathie auf einer ganz anderen Ebene liege. So würde beispielsweise DIGITALIS in immateriellen Verdünnungen, also einer C 200 oder C 1000 an Menschen geprüft, die dann die für die Anwendung des Mittels wertvollen Symptome an sich entwickeln ...

Eine peinliche Pause folgte, bis der neben mir sitzende Pharmakologe Wolfgang HEUBNER aufstand und zu dem Zwischenrufer gewandt sagte, daß die Digitalis die pharmakologisch am intensivsten erforschte Droge ist. Er würde gerne Neues dazu lernen. Er und seine Mitarbeiter brennten darauf, die nach vergeistigten Potenzen auftretenden Symptome an ihrem eigenen Körper kennen zu lernen. Auch möchte er gerne nachlesen, was bei derartigen Prüfungen einwandfrei festgestellt wurde und bitte um Literaturangabe. Der auf ein «hic Rhodos, hic salta» keineswegs vorbereitete Zwischenrufer mußte vor allen Anwesenden einen peinlichen Rückzug antreten.

Zwei Tage später kamen Teilnehmer der Eröffnungssitzung ins Krankenhaus zu mir, um nähere Einzelheiten über die Ergebnisse einer mit einer C 1000 durchgeführten Digitalisprüfung zu erfahren. Wochen später kamen Professoren und Assistenten des Pharmakologischen Institutes in die Poliklinik, um sich wegen der Durchführung einer Hochpotenzprüfung mit Digitalis nähere Auskünfte zu holen. Sie führten dann auch eine solche Prüfung durch, um sich ein eigenes Urteil über die tatsächliche Wertigkeit des homöopathischen Weges zur Erforschung der Arzneiwirkungen zu bilden.

Im Spätherbste 1937 begann der erste Arbeitskreis zur Erforschung der Homöopathie mit seiner Tätigkeit. Ihm gehörten an die Pharmakologen BONSMANN und KUSCHINSKY, der Internist W. SIEBERT und der damalige erste Vorsitzende des DZV homöop. Ärzte Hanns RABE. Zuerst wurden im Pharmakologischen Institut allgemeine und spezielle Fragen über die Durchführung früherer Arzneiprüfungen und die Wertigkeit der darauf aufgebauten und für die Wahl des jeweilig erforderlichen Medikamentes maßgeblichen Arzneibilder erörtert. Nun war der damalige erste Vorsitzende in homöopathischen Dingen reiner Autodidakt, der nach dem ersten Weltkriege als Allgemeinpraktiker in Berlin tätig war, dann einen einmonatlichen Einführungskurs in die Homöopathie absolvierte und anschließend seine Praxis nach homöopatischen Grundsätzen ausübte. Spezielle Studien über das Zustandekommen der einzelnen Arzneibilder zu treiben, verbot ihm die immer ausgedehnter werdende eigene Praxis. So kam es, daß er sich hinsichtlich all der mit Arzneiprüfungen zusammenhängenden Fragen ganz in die in der homöop. Literatur von Vielen besonders krass vertretenen Wunschbilder hineingelebt hatte, was nun deutlich zu Tage trat. Bei einem Besuche der Beauftragten des RGA erfuhr ich, daß man das Mittel *Silicea* nachprüfen wolle. Vor einem derartigen Unternehmen konnte ich nur warnen und vorschlagen, daß man bei den vorgesehenen Nachprüfungen besser mit anderen Mitteln und in anderen Potenzen beginnen sollte. Aber die Prüfung von *Silicea* in Hochpotenzen war bereits beschlossene Sache. H. RABE hatte dies vorgeschlagen und bei der sich daran anschließenden Besprechung sich mehr und mehr in Voraussagungen hineingesteigert, was unter Hochpotenzen dann alles dabei so «wunderbar» herauskommen werde, daß man dann beschloß, die Prüfung so durchzuführen, wie er es vorgeschlagen habe. Sie wurde dann auch durchgeführt, die Hälfte der Prüfer erhielt Placebos, die andere das Mittel in der C 30. Niemand der die Prüfung beobachtenden Herren wußte, wer zur einen und wer zur anderen Gruppe gehörte. Nach Abschluß der Prüfung wurden die einzelnen Prüfungsprotokolle vervielfältigt und verschiedenen homöop. Ärzten vorgelegt, die entscheiden sollten, welches Mittel geprüft wurde. Sie konnten es nicht herausfinden. Dann wurde mitgeteilt, daß die eine Hälfte nur Placebos bekommen habe; in den vorgelegten Protokollen wären die Nummern teils in arabischen, teils in römischen Zahlen angegeben und zwar mit der einen Zahlenart die Placeboprüfer, mit der anderen diejenige Gruppe, deren Prüfer das betr. Mittel eingenommen haben. Niemand konnte herausfinden, welches die Placebogruppe war, da bei beiden Gruppen etwa die gleichgroße Zahl von Symptomen beobachtet worden waren. Als dann den die Protokolle durchforschenden Kollegen eröffnet wurde, daß es sich um eine Siliceaprüfung handle, da gelang es auch jetzt keinem, herauszufinden, welche Gruppe die Placebogruppe und welche diejenige war, die Silicea eingenommen hatte. Die Prüfung war also vollkommen negativ verlaufen.

Nun war bei den Prüfungen aufgefallen, daß H. RABE unter den von den Prüfern bei ihren jeweiligen Vorstellungen angegebenen Symptomen immer nach Siliceasymptomen angelte. Als eines Tages – möglicherweise wegen naßkalten Wetters – zwei der Prüfer ein Feuchtigkeitsgefühl in der Nase wie bei einem beginnenden Schnupfen angaben und auf RABEs anschließende Frage noch einige weitere diesbezüglich Symptome nannten, da war der nach Siliceasymptomen fischende Kollege hell begeistert und erklärte diese Erscheinungen für eindeutige Mittelwirkungen. Als nach Beendigung der Prüfung der Briefumschlag geöffnet wurde, der die Namen der Silicea- und die der Placeboprüfer enthielt, ergab sich, daß die «eindeutigen Siliceasymtpome» bei Prüfern aufgetreten waren, die nur Placebos eingenommen hatten. Zwei der mitbeobachtenden Professoren kamen zu mir, um zu erfragen, ob denn bei homöop. Arzneiprüfungen der Prüfungsleiter immer auch wisse, welches Mittel geprüft wird? Dann hätten doch alle seit Hahnemann gemachten Nachprüfungen nur einen äußerst zweifelhaften Wert, da der Prüfungsleiter dann unter den angegebenen Symptomen eben die heraussuchte, die für das geprüfte Mittel sprechen können. Nun, so war es eben leider. Ich hatte erlebt, daß O. LEESER bei seinen Arzneiprüfungen dann nachsah, ob unter den Hunderten der von den Prüfpersonen gelieferten Symptomen auch welche darunter waren, die denen des geprüften Mittels entsprachen und war hell begeistert, wenn das eine oder das andere darunter war, worauf er die Prüfung als positiv bezeichnete ... Man kann natürlich hierüber verschiedener Meinung sein.

Im Herbst 1938 begann die klinische Überprüfung auf der II. Inneren Klinik des Berliner Robert Koch Krankenhauses. Ich wurde aufgefordert, an den Visiten von Herrn Rabe teilzunehmen. Er versuchte an von ihm selbst ausgesuchten Kranken eine homöopathische Behandlung. Es waren dies aber meist Krankheitszustände, bei denen sich nach meiner langjährigen Krankenhauserfahrung mit homöopathischen Medikamenten keine wesentlichen Einwirkungen mehr erzielen lassen. Über häufige diesbezügliche Hinweise meinerseits ging er aber großzügig hinweg, anscheinend lebte er hinsichtlich der klinischen Möglichkeiten der Homöopathie in derselben Wunschwelt wie mit seinen Ansichten über Arzneiprüfungen. Und so kam es, wie es eben kommen mußte! Schließlich ist es eben etwas ganz anderes, ob man in freier Praxis als ein von seinen Kranken hochverehrter Arzt hauptsächlich psychosomatisch Kranke zu betreuen hat, wobei die Persönlichkeit des Arztes oft die dominierende Rolle spielt oder ob man klinische Fälle vor sich hat, von denen keiner weiß, was hier vor sich geht und wer all die verschiedenen Ärzte sind, die bei der Visite mitgehen. Außerdem wurden Gespräche über die gewählten Mittel usw. erst vor der Türe erörtert und die Medikamente einige Tage später unauffällig eingesetzt, so daß auch all die aufmunternden Bemerkungen fehlten, mit denen die Kollegen in der freien Praxis die Aushändigung eines Rezeptes begleiten.

Im April 1939 wurde ich dringend zu einer wichtigen Besprechung gebeten. Die Beauftragten des RGA eröffneten mir, daß sie bei Beginn der Überprüfung den Präsidenten davon informiert hatten mit näheren Angaben über die durchzuführende Siliceaprüfung und auch später über die Aufnahme therapeutischer Untersuchungen im Krankenhaus. Jetzt sei ein Brief des Präsidenten eingetroffen, der um Auskunft bitte, was in diesen anderthalb Jahren an tatsächlich Positiven herausgekommen wäre. Wahrheitsgemäß müßte man antworten, daß bei der Arzneiprüfung nichts herausgekommen ist und daß bei den klinischen Versuchen bei keinem einzigen Patienten eine irgendwie für eine therapeutische Wirkung der eingesetzten Arzneien sprechende Reaktion eingetreten ist. Man wies mich auf einen Krankenblattstapel hin, der die Verlaufsangaben bei den von H. Rabe behandelten Kranken enthielt. Die nunmehr akut gewordene Situation sei bereits mit ihm eingehend besprochen worden, er habe auch keinen Fall angeben können, bei dem seine Therapie irgendwie erfolgreich gewesen wäre.

Um meine Meinung hierzu befragt, vertrat ich die Ansicht, daß es nicht opportun wäre, bereits jetzt den negativen Verlauf der Überprüfung bekannt zu geben, und schlug vor, man möge mitteilen, es hätten sich bei den bisherigen Untersuchungen auf ungewohntem Terrain gewisse Schwierigkeiten bemerkbar gemacht, so daß man auf Grund der hier gesammelten Erfahrungen von anderen Gesichtspunkten aus neu beginnen wolle.

In einem kleineren Kreise fand dieser Neubeginn statt. Man begann mit Erwägungen über die Nützlichkeit dieser Überprüfungen vor allem für die hom. Ärzte selbst, habe es sich doch bereits einwandfrei ergeben, daß in den Arzneibildern vieles fragwürdig und zu einem nicht unerheblichen Teile sicher falsch wäre, was unter Umständen auch forensische Folgen für die diese Mittel anwendenden Kollegen haben könnte. Dann wurde das Repertorium von J. T. KENT hervorgeholt und H. RABE gefragt, wie viele der Mittel, die unter den einzelnen Symptomenangaben angeführt werden, er für wirklich zuverlässig halte. Es entwickelte sich ein sehr interessantes, jedoch für die Homöopathie fatales Gespräch, auf das hier nicht weiter eingegangen werden soll. Es möge genügen, daß nach langem Hin und Her zu guter Letzt RABE zugeben mußte, daß er nur etwa 5 % bis höchstens 10 % der Mittel für soweit stichhaltig halte, daß man erwarten könne, daß sie bei den vorgesehenen Nachprüfungen bestätigt werden dürften. Mit anderen Worten, er gab zu, daß etwa 90 bis 95 % der angegebenen Mittel wahrscheinlich Placebosymptome darstellten und mußte sich dann die weitere Frage gefallen lassen, wieso er dann dieses Werk so sehr empfohlen habe … Anschließend wurde über Arzneiprüfungen gesprochen, wobei man auf früher von RABE gemachte und damals schriftlich fixierte Behauptungen zurückgriff. Mit seinen früheren Behauptungen über SEPIA konfrontiert, bestätigte er das damals Gesagte und steigerte sich mehr und mehr in eine Begeisterung hinein, wie dann unter der Wirkung von Hochpotenzen die typischen Sepiasymptome mehr und mehr herauskommen würden. Als man ihm darauf nahelegte, doch als zweite Prüfung eine mit *Sepia* durchzuführen, um uns dies alles dann im Prüfungsexperiment zu zeigen, da konnte er naheliegenderweise nicht mehr zurück. Er wurde dann noch gebeten, ein schriftliches Exposé auszuarbeiten, wie die Prüfung durchgeführt werden solle, und vor allem ausführlich darzustellen, welche charakteristischen Sepiasymptome dann unter Hochpotenzen seiner Ansicht nach zu erwarten sein würden.

Anschließend kam man auf die Homöopathie der Thyreotoxikosen zu sprechen, wozu RABE anschließend sich sehr zuversichtlich äußerte und meinte, wenn man klinische Möglichkeiten hätte, dann könnte man dies alles deutlich darstellen. Nun mußte er zu seiner Überraschung zur Kenntnis nehmen, daß er diese Möglichkeiten doch habe, man brauche doch nur eine Station mit Thyreotoxikosen belegen. Da eine Station etwa 50 Betten umfasse, könne er doch bei einer Limitierung der Behandlungsdauer auf ein Vierteljahr in einem Jahre etwa 200 Thyreotoxikosen unter Heranziehung aller moderner diagnostischer Tests homöopathisch behandeln, so daß man dann ein eindeutiges Bild gewinnen könne über das, was die Homöopathie hier tatsächlich kann. Mit diesen Untersuchungen sollte im Herbst 1939 nach den Ferien begonnen werden. Als anschließend H. RABE mit mir das Robert-Koch-Krankenhaus verließ, überraschte er mich mit der Bemerkung, er müsse jetzt dringend sehen, wie er diese Prüfungen sabotieren könne. Einen stichhaltigen Grund habe er zwar noch nicht gefunden, da alles ihm gegenüber so korrekt und kollegial durchgeführt worden wäre. Hoffentlich falle ihm noch etwas ein, denn sonst müßte er zum Gesundheitsführer Dr. CONTI gehen und ihn dringend auffordern, die Überprüfung der Homöopathie sofort abbrechen zu lassen, denn «Wir können doch das gar nicht, was wir behaupten!» (wörtlich gesagt). Aber nach all dem, was er mit Dr. CONTI, Prof. REITER und Rudolf HESS in Sachen Homöopathie vorgebracht habe, könne er letzteres doch kaum tun. Er fuhr dann fort, daß es doch «heller Wahnsinn» von den Beauftragten des RGA's wäre, «das ernst zu nehmen, was die homöopathischen Ärzte, die doch nur kleine Praktiker wären, so sagen oder in ihren Zeitschriften veröffentlichen» und dies einer wissenschaftlichen Überprüfung zu unterziehen wie die Homöotherapie der perniziösen Anämie, des Diabetes, der Gonorrhoe usw. Und nun die Einrichtung einer Thyreotoxikoseabteilung zu planen, wäre doch «glatter Unsinn», denn in Wirklichkeit könne doch die Homöopathie keine ausgesprochene Thyreotoxikosen heilen. Auf meinen Hinweis, daß dies doch ganz im Gegensatz dazu stehen würde, was er vor wenigen Minuten behauptet habe, gab er mir in längeren Gesprächen einen Einblick in seine Gedankenwelt und wie er selbst die homöop. Ärzteschaft beurteile, worauf aber hier nicht weiter eingegangen werden soll.

Auch über die vorgesehene Sepia-Nachprüfung äußerte er sich eindeutig. Er meinte: »Was weiß denn unsereiner über Sepia? Möglicherweise sind alle in den Arzneimittellehren gebrachten Sepiasymptome reine Phantasiegebilde? Und nun solle er sich schriftlich festlegen, welche Symptome er bei einer Prüfung mit Hochpotenzen erwarte!» Auf meinen Hinweis, wie er doch vor kurzem ausgeführt habe, wie nach Hochpotenzen dann die Symptome so wunderbar herauskommen, da antwortete er: «Aber so stellen wir Homöopathen uns doch die Dinge vor!» Er wäre ein vielbeschäftiger Praktiker und kein Arzneiforscher. Er habe den Beauftragten des RGA immer die Homöopathie so vorgetragen, wie die überwiegende Mehrheit der homöopathischen Ärzte «sich eben die Homöopathie vorstellen». Man habe doch nicht ahnen können, daß die Beauftragten des RGA mit den Durchführungen früher gemachter Prüfungen und deren Ergebnissen und Wertigkeit vollauf vertraut waren und so sofort wußten, inwieweit die Vorstellungen der Homöopathen von den nun eben vorliegenden Realitäten divergieren.

Er vertrat dann die Ansicht, daß die Homöopathie wahrscheinlich gar keine pharmakotherapeutische Methode sei, wie bisher immer angenommen worden wäre, sondern eine gewisse Form der Psychotherapie. Durch das subtile Eingehen auf die verschiedenen, zuweilen durchaus nebensächlichen aber von den Kranken besonders in den Vordergrund geschobenen Beschwerden und das umständliche Bearbeiten der Arzneimittelwahl für diesen individuellen Fall, oft unter zeitraubender Heranziehung dickleibiger Arzneimittellehren und Repertoiren, also durch ein Vorgehen, wie es die Kranken von anderen Ärzten her gar nicht gewohnt sind, dürfte doch wohl eine psychische Beeindruckung des Kranken erzielt werden, die dann durch uns noch unbekannte Heilwirkungsmechanismen zu Besserung des Befindens und zu Beschwerdefreiheit führen können.

Im Juni 1939 wurde ich zu A. von DOMARUS gebeten, der im Rahmen der vom RGA angeordneten Erforschung der Homöopathie zusammen mit dem Pharmakologen DRUCKREY gewisse, hier vorteilhafterweise besser nicht näher erwähnte Behauptungen, die renommierfreudige Kollegen vorgetragen oder veröffentlicht haben, im arzneiprüferischen und therapeutischen Versuche verifiziert sehen wollte. Beiden Herren gegenüber mußte ich mich von manchem Unsinn distanzieren und ihnen nahelegen, zu den von ihnen geplanten Nachprüfungen jene Kollegen heranzuziehen, die solcherlei behaupteten.

Durch den Kriegsausbruch wurden die Überprüfungen jäh unterbrochen. Aber all diese Zeit war BONSMANN eifrig bemüht, Fragen um die Wertigkeit homöopathischer Medikamente in pharmakologischen Untersuchungen zu klären. Hier möge ein Hinweis auf seine für die Homöopathie so verdienstvollen Arbeiten genügen.

Nach dem Kriege nahmen W. SIEBERT und BONSMANN wieder mit mir Fühlung auf. Ich erfuhr, daß das gesamte Material über die Prüfung den Krieg überlebt hatte, so daß man darauf zurückgreifend jederzeit neu beginnen könne. BONSMANN erwähnte, daß abgesehen von gewissen pharmakologischen Arbeiten bisher bei den Überprüfungen nichts Positives für die Homöopathie herausgekommen wäre, es sei denn, daß einwandfrei klargestellt worden ist, daß viele Ansichten – auch die «kritischer Homöopathen» – auf Wunschvorstellungen beruhten. Inzwischen habe aber die homöopathische Ärzteschaft Zeit genug gehabt, sich zu besinnen. Es wäre eine bedauerliche und für das Weiterbestehen der Homöopathie gefährliche Illusion, wenn die homöop. Ärzte glaubten, sie könnten ruhig in derselben Weise weitermachen, wie sie es vor dem Kriege getan haben ...»

Dr. med. Fritz DONNER
Ärztlicher Direktor a/D.
Facharzt für innere Krankheiten
Berlin-Zehlendorf

Nach diesen Präliminarien ist es angezeigt, für die weniger Sachkundigen über die wichtigsten homöopathischen Regeln und Thesen einen Überblick zu geben und die nötigen Randbemerkungen hinzuzufügen.

1. Das Simile-Prinzip

Es ist eine Hauptthese der Homöopathie:

«Ein Mittel, das bei einem Gesunden ein bestimmtes Symptom erzeugt, vermag dieses Symptom bei einem Kranken auch zu heilen.» Doch kann die Arzneimittelfindung durch Prüfung am Gesunden nur als Torheit angesehen werden. Es gibt heute genügend Beispiele für zahllose Arzneimittel, darunter Psychodrogen und Halluzinogene, deren Wirkung pharmakologisch hinreichend bekannt ist. Greifen wir eines heraus, das Neuropsychopharmakon «Amphetamin», das heute als Dopingmittel vielfach verwendet wird und je nach Dosis auch als

Appetitzügler Anwendung findet und in höherer Dosierung zu hochgradiger Erregung und zu Halluzinationen führen kann. Die therapeutische Anwendung betrifft u.a. auch die Narkolepsis. Doch niemals ist darüber etwas bekannt geworden, daß dasselbe Mittel, von dem es eine Reihe von Präparaten verschiedener Substitution gibt, in irgendeiner Dosierung am Gesunden Narkolepsie oder eine «ähnliche Erkrankung», oder Appetit auslöst. Der Einwand, HAHNEMANN, der Entdecker der Homöopathie, habe ja solche «künstlichen Mittel» nicht gekannt und sie würden deshalb aber nicht im homöopathischen Arzneischatz berücksichtigt – ist *nicht* stichhaltig, denn wenn man auch pflanzliche Drogen in der Homöopathie verwendet, deren chemische Inhaltsstoffe wesentlich komplizierter sind als das Amphetamin – so muß sich der Homöopath, der Allgemeinregeln ausgibt, der Konfrontation stellen. Wenn sich auch RITTER in seiner «Homöopathischen Propädeutik» 1972 von der Simileregel, die er selbst als Hauptpunkt

Tab. 6: Sinnlosigkeit der Ähnlichkeitsregel an nur einem Beispiel:

These: Man gebe ein Mittel, das am Gesunden eine ähnliche *Krankheit oder ähnliche* Krankheitssymptome auslösen würde, dann, wenn eine solche Krankheit vorliegt.

Krankheit: Haemolytische Anaemie mit massivem Blutzerfall und Gelbsucht, spodogener Milztumor

«Simile»: Haemolytische Anaemie mit Blutzerfall, auch zu erzeugen durch Wasserinfusion, Schlangengifte, fehlerhafte Blutübertragung z.B. A auf 0, Arsen, Übertragung tierischen Blutes

Folgerung aus homöopathischer Sicht: Wäre dann bei haemolytischer Anaemie mit Schlangengiften oder Arsenik oder kleinen Blutmengen einer falschen Gruppe oder Tierblut zu behandeln oder gar mit Wasser?

Tatsächliche Therapie:
Erst nach Abklärung der Genese (kausales Denken!)

a) Heredität: z.B. Thalassaemia major vel minor? (Wenigstens 10 Formen). Sichelzellanaemie? Andere abnorme Haemoglobine? Membrananomalien?
b) Infektbedingte Haemolysen: z.B. Virusinfektionen?
c) Durch chemische Agentien bedingte haemolytische Krise? z.B. Methaemoglobin-Bildner mit Blutzerfall, z.B. Anilinderivate

entweder: Substitutionsbehandlung oder
Absetzen von Noxen oder
Milzexstirpation

Literatur: Alle ausführlichen Lehrbücher der Inneren Medizin, der Haematologie und der Transfusionslehre

---

bezeichnet, geschickt distanziert, so darf er nicht vergessen, daß alle klassischen homöopathischen Mittel dieser falschen These ihre «Entdeckung» für den Arzneischatz der Homöopathie verdankten. Konsequenz und Devise für die Homöopathen ist dann: Die Mittel sind nun einmal da – seht zu, wo sie anzuwenden sind, was falsch wurde und richtig bleibt! Aber was sollen wir z.B. mit den hunderten von Symptomen anfangen, die angeblich beim Gesunden durch kleinste Mengen Kochsalz «erzeugt» wurden. *Sie sind ausschließlich psychologisch zustandegekommen.*

Eng mit der Simile-Regel verbunden ist also der zweite Hauptsatz der Homöopathie, das ist die AMP (Arzneimittelprüfung am Gesunden).

2. Arzneimittelprüfung am Gesunden

Auch diese homöopathische Forderung zählt nach RITTER zu den wichtigsten Säulen der Homöopathie und wie recht er tut: er rückt auch hier vorsichtig von diesem Prinzip ab, was die Frage aufwirft, was dann wohl überhaupt noch an homöopathischem Gedankengut in der Homöopathie übrigbleibt. Die AMP kann als in hohem Maß unsinnig bezeichnet werden, und es ist für einen modernen Arzt fast schon unwürdig, darauf einzugehen, weil ihr inzwischen längst überholte vitalistische Betrachtungen des vorigen Jahrhunderts zugrundeliegen.

Der Gedanke: Jemand hat Kopfschmerz. Die Natur zeigt an, daß sie mit einem Prozeß konfrontiert ist, den Kopfschmerz zu eliminieren. Nun geben wir ein Mittel, das auch bei einem Gesunden Kopfschmerz erzeugen würde. So wird dann die Natur angestoßen, ihre natürliche Abwehr erfolgreicher fortzuführen. Es wird zu einer Verstärkung der Kopfschmerzen kommen («Erstverschlimmerung») und dann zu ihrer Heilung.

Daß die AMP aber – ohne Umschweife gesagt – Nonsens ist, geht daraus hervor, daß die Symptome, die uns ein Kranker bietet, vorerst einmal ganz unspezifisch sind und eine ärztliche Behandlung nicht an den Symptomen, sondern kausal – am Grundübel, an der Ursache anzusetzen hat. Beispiel: Hypertonie. Selbst wenn wir den Kopfschmerz durch Gaben eines Kopfschmerzmittels beseitigen, so beseitigen wir nicht das Grundübel, und der Kopfschmerz wird wiederkommen. Daß es hier sinnvoll ist, die Hypertonie anzugehen, ist einleuchtend und sinnvoller als ein homöopathisches Mittel zu geben, das beim Gesunden Kopfschmerz erzeugt (falls es ein solches Mittel überhaupt gibt, das monospezifisch diese Wirkung hat). Doch könnte der Kopfschmerz bei bestehender Hypertonie nicht auch andere Ursachen haben? Etwa die Menopause, ein Hirntumor oder eine syphilitische Erkrankung? Was soll dann ein Mittel, das bei der AMP an einem jungen Mann noch dazu *angeblich* Kopfschmerz erzeugte? Usw. usw. Man schlage nur irgend ein Lehrbuch der Inneren Medizin oder der Kinderheilkunde oder Neurologie auf und prüfe diese 2. Hauptthese der Homöopathie auf Gültigkeit.

3. Die Dosierungslehre

In einer Propädeutik widmet RITTER auch dieser Grundlehre der Homöopathie sein Augenmerk und behandelt sie vorsichtiger, als je ein Homöopath sie behandelt hat. Dafür wird er so gut wie sicher auch im eigenen Lager Schelte bekommen, denn die letzte These bricht damit zusammen.

Bekanntlich gibt es in der Homöopathie zwei Glaubensrichtungen

a) Die Hochpotenzler und
b) Die Niederpotenzler

Angenommen ein Mittel wie Pulsatilla (Küchenschelle) habe angeblich einen bestimmten Effekt und sei wegen einer bestimmten Symptomatik angezeigt. Dann geben die einen das Mittel in einer Hochpotenz, sagen wir D 12, was bedeutet, daß hier eine veritable Verdünnung von 1 : 1 000 000 000 000 vorliegt, wogegen andere D 4 geben, was bedeutet 1 : 10 000.

Mit anderen Worten, hier liegen Dosierungsunterschiede von 1 : 100 Millionen vor. Die gesamte Pharmakologie kennt keinen Stoff, der bei einem Dosierungsunterschied von dieser Größenordnung eine gleichartige Wirkung entfalten würde. Doch die Unterschiede in der Verdünnung sind oft noch grotesker.

Selbst ein Medizinstudent im ersten Semester wird, mit dieser Sachlage konfrontiert, eine Medizin solcher Art als Zumutung zurückweisen. Doch, so muß man sagen, wer es nicht glaubt, möge sich die Mühe machen, *drei willkürlich gewählte homöopathische Bücher* miteinander zu vergleichen.

Die Homöopathen sagen nun, es würde ja – gerade durch die Verdünnung und durch den Grad der Verdünnung – eine bestimmte Wirkung des homöopathischen Arzneimittels hergestellt, das dann auch «in der richtigen Phase» gegeben – auch richtig wirke! Doch für solche «Phasen» gibt es nur schlechte und unbrauchbare Reißbrettdeduktionen, die *durch nichts* begründet sind.

Sowohl die ARNDT-SCHULZ'sche Regel:

«Kleine Reize regen die Lebenstätigkeit an,
größere hemmen sie und
stärkste heben sie auf»

als auch andere Regeln wie etwa die WILDERsche Ausgangswertregel sind hier nicht zutreffend, denn die ARNDT-SCHULZ'sche Regel von der «Wirkungsumkehr» gilt nur in sehr beschränktem Ausmaß innerhalb einer sehr geringen Schwankungsbreite der Dosierung und nur für ganz wenige Stoffe, und der für die Anwendung der WILDERschen Regel vorhandene nötige Ausgangswert ist, falls überhaupt ein resorbiertes homöopathisches Medikament innerhalb eines Schwellenwertes vorliegt, unbekannt. Auch gibt es keine «Ausgangswerte» für Stoffe wie Carbo oder Graphites (homöopathische Medikamente) usw. usw. Der ewige Streit um die Dosierung ficht den Homöopathen LEESER (1953), der Direktor des Robert-Bosch-Krankenhauses in Stuttgart war, überhaupt nicht an, und nachdem er mühsam eine Art Ehrenrettung für die Dosisunterschiede und die ARNDT-SCHULZ'sche Regel versucht, gibt er der Homöopathie mit Einführung der Begriffe Affinität, Abgestimmtheit und Resonanz der Ähnlichkeitsregel im Zusammenhang mit der leidigen Dosisfrage einen neuen Sinn:

«Die Meßbarkeit solcher Faktoren, wie Menge und Zeit, verleitet allzu leicht zur Bildung von «Regeln», die den unberechtigten Anspruch machen, der Homöopathie eine zulängliche Grundlage zu geben. Mit quantitativen Aussagen allgemeiner Art läßt sich ein Wechselverhältnis wie das zwischen Organismus und Arzneistoff aber nicht erschöpfend fassen.

Die qualitative Beziehung (Affinität, Abgestimmtheit, Resonanz) dagegen ist eine übergeordnete Voraussetzung der Arzneiwirkung. Deshalb wird ein allgemeiner Satz, der die Auffindung dieser Beziehung regelt, mit Recht als Ähnlichkeitsregel bezeichnet und bleibt als Anweisung, die Arzneimittelwirkungen an die Lebensvorgänge beim Kranken anzupassen, der beherrschende Mittelpunkt der homöopathischen Methode.»

In dieser Äußerung eines der bekanntesten Homöopathen unseres Jahrhunderts sehen wir eine eindeutige Absage an die naturwissenschaftliche Medizin, die auf Metrik aufgebaut ist, auf Kausaldenken beruht und nicht auf einem unbegründeten intuitiven Einschätzen von Lebensvorgängen.

In der Praxis sieht es dann halt so aus:

Wir zitieren aus REHM 1965:

«Ich hatte zwei Frauen mit *blutenden Brustwarzen* zu behandeln. Die erste Frau blieb eines Tages weg. Der nach mit zugezogene Arzt wollte keine Verantwortung eingehen und schickte sie zum Chirurgen, der beide Brüste amputierte.

Die andere Frau blieb in meiner Behandlung und wurde vollständig geheilt. Sie erhielt Acidum nitricum wegen gleichzeitiger Risse in den Mundwinkeln, was auf die blutenden Warzen wohl keinen Einfluß hatte. Dann bekam sie Hamamelis, Lycopodium, Mercur, Sepia und Sulfur, meistens zwei bis drei Wochen lang jedes Mittel. Welches gewirkt hat, kann ich nicht sagen. Vielleicht alle sechs, vielleicht nur eines.»

«Daß sie gewirkt haben, ist die Hauptsache.»

«Die Hauptmittel bei blutenden Brustwarzen sind übrigens Bryonia, Hamamelis, Lycopodium, Mercur, Sepia, Sulfur.»

Sonderbar – sonderbar: Bärlappsamen, Quecksilber und Schwefel haben eine ähnliche Wirkung?

Wie wäre das Bild geworden, hätte die Frau nichts genommen?
Wie wäre es geworden, wäre sie zum Magnetopathen gegangen?
Wie wäre es geworden, hätte sie sich akupunktieren lassen?
Wie wäre es geworden, hätte ein Exorzist mitgewirkt?
Wie wäre es geworden, hätte sie sich nur Weißkäse aufgelegt?
Wie hätte ein Hypnotiseur gewirkt?
Hätte eine «Beseitigung von Erdstrahlen» es auch getan?

Oder eine Scheidung? Eine Beichte? Eine Fahrt nach Lourdes? Und hier sind wir am richtigen Punkt wieder einmal angelangt: *Am Erfolg!*

Über die Frage der «Erfolge» haben wir an anderer Stelle schon eine Menge geschrieben. Daß es *kein* «Heilverfahren» gibt, das nicht über Erfolge zu berichten weiß, ist bekannt, und welche Rolle das Zeremoniell einer Heilbehandlung und auch der Heiler dabei spielt, ist vielfach analysiert worden. Um das zu demonstrieren, zeigen wir eine Tabelle, die aus dem von BYHAN und WOLF (1974) veröffentlichtem Buch zusammengestellt worden ist. Das Buch ist, wenn auch ungewollt, in seiner Art verdienstvoll.

Und es bedrückt gleichzeitig, wenn man bedenkt, mit welchen finanziellen Opfern die Regierungen Universitäten unterhalten, die in jahrelangem Unterricht den Studenten medizinisches Wissen vermitteln mit der Endkonsequenz, daß sich dann die kranken Bürger nicht selten aus Unkenntnis, aus Verzweiflung oder aus Bequemlichkeit im Krankheitsfall an Laien wenden, die oft nicht mehr bieten als PAULLINI (1714, neu aufgelegt 1847), der z.B. Taubenkot, Schwalbenkot, Pfauenkot und Ziegenkot zur Behandlung von Kopfschmerzen empfahl und eine lange Reihe von Erfolgsberichten seiner Therapie bekanntgibt (vgl. Abb. 3).

Tab. 7: Tätigkeit einiger Wunderheiler in der Bundesrepublik (1974)

Heilkundiger	**kann**
Gesundbeter von Kaufering J. F.	«Mit einem Büschel Haaren und einem alten Gebet kann ich alle Kranken gesund machen» Heilerfolge: Schwere Leberverletzung durch Sturz, Durchfall bei einer Kuh, Querschnittslähmung bei einem Jungen, Prostatakrebs.
P. B. aus Hamburg Handaufleger	Erkennt die Krankheiten schon am Telefon. Heilt Herz-Kreislauferkrankungen, Magen-Darm-Erkrankungen, Nieren- und Leberschäden. Bei Kreislaufkrankheiten legt er seine rechte Hand an den Hinterkopf und die linke auf das Herz des Patienten. Daneben Arnika-Tropfen und Herbstzeitlosenextrakt usw.
H. W. aus Hamburg Kräuterheilerin	«... weiß gegen jede Krankheit ein Kräutlein». Daneben selbstgebasteltes Amulett aus frisch gegerbter Kuhhaut. Heilt hartnäckigen Schnupfen, Herzschmerzen, Ohrensausen, Leibschneiden und Rheuma, Haarausfall, Furunkel, Kopfschmerzen und Impotenz. Ihre Patienten bestätigen: Es hilft. Sie lachen zwar verlegen, wenn sie das bekennen, aber ihren Glauben an H. lassen sie sich nicht nehmen.
E. K. aus Hamburg Wasserheilerin	Patienten bekommen wasserhelle Flüssigkeit aus drei Gläsern und haben zu sagen, wonach es schmeckt. Dann steht die Diagnose fest. Heilung dann durch elektrisch geladenes Elektrolytwasser (Quellwasser aus der Oberpfalz). Auch Blutbild-Photographie. Ergebnis z. B.: Das Blut war metallvergiftet (Patient hatte zwei Amalgamfüllungen).
E. F. aus Berlin Heilt mit Gedankenkraft	Kopfschmerzen, Depressionen, Selbstmordabsichten. Heilung durch Meditation aus der Sicht der indischen Philosophie.
F. J. aus Eberbach Magnetopath	Hält in den Händen zwei antennenartige Chromstäbe, die im rechten Winkel vom Griff abstehen. Dadurch Feststellung, ob richtige Polung. Dann Umpolung. Auch Augendiagnose und Akupunktur. Abschirmung von Strahlungen aus Reizzonen mit «Bio-Batterie», die man zwischen Bettrahmen und Matratzen legt. Durch diese Batterie auch Verbesserung der Milchleistung von Kühen.

W. U. aus Lörrach Massage und Kräuter usw.	Behandelt impotente und frigide Patienten, so daß sie wieder Spaß an Sex und Erotik haben.
G. S. aus Garmisch Fernheilung durch Meditation	In den letzten sieben Jahren 160 000 Briefe bekommen; von 100 Patienten 34 keine Antwort 53 schreiben, daß Krankheit wesentlich gebessert 23 völlige Heilung S. ist ein Fernheiler, der seine Patienten nicht sieht. Fälle: Chronische Schlaflosigkeit, Lymphdrüsenkrebs, Bandscheibenschäden, Ischias, Rheuma. Größte Erfolge bei Lähmungen und Taubheit usw.
M. E. aus Hamburg Yoga-Lehrer	Schlaflosigkeit, Angst, Herzfehler, Blutarmut usw. werden durch energiespeichernde Atemtechnik, ebenso wie Nierenerkrankungen, Darmerkrankungen usw. behandelt.
P. B. aus Köln Homöopath	«Ich kann mit dreißig Mittel vier Millionen Krankheiten heilen». Homöopathische Medikamente.
E. N. aus München Astromedizin und Augendiagnose	Horoskopstellung und Irisdiagnose; Schröpfköpfe, «Jonomodulator», Eigenblutbehandlung und Naturheilmittel.
V. T. aus Düsseldorf Augendiagnostiker	Stellt auch Urindiagnosen. Urin mit Salpetersäure versetzt. Grüner Ring bedeutet Gallenstörungen und Gelbsucht; blauer Ring: Darmkrankheit; brauner Ring: Lebererkrankung; weißer Ring: Nierenerkrankung; schwarzer Ring: Krebsverdacht. Therapie: Injektion von Sauerstoffgemisch, Wärmebehandlung, Akupunktur.
H. F. aus Hamburg Augendiagnostiker	Erkennt Produktion von «Linksmilch», die sich im Magen ansammelt.

Literatur

BYHAN, und WOLF, H.: Deutschland, deine Wunderheiler und Außenseiter der Medizin
Ratisbona Verlag, Regensburg (1974)

DEVRIENT, W.: Ist die Homöopathie Wissenschaft?
Heilkunde – Heilwege, 8, 2, 19 (1958)

DONNER, F.: Bemerkungen zu der Überprüfung der Homöopathie durch das Reichsgesundheitsamt
Privatdruck, Berlin (1966)

KABISCH, M. Kleine homöopathische Therapie
4. Aufl., Haug Verlag, Ulm (1960)

Leeser, O.: Homöopathie
Reclam Verlag, Stuttgart (1953)
Martini, P.: Homöopathie und Wissenschaft
Dtsch. med. Wschr. 14,633 (1959)
Martini, P.: Überprüfung homöopathischer Arzneimittel 1938, 1939
Literatur und Erläuterung in O. Prokop und L. Prokop
Paullini, K. F.: Dreckapotheke
(nach der vollständigen Auflage von 1714)
Scheible Druck, Stuttgart 1847
Prokop, O.: Medizinischer Okkultismus (Paramedizin)
3. Aufl., G. Fischer Verlag, Jena (1973)
Prokop, O. u. Prokop, L.: Homöopathie und Wissenschaft
Enke Verlag, Stuttgart (1957)
Ritter, H.: Homöopathische Propädeutik
Hippokrates Verlag, Stuttgart (1971)
Schoeler, H.: Homöopathie und Wissenschaft
Die Medizinische, 7 und 32 (1960)

Akupunktur

In hohem Maße beschäftigt dieAkupunktur die Öffentlichkeit, und man fragt die Professoren der medizinischen Fakultäten über den Wert. Die Auskunft ist oft nicht befriedigend und nicht immer klar.

Doch was fasziniert die Menschen?

a) Daß ein Akupunkteur mit seinen Nadeln Frauen sogar jünger macht
(Die Welt vom 2. 5. 1975)

b) Daß man unverstandene Hunde, «wenn sie auf den Hund gekommen sind (sic!)» wieder von ihren Störungen befreien kann
(Die Welt vom 21. 4. 1975)

c) Daß man Suchtgefährdete und Suchtkranke wenigstens unterstützend mit der Akupunktur behandeln sollte
(Euromed 9, 377, 1975)

d) Daß es auch Akupunkturindikationen in der Urologie gibt
Die Medizinische Welt (NF) 25, 44, 1795 (1974)

e) Daß man mit «Nadeln unsere Hausmedizin ersetzen» kann (darüber hinaus bei Querschnittsgelähmten, Herzschäden, Rheumatismus, Nervenentzündungen, Hexenschuß etc. helfen kann)
(Illustrierte Quick, mehrere Hefte der letzten Jahrgänge)

f) Daß Prinz Bernhard der Niederlande von heute auf morgen von jahrelangen Beschwerden geheilt werden konnte, so daß er sagen konnte: «Ich fühle mich um zehn Jahre jünger»
(Welt am Sonntag, 2./3. 6. 1974)

g) Daß sich der Fernsehquizmaster Rosenthal vor Sendungen akupunktieren läßt, daß der Bonanza-Fernsehstar Lorne Greene auf die Akupunktur schwört
(Viele derartige Meldungen 1973/74)

h) Daß dann, wenn schmerzstillende Medikamente «nicht anschlagen oder bereits toxisch wirken», die Akupunktur angewendet werden kann
(Berliner Zeitung vom 7. 7. 1974)

Diesen bescheidenen Auszug haben wir einfach ohne Not in wenigen Minuten zusammengestellt. Es war daher wichtig, die Angelegenheit Akupunktur etwas näher zu überprüfen.

Aus den chinesischen Akupunkturlehren, die schon vor unserer Zeitrechnung existierten und für die damalige Zeit ein hohes künstlerisches und philosophisches System darstellten, hat sich die heutige Akupunktur über die Jahrhunderte hinweggeschleppt. Was geblieben ist, ist nicht besser geworden, sondern stellt einen Rückfall in kultureller und medizinischer Hinsicht dar. Es handelt sich bei der heutigen Akupunktur um ein eklektisches auf den modernen Bedarf zugeschnittenes System, das bald hier, bald da eine Anleihe bei den alten Akupunkturlehren macht. Die Akupunktur wurde in China von Heilpraktikern betrieben, und die Kenntnisse wurden innerhalb von Familien weitergegeben (HUWER 1974). So erklären sich auch die zahllosen Varianten dieser Lehre und die «Ausnahmen». In HÜBOTTERs monströsem Werk (1929) werden auch die modernen Akupunkturärzte aus alten Quellen, in deutsche Sprache übersetzt, genügend Hinweise finden, welche ihnen Entschuldigungen beim Versagen der Nadeltherapie geben. Es wäre aber ungerecht, sich über die vor tausend und mehr Jahren kreierten Akupunkturlehren zu amüsieren, denn sie stellen veritable Medizingeschichte dar. Sicherlich haben die Chinesen nach BINDER (1972) auch das Ephedrin (Asthma) und das Quecksilber (Syphilis) und die Pockenschutzimpfung in die Medizin eingebracht, so daß man die Akupunktur nicht ohne jedes Interesse betrachten darf. Das Akupunktieren hatte nach chinesischer Lehre einen Sinn, denn ihr lag die «Pneuma»-Theorie zugrunde, die Lehre einer Art Lebenskraft, die in und außerhalb der Adern sich ansammelte, staute, verlorenging, von Yin und Yang, den Jahreszeiten, der Himmelsrichtung usw. abhing. Durch das Einstechen der Nadel, wobei schräg oder gerade, tief oder oberflächlich von vielen Bedingungen abhängig gemacht wurde, sollte das Pneuma drainiert, abgelassen, umgeleitet oder zum Zirkulieren gebracht werden. «Räuberisches», «entartetes», in der Tiefe fließendes, zerstreutes usw. Pneuma mußte beeinflußt werden.

Daß es in der chinesischen Medizin noch andere Merkwürdigkeiten gab, verrät das Buch von LING KÜ KING: Klassische Akupunktur Chinas, Hippokrates, Stuttgart (1974). Würde man nicht sogleich als «kulturhistorischer Ignorant» bezeichnet werden, so müßte man sagen, daß hier ein Konvolut von lauter Unsinn vorliegt. In diesem macht sich auch die Feststellung gut, daß in China auch Menschenfleisch zur Therapie empfohlen wurde (vgl. W. SCHRÖDTER: Menschenfleischsuppe-Medikament in China, Erfahrungsheilkunde 7, 2, 79 1958).

Da jedes Heilverfahren seine Anhänger findet, auch wenn es auf völlig falschen Vorstellungen beruht oder überhaupt nur auf Behauptungen, so wurde die Akupunktur von China über Japan schließlich auch in Europa bekannt. Die Literatur des 18. und 19. Jahrhunderts ist

Tab. 8: Historische Ansichten über den Wirkungsmechanismus der Akupunktur (19. Jahrhundert). Bescheidene Auswahl

BERLIOZ (1816)	Dem Nerven wird ein Elementarstoff zugeführt, welchen der Schmerz demselben entzogen hat
CLOQUET (um 1840)	Nervenfluidum, das die Nerven durchrinnt und sich fehlerhaft anhäuft und die schmerzhaften Organe belästigt, wird entzogen
PREVOST (erwähnt 1845)	Nadeln werden beim Eindringen in das spiralige Nervengeflecht um die Muskelfasern magnetisch
SCHÖNLEIN (erwähnt 1845)	Haut hält die tierische Elektrizität zurück, die durch die Nadeln abgeleitet wird
VICQ-d'AZYR (1805)	Stimulierende und irritierende Wirkung – zur Wiederherstellung der Sensibilität in den Organen wie diesselbe gesunken
HAIME (erwähnt 1835)	Die Nadeln garantieren einen freien Umlauf des Nervenfluidums
CHURCHILL (deutsch von WAGNER 1824)	Theorien von BERLIOZ und HAIME ungenügende Hypothesen. Reizmittel auf das Nervensystem und «vorzüglich wie Hautreitze würkend»
ABEL (1907 in Realenzyklopädie von EULENBURG)	Therapeutisch diente die Acupunctur früher als Excitans und Derivans oder auch «zur Umstimmung der Sensibilität», z. B. bei Krämpfen, Rheumatismus, Gicht, Neuralgien. ...heute durch bessere Methoden fast ganz verdrängt.

bereits voll von Diskussionen über das erregende neue System der Therapie, das weder in die abendländische Humoralpathologie oder Anatomie und auch später nicht in die Zellularpathologie hineinpaßte. So wurde über die Lehre der Akupunkturpunkte und «Meridiane» viel geschrieben und auch versucht, sie mit gängigen Vorstellungen zur Deckung zu bringen.

Eine geradezu «klassische» Schiene zur Ausbreitung der Akupunktur war der Mesmerismus. Die hier vielfach geäußerten Theorien vom Zusammenspiel geheimnisvoller Kräfte auf die «Flutstoffe» und die Erwägung antithetisch wirkender Kräfte aus dem Kosmos, dem Körper und den Magneten lassen mitunter geradezu deckungsgleiche Vorstellungen erkennen (vgl. hierzu WOLFART 1814).

Obgleich für den Mesmerismus in Deutschland großes Interesse bestand, scheint sich die Akupunktur nach der Dissertation von ARNOLD (1974) nicht recht durchgesetzt zu haben. Nach ARNOLD soll sie versuchsweise an der Berliner Charité (1830) auf Veranlassung des «Ministeriums der Geistlichen-, Unterrichts- und Medizinalangelegenheiten» erprobt worden sein. Ansonsten ist sie offensichtlich an den deutschen Universitäten nicht oder nur oberflächlich beachtet worden und wieder in Vergessenheit geraten.

Die heute tätigen Akupunkturisten stehen hinsichtlich der Bemühung, eine Erklärung über den Wirkungsmechanismus der Akupunktur abzugeben, zum größeren Teil weit unter dem Niveau der alten chinesischen Ärzte, die in sehr subtiler Weise ihre Patienten beobachteten; und das recht häufig bei modernen Kurpfuschern, die Akupunktur betreiben, gängige Wort «Die Akupunktur normalisiert...» ist in diesen Schriften nicht bekannt.

Beispiel: Wien. Med. Wschr. 124, 5, 59 (1974):

BISCHKO 1974: Dadurch erschien die ursprüngliche Betrachtungsweise der alten Chinesen, wenigstens teilweise, bestätigt, wonach die Akupunktur zur Steuerung zweier energetischen Formen, nämlich «Yang» (adrenerg) und «Yin» (cholinerg) befähigt ist und trachten muß, immer ein möglichst genaues Gleichgewicht zwischen beiden herzustellen.

Daß die Medizin jedes Heilverfahren, das wissenschaftlich begründet ist, akzeptiert, ist bekannt. Darüberhinaus duldet sie auch die verschiedensten Formen der Psychotherapie. Hierher gehört in besonderer Weise auch die Akupunktur. Die eifrigen Verfechter der neuen Spielarten: Elektroakupunktur, Nasenakupunktur, Ohrakupunktur, unvertraut mit der Tatsache, daß auch Psychotherapie einen oft weitgehenden Therapieerfolg haben kann, sind von ihren «Leistungen» jedoch so überwältigt, daß sie in ihren Schriften jeden Bezug zur Realität in der Heilkunde vermissen lassen und, wie es für Außenseiter typisch ist, einen Totalitätsanspruch anmelden, der so weit geht, daß Kritiker sogar einer Art Rückfrageverbot unterliegen: Es sei ja alles schon hinreichend bewiesen!

Wie wir nunmehr sehen, ist die Akupunktur eine Domäne der Naturheilkundigen geworden. Und wie es Vereinigungen von Augendiagnostikern, Homöopathen und Wünschelrutenärzten gibt, so haben sich auch die Anhänger der Akupunktur zu Vereinen zusammengeschlossen.

Die Akupunkturpunkte

Mühelos könnten wir an zahlreichen Abbildungen darstellen, daß die Lage der «Akupunkturpunkte» unsicher ist, selbst wenn es solche geben sollte. Wir brauchten nur einige Abbildungen alter und neuer oder nur neuer Bücher nebeneinander zu stellen. Da auch die Höhe und die Tiefe des Einstiches von besonderer Bedeutung sein soll und man die Punkte nicht tasten kann (sie wurden im alten China von Blinden – wegen ihres besseren Tastvermögens «getastet» und so «aufgesucht»), ergeben sich hier interessante Vergleiche mit dem Aufsuchen der ja viel größeren Venen etwa des Armes. Hier sieht man die Stellen, die es durch einen Stich (der nicht immer gelingt) zu erreichen gilt, während man in der Akupunktur die Stellen weder sehen, noch durch Tasten lokalisieren kann, weil sie angeblich mikroskopisch klein sind. Daß sie anatomisch nicht festgestellt werden können, ist klar erwiesen.

Zu der Frage, ob sie durch elektrische Widerstandsmessungen festgestellt werden können, existiert eine Menge an Literatur. Es ist kurios und ganz einfach wissenschaftspraktisch höchst sonderbar, daß etwas, was früher getastet wurde, nunmehr trotz der Gültigkeit der Gesetze der Genetik, wonach die genetische Zusammensetzung (eben auch Fähigkeiten) in einer Population konstant bleibt, nicht mehr getastet werden kann – also eine Fähigkeit der Menschheit verlorengegangen sein muß. Folge: Der Mensch muß jetzt die Punkte durch elektrische Widerstandsmessung aufsuchen. Im Areal der Akupunkturpunkte soll der Widerstand gegenüber der übrigen Haut vergrößert sein, doch behaupten andere Anhänger der Akupunktur auch genau das Gegenteil. Daß die Widerstandsmeßgeräte, bei denen mittels einer Handelektrode punktförmig Widerstände der Haut gemessen werden können, physikalisch einwandfrei arbeiten, soll einmal unterstellt werden; so bleibt trotzdem sicher unbestritten, daß der Druck, mit dem die Elektrode aufgepreßt wird, und der Schweiß eine Rolle spielen können. Aber selbst dann, wenn ein wegen feuchter Haut entstehender Polarisationsstrom ohne Bedeutung ist, was sagt ein verminderter Meßwert – oder ein erhöhter aus? Wieviele Narben, die in der mikroskopischen Struktur der Haut liegen und bei Serienschnitten festgestellt werden könnten, erwirbt der Mensch während des Lebens – schon in der Kindheit?

Welche Rolle mögen benachbarte oder im Akupunkturbereich liegende Blutgefäße spielen, und selbst, wenn das alles keine Rolle spielen sollte – und die Textur der Haut ohne jeden Belang ist, so erheben sich die Generalfragen, *ob* der «festgestellte» Punkt ein Akupunkturpunkt ist

ob der Akupunkturpunkt auf einem Meridian im Sinne der Akupunkturisten liegt

ob er tatsächlich einem Organ oder einem Funktionszustand eines Organs oder eines Systems zuzuordnen ist und

warum dann, wenn der Akupunkturpunkt wirklich einem elektrischen Phänomen entspricht, eine Akupunktur im alten China mit Steinnadeln vorgenommen wurde und

warum die Nadeln dann von einigen Anhängern bewegt werden müssen – von anderen hingegen nicht; und wieder anderen legen wir die Frage vor,

warum sie elektrisch zur Erregung des Gewebes kontaktiert werden müssen, und wenn, wie wir das gesehen haben, dadurch Muskelzuckungen auftreten,

warum dann ein Punkt etwa 1 oder 2 cm caneben – bei dessen elektrischer Erregung der Muskel genauso zucken würde – ohne Effekt ist oder einen anderen Effekt haben sollte. Ferner,

warum Amputierte, bei denen ganze Meridiane und so wichtige Punkte ausfallen, bis ins hohe Alter völlig gesund sein können und

warum eineiige Zwillinge, die entwicklungsgeschichtlich aus einem Ei entstehen, das sich longitudinal oder transversal teilt, die Punkte mitunter nicht auch rechts/links wie andere Erbmerkmale spiegelbildlich «vertauscht» sein können, ferner,

ob bei der Transposition von Organen auch die Punkte transponiert sind?

Und wie – so fragen wir – verhalten sich die Punkte bei Hautübertragungen oder bei kosmetischen Operationen?

Man kann bei dieser Sachlage und der Tatsache, daß über alle diese Fragen nur herumgeredet wird, einem Gerichtsgutachten folgen, das im Jahre 1965 im Zusammenhang mit der Elektroakupunktur vom Institut für Gerichtliche Medizin der Universität Bonn (Prof. Dr. H. ELBEL) erstattet wurde, in dem es heißt:

Von den drei Grundvoraussetzungen der Elektroakupunktur:

a) es gibt die chinesischen Akupunkturpunkte,
b) diese haben eine spezielle Charakteristik des elektrischen Widerstandes,
c) diesen Widerstand kann man mit einer Handelektrode messen,

ist die erste unbewiesen und ganz unwahrscheinlich; die zweite und die dritte sind falsch.

Die angebliche Spezifität der Akupunktur

Von einer histologischen Spezifität der Akupunkturpunkte kann gar keine Rede sein. KELLNER, Wien (1966), hat hierzu Hautstückchen von sog. Akupunkturpunkten und von Vergleichsstellen untersucht und obgleich die Vergleichsstellen vielleicht nicht glücklich gewählt waren, ergab die Auswertung einer großen Zahl histologischer Serienschnitte (n = 11137) *keine* histologische Spezifität der Akupunkturpunkte.

Die Untersuchungen beinhalten die Häufigkeit der MEISSNERschen und KRAUSEschen Endorgane, sowie der HOYER-GROSSERschen Glomusorgane und glatter Muskulatur. Auf Anfrage teilte der Autor mit, daß durch seine Untersuchung die Existenz von Akupunkturpunkten auch nach seiner Meinung nicht bewiesen sei.

Die Anhänger der Akupunktur rühmen nun verschiedene Vorteile ihrer Therapie – wobei sie vollständig übersehen, daß sie das rühmen, was in der Medizin längst aus der allgemeinen Erfahrung bekannt ist, die sich sowohl die Psychiatrie bewußt zunutze macht als auch medizinische Außenseiter und Kurpfuscher ungewollt je nach «Fähigkeit» ausnützen. PROKOP und SEIDEL haben das 1974 in einer Tabelle einmal zusammengestellt, die in einer Arbeit veröffentlicht wurde, die sich hauptsächlich mit der bei der Akupunktur auftretenden Analgesie befaßt. Sie wird von den Autoren in das Koordinatensystem von Hypnose und Hysterie eingestellt.

Angeblicher Wirkungsmechanismus und Merkwürdigkeiten

Die Anhänger der Akupunktur sind nun der Meinung, daß durch ihre Nadelung sogenannte «gates» gesetzt werden, was am besten mit Schranken zu übersetzen wäre oder mit «Blockaden». Das zugehörige anatomische Substrat aber soll im Thalamus ventrolateral in den Kernen (WANG 1974) lokalisiert sein. Gegen diese «gate»-Theorie hat KROGER (1973) Stellung genommen, wobei er auf Autoren Bezug nimmt, von denen die Akupunkturärzte ihre Theorie ableiten, und einer von den geistigen Vätern (WALL) habe selbst gesagt: «Es gibt nicht ein Zipfelchen eines anatomischen oder physiologischen Beweises eines solchen Systems». WANCURA, welche auf die «gate»-Theorie zurückkommt, sieht daher völlig zu Unrecht hier bereits eine «neurophysiologische Erklärung» der Akupunkturanalgesie, wobei die von ihr beigebrachten Tierversuche u. E. einfach nicht einschlägig

Tab. 9: «Spezifität» in der Akupunktur (nach PROKOP und SEIDEL 1974)

Bei der Akupunktur behauptete oder gerühmte Phänomene	auch bei anderen Verfahren	im Rahmen der Hysterie, Hypnose usw.
1. Verringerte Blutung im Operationsbereich	Fakire durchstechen an sich selbst auch mit Messern Haut und Muskulatur bei verringerter Blutung (BASSIN und PLATONOV)	Bei Hysterie sind krampfartige Gefäßkrisen bekannt wie auch Ausbleiben der Menses ebenso wie auch Blutungen psychogen entstehen (Stigmatisation) (EWALD). Vasomotorische Störungen bei Hysterie in Form von Blässe im angeblich gelähmten Bereich (LANGE-BOSTROEM). Bei hypnotischen Zuständen charakteristischer Spasmus der kleinen Arterien (BASSIN und PLATONOV). Anämie der Haut bei Hypnose (MANGOLD).
2. Oberflächen- und Tiefenanalgesie	Bei peinlicher Hexenbefragung und Folterung anästhetischer Zonen als «Malum diabolicum» bekannt (LEHMANN), dabei Fragen und Antworten möglich, Einschlagen von Nägeln in den Kopf durch Yogis ohne Schmerzäußerung und Liegen auf Nagelbett mit Wunden (BASSIN und PLATONOV)	Oberflächen- und Tiefenanalgesie bei Hysterie bekannt (VERAGUTH). Bei tiefer Hypnose kleinere Operationen ohne Chloroform möglich (LEHMANN). Amputationen, Strumaoperationen in «hypnotischer Sperre» durchaus möglich (MAYER). Anästhesie durch Suggestion möglich (BOSTROEM). Anmerkungsweise sei auch auf die Möglichkeit der Anästhesie in Hypnose hingewiesen, die schon seit über hundert Jahren bekannt ist und in neuerer Zeit wieder vermehrt hervorgehoben wird (STOKVIS und PFLANZ 1961)

3. Einstich in angeblich charakteristische Punkte	Schlagartige Schmerzbefreiung durch Impletolinjektion in vermutete Herde («Sekundenphänomen» nach HUNEKE)	Durchstechen an willkürlich gewählter Stelle der Haut ohne Abwehr oder Schmerzäußerung bei Suggestion (MAYER)
4. Hohe Frequenz der Anwendbarkeit (80 %), doch nicht jeder zugänglich	Von allen paramedizinischen Praktiken behauptet, so von Magnetiseuren, Homöopathen, Radiästhesisten, Frischzellentherapeuten (vgl. JORES)	Hypnotisierbarkeit vielleicht mit 80–90% einzuschätzen, doch ist nach «vollkommen» und «unvollkommen» zu unterscheiden. Nicht jeder zugänglich (BOSTROEM)
5. Kinder sind nicht der A. zugänglich oder seltener		Kinder sind für Hypnose ungeeignet (BOSTROEM)
6. Besserung, Heilung oder Anästhesie in wenigen Minuten bis Stunden	Plazeboeffekte, festgestellt im einfachen und doppelten Blindversuch (Übersichten PROKOP und PROKOP 1957, STOKVIS und PFLANZ 1961)	«Was die Dauer der hypnotischen Sitzungen anlangt, so wird man im allgemeinen 20 Minuten bis eine halbe Stunde nicht zu überschreiten brauchen» (BOSTROEM)
7. Geburtenbeschleunigung und Analgesie oder Hypalgesie bei der Geburt	«Schmerzfreie» oder besser angstfreie Geburt. Hier hat die Suggestionsmethode ein breites Feld erfolgreicher Anwendung gefunden (STOKVIS und PFLANZ)	Die *schmerzlose* Geburt ist nicht häufig, aber auch nicht gar zu selten (KRÖNIG-SIEGEL 1914)
8. Vermehrung adrenerger Substanzen (vgl. ERDMANN, FREY u. a.)	Bei allen mit Erregung einhergehenden Verfahren	
9. Zunahme der Leukozyten im Blut (vgl. ERDMANN, FREY u. a. 1973)	Vermehrung der neutrophilen Leukozyten in Phase 2 bei Streß im Sinne von SELYES «Adaptationssyndrom» (vgl. GOETZE 1964)	Emotional leukocytosis: a high withe cell count associated with emotional disturbance (DORLAND 1965)

sind (vgl. WANCURA 1973; hier ist auch die in Anspruch genommene «gate»-Theorie von MELZACK und WALL referiert.)

1974 schreibt D. KUHNKE über verschiedene beim Schmerz bzw. beim Schmerzempfinden wirksame Komponenten und belegt, daß Schmerzen als Empfindung und Affekt zwei verschiedene Agentien in sich bergen. Unter Bezugnahme auf seinen Lehrer EBBECKE interpretiert er, daß Schmerz als pathische Information, die im Thalamus eingeht, dort affektiv aufgeladen wird oder nicht. Daß die affektive Komponente, welche letztlich den quälenden Charakter eines Schmerzes bedingt, in bestimmtem Umfang aufgehoben oder abgewertet werden kann, ist aber auch der Kernpunkt psychotherapeutischer, psychiatrischer oder affektabwertender Maßnahmen anderer Art (vgl. Abb. 4).

KUHNKE hierzu: «Es kann auch assoziativ eine zukünftige angenehme erwartete Situation einen gegenwärtigen Schmerz zu einem angenehmen Erlebnis werden lassen. Es gelang PAWLOW, dies bei seinen Hundedressuren zu beweisen. Vor der Fütterung wurde ein schmerzhafter Hautreiz gesetzt. In einiger Zeit löste der Schmerz im Hund anstatt eine Flucht oder Fluchtstimmung eine freudige Erwartungsstimmung aus.»

Wir halten es für möglich, daß ein schon von einem Leiden durch die «sagenhafte» Akupunktur befreiter Patient assoziativ bedingt reflektorisch das Schmerzerlebnis abwertet.

Daß die Ausdeutung, die Akupunktur laufe dann schließlich auf die Hysterie und Hypnose bzw. Suggestion hinaus (– die Grenzen sind hier recht unscharf –), und die Annahme, die Akupunktur sei nur ein Vehikel für solche Geschehnisse, richtig sind, geht auch aus folgendem hervor.

Prof. Dr. John J. Bonica, Chef des Department für Anaesthesiology der Universität Washington, gehörte als Mitglied der ersten amerikanischen Ärztedelegation an, die 16 Mann stark die Chinesische Volksrepublik im Jahre 1973 besuchte. Nachdem er die in China geübten Verfahren zur Anaesthesie beschreibt und auch die Akupunkturanalgesie recht ausführlich darlegt, kommt er zu folgenden Schlußfolgerungen, die er nach Vorführung von «highly selected patients» unter «perplexing points» beschreibt:

1. Es gibt eine große Variation hinsichtlich der Zahl der Nadeln, die verwendet werden und auch hinsichtlich der Stellen, die genadelt werden, nicht nur unter verschiedenen Anaesthesisten, sondern auch bei ein und demselben Operateur. Ich sah vier Schilddrüsenoperationen, ausgeführt mit drei differenten Akupunkturtechniken.

Die Wirkungen des Magnetes sind oft augenblicklich und bestehen entweder im gänzlichen Aufheben gegenwärtiger Schmerzen, oder in einem Zurückdrängen derselben nach anderen Theilen. Allein nicht minder oft bemerkt man, dass die Schmerzen nicht weichen, und diess geschieht entweder, weil dieselben den höchsten Grad erreicht haben, oder weil der Magnet nicht hinlänglich stark ist, oder auch nicht beharrlich genug, vielleicht gar auf fehlerhafte Weise applicirt wird. Mitunter verschlimmern sich sogar die Schmerzen, weil der Magnet Congestionen nach dem leidenden Theile macht. Trotz der localen Einwirkung des Mittels ist seine Kraft oft eine sich im ganzen Körper verbreitende, so sieht man z. B. bei hysterischen Schmerzen und Cardialgia nervosa u. s. w. seiner localen Anwendung allgemeines Besserbefinden folgen, natürlich nur bei fortgesetztem Gebrauche. Die Empfindungen, welche zuweilen ein angelegter Magnet verursacht, sind verschiedener Natur. Manche fühlen eine veränderte Temperaturempfindung, Andere ein Blasen, ein Ziehen, besonders im Epigastrio, Manche ein Brennen, namentlich im Ohre. Bei Zahnweh habe ich oft den Kranken sagen gehört, dass er im Augenblicke der Anwendung von seinem eigentlichen Schmerze befreit sei, dass derselbe aber einem andern, nie gekannten Platz gemacht habe. Führt man den Magnet strichweise über den leidenden Theil, so scheint er mitunter an der Stelle, wo sich der Hauptschmerz befindet, zu kleben.

Abb. 4: Daß es außer Akupunktur noch andere gute Mittel (Vehikel) für ärztliche Psychotherapie gab und gibt, zeigen die medizinischen Bücher des vorigen Jahrhunderts und die scholastischen Äußerungen über den «magnetismus animalis». Wir bringen hier eine Originalkopie aus der *«Encyclopädie der gesammten Medicin»* Verlag Wigand, Leipzig 1844, Vierter Band, Stichwort: «Magnes, magnetismus mineralis». Hier wird die hohe Wirksamkeit von Magneten gerühmt. Tauscht man im Text gegen Akupunkturnadel aus, würde man solche Gelehrsamkeiten heute ohne Not wieder einer weniger renommierten medizinischen Zeitschrift anbieten können.

2. Obgleich auf Frage jeder antwortete, daß die Nadeln an den traditionellen Akupunkturpunkten eingestochen würden, so sah ich eine Anzahl von Fällen, wo die Nadeln nicht durch die klassischen Punkte gestochen wurden, sondern entlang oder perpendikulär zu den Spinalnerven. Überrascht nach solchen Diskrepanzen befragt, wurde geantwortet, daß das Verfahren noch in Erprobung sei und das beste Verfahren für jede Operation noch bestimmt werden müsse.

3. Wenn die Akupunktur wirklich harmlos ist, so wundert man sich, warum das Verfahren nicht Chirurgen und Schwestern in Gemeinde- und Distriktshospitälern gelehrt wird, wo doch dort ein Mangel an Anaesthesiegeräten und geschultem Personal besteht. Gerade hier wären solche Vorteile der Akupunktur doch auszunutzen.

4. Wenn die Technik der Akupunktur wirklich so harmlos ist, so ist es doch paradox, warum es nicht bei Risikopatienten angewandt wird, also z.B. solchen mit einer schlechten Lungenfunktion, Bronchiektasen, schweren Lungenerkrankungen oder solchen mit schlechtem Allgemeinzustand wegen bestehender Komplikation.

Es ist wohl mehr als kurios, daß es für therapeutische Zwecke neben den Akupunkturpunkten auch noch andere Punkte gibt, die ebenfalls mit «Erfolg» gestochen werden können. WEIHE hat die Auffassung vertreten (1886), daß sich alle Krankheiten von Organen und Systemen auf die Körperoberfläche projizierten und dort in Form hyperalgetischer Punkte (nicht wie Head-Segmente) darstellten. Später hat WEIHE dann beobachtet, daß den jeweiligen Punkten auch ein bestimmtes homöopathisches Medikament entspreche und daß man die Punkte auch durch die Arzneimittelprüfung am Gesunden erzeugen könne. Der Homöopath SCHOELER aber schreibt, daß man an diesen Punkten sterile homöopathische Arzneimittel als intracutane Quaddel injizieren könne und dadurch schlagartige und andauernde Erfolge bekommen könne. Schließlich gibt er seitenweise für rechts und links unterschiedliche Medikamente zu den einzelnen Punkten an (SCHOELER 1972). Hier sieht man so richtig, wie alles nun einmal zusammenhängt: Homöopathie, Akupunktur und die konkurrierenden WEIHEschen Punkte! Und besonders amüsant sind in diesem Zusammenhang GÖHRUMs methodische Hinweise zu lesen, wie man die Punkte zu ermitteln habe; nach GÖHRUM (zitiert aus SCHOELER (1972):

«Sie wissen, meine Herren, daß die Schmerzpunkte durch Druck auf die betr. anatomisch festgelegten Stellen gesucht werden. Da ist vor allem notwendig, einiges über die *Art und Weise des Drückens, die Stärke des Druckes und die Richtung, in der der Druck in Bezug auf die Körperoberfläche oder auf das durchfühlbare Knochengerüst* ausgeübt werden soll. Die Beobachtung der Regeln, die hierfür gegeben werden, sind von größter

Wichtigkeit für die Richtigkeit der nach der WEIHEschen Methode getroffenen Arzneimittelwahl.

Der Druck *auf Schmerzpunkte* hat stets mit einer Fingerkuppe, am besten des Zeige- oder Mittelfingers, an gewissen Stellen oder bei besonders torpiden Patienten auch mit dem Daumen zu geschehen. Daß die betr. Finger nicht von den in der Gesellschaft so sehr beliebten Chinesennägeln gekrönt sein dürfen, ist selbstverständlich und notwendig, zudem da der Druck auf einen Schmerzpunkt sehr häufig als ein mehr oder weniger scharfes Stechen in die Tiefe empfunden wird. Aus diesem Grunde machen viele Patienten einem den Vorhalt, die Schmerzhaftigkeit der betr. Stelle rühre nur von dem Eingraben des Fingernagels her. Diesem Vorhalt ist natürlich leicht zu begegnen, wenn man die kurzgehaltenen reinlichen Fingernägel vorweist und an nicht bedeckten Körpergegenden das Fehlen eines Nageleindrucks an dem Schmerzpunkte nachweisen kann.

Der *Druck* darf nie rasch, gewissermaßen unvorbereitet ausgeführt werden, sondern hat *langsam, allmählich* in die Tiefe dringend, zu geschehen. Da die Empfindlichkeit der einzelnen Individuen eine sehr verschiedene ist; so ist klar, daß bei dem einen ein ganz oberflächlicher Druck genügt, um mehr oder weniger lebhafte Schmerzempfindungen hervorzurufen, während bei einem anderen hierzu ein Druck nötig ist, der in die Tiefe dringt, soweit es überhaupt möglich ist. Stets aber ist zu beachten, daß *bei einem und demselben Individuum jeder Druck stets mit derselben Schnelligkeit und in derselben Tiefe ausgeführt wird.*

Ebenso muß die Stärke des Druckes bei ein und demselben Patienten auf alle Schmerzpunkte dieselbe sein, mag man dabei auf Nervenganglien, auf Knochen oder nur auf Weichteile drücken, mag der Druck über gesunden oder erkrankten Partien ausgeübt werden. Man darf durchaus nicht der Ansicht sein, daß die Schmerzhaftigkeit eines Schmerzpunktes, der z.B. auf intensiv entzündeter Grundlage sich befindet, so ipso größer sein müsse als auf nicht ergriffener Grundlage.

Daß die Stärke des Druckes bei verschiedenen Patienten eine verschiedene sein muß, dürfte selbstverständlich sein. Der Druck muß bei torpiden Patienten, besonders den Fettleibigen, meist ein ziemlich starker sein, ebenso bei den Kitzeligen, während bei sehr sensiblen Individuen ein leichtes Betasten genügen kann.»

Nach solchen Feststellungen darf man doch wohl schließen: Wenn es schon so kompliziert ist (hier wurde ja nur ein Auszug aus GÖHRUM gebracht), Schmerzpunkte bei einem Patienten festzustellen, wie schwer muß es dann wohl sein, Akupunkturpunkte zu «ertasten» oder «festzustellen» und so fragt man wohl auch logisch weiter: Was geschieht dann wohl, wenn eine Injektion statt des WEIHEschen Punktes einen Akupunkturpunkt trifft, wo die Wirkung nach KÖHNLECH-

NER doch so verheerend sein kann, daß sogar unweigerlich eine Fehlgeburt auftritt usw. usw.

Daß der ahnungslose Leser spätestens an dieser Stelle merken muß, daß er mit der Akupunkturlehre das solide Gebäude der naturwissenschaftlichen Medizin verlassen hat, ist uns klar und es trifft nicht die Autoren dieses Beitrages.

Daß schmerzlose oder schmerzarme Operationen schon vor der «Akupunkturanalgesie» durchgeführt wurden, ist bekannt und die nachstehende Tabelle, die H. HEIDLER in ganz kurzer Zeit zusammengestellt hat, demonstriert das. Sie ist beliebig erweiterungsfähig.

Bei den wortreichen aber sacharmen zahlreichen Darstellungen der Vorzüge der Akupunktur wäre es eine Kleinigkeit, die Autoren mit ihren eigenen Worten zu widerlegen oder gar ad absurdum zu führen, und wir bezweifeln nicht, daß einige aus dem akademischen Lager nach einiger Zeit eine Reue empfinden werden darüber, daß sie sich ohne Kenntnis der alten Literatur zu rasch für die Akupunktur vorgewagt haben.

Noch schreibt BISCHKO (1974) in Wien. Med. Schr. Seite 61:

> Unbestritten ist aber der Hauptvorteil der Akupunkturanalgesie, nämlich die Stabilisierung der Kreislaufparameter. Dies ist so eindrucksvoll, daß man eben nicht mit dem Hinweis auf angenehmere oder bessere Anästhesieformen über die Akupunkturanalgesie hinweggehen kann und will.

In einer bisher offenbar nicht gedruckten Arbeit, die anläßlich eines Mainzer Kongresses 1974 bekannt wurde (BENZER, BISCHKO, PAUSER und THOMA: «Erfahrungen mit der Akupunkturanalgesie») liest man über das Ergebnis telemetrischer Messungen, die in China angestellt und in Wien ausgewertet wurden:

> Die Akupunktur kann weder Reflexe unterdrücken, noch kann sie den Kreislauf stabilisieren.

Und vergleicht man die Erfolgsstatistik bezüglich der Akupunkturanalgesie des Instituts für Anästhesiologie der Universität Wien, so ergibt sich ebenfalls auch bei Vergleich der Arbeiten (BENZER, MAYRHOFER, PAUSER und THOMA 1974 und BENZER, BISCHKO, PAUSER, THOMA 1974) ein für die Sache der wissenschaftlichen Theoriebildung und naturwissenschaftlichen Deduktion trostloses Bild, wenn etwa bei der ursprünglichen Domäne der Akupunkturanalgesisten, der Tonsillektomie, in der Hälfte der Fälle (n = 39) die Akupunkturanalgesie versagt hat. Man muß daher zwangsläufig von ärztlicher Seite von einem medizinischen Rückschritt von ungeheuerlichem Aus-

Tab. 10: Zur «schmerzlosen oder schmerzarmen» Operation
Geschichtliche Daten, die demonstrieren, daß solche Operationen auch ohne Akupunktur früher beobachtet wurden (bescheidene Auswahl aus der medizinischen Literatur, zusammengestellt von H. HEIDLER)

Fallschilderung	Literatur
«Als absolut historisch verbürgt, und damit als erster Kaiserschnitt an der Lebenden in Deutschland, gilt die von dem Wittenberger Chirurgen Jeremias TRAUTMANN an der Ehefrau des Böttchers Martin Opitz ausgeführte Operation vom 22. April 1610 … Zuerst wurde die Bauchdecke und dann das Bauchfell durchschnitten. Hieran schloß sich die Eröffnung des Uterus an, der, wie erwähnt, die normale Wölbung der Bauchwand weit überragte. Die Blutung war nicht erheblich. Auch die Schmerzen waren *nicht sonderlich groß*, wie die Operierte später erklärte.»	LEVENS, H.-E. und SINZ, H.: Die künstliche Geburt Sandoz AG, Basel 1971 (ohne Seitenzählung)
«So machte man den zu Operierenden betrunken, oder man würgte ihn, was natürlich mit furchtbarer Todesangst für den Patienten verbunden war, ihn aber für eine Weile durch Unterbrechung der Blutzufuhr zum Gehirn schmerzunempfindlich machte.»	VENZMER, G.: Fünftausend Jahre Medizin Schünemann, Bremen 1968, Seite 249
Gewaltsame Ausdehnung des Muttermundes bei einer 40jährigen Frau um 1760: «Obgleich der Einschnitte in diesen knorplichten Muttermund sehr viele waren, so erfolgte doch kein Blut. Die Kranke empfand auch *keinen Schmerz*, …»	LAUVERJAT, M.: Neue Methode den Kayserschnitt zu machen und Vergleichung dieser Operation mit der Schambeintrennung Köhler, Leipzig 1790, Seite 60 erstmals erwähnt bei: van SWIETEN, s. Ej. commentaria in Herm. Boerhave Aphorismos Lugd. Batav. 1764, Tom IV, pag. 533

Schamfugenschnitt an einer 39jährigen Frau namens Souchot am 1. Oktober 1777: «Sigault durchschnitt etwas über der Vereinigung der Schamhaut das Fett, sodann die Pyramidalmuskeln und die weiße Bauchlinie ... In einer Zeit von 5 Minuten war die ganze Operation *ohne sonderliche Schmerzen* für die Gebärende beendet.»	Levens, H.-E. und Sinz, H.: Die künstliche Geburt Sandoz AG, Basel 1971 (ohne Seitenzählung)
«Im Journal de Medicine, par Roux Tome XXXVI, 1781, erzählt Graf von Tressan von einer Frau, an der siebenmal der Kayserschnitt, jedesmal in der linken Seite in der alten Narbe gemacht worden. Er sah sie den vierten Tag nach der siebenten Operation, sie war munter, ohne Fieber, und versicherte *wenig Schmerzen* dabei gehabt zu haben. Vier von ihren Kindern lebten noch.»	Lauverjat, M.: Neue Methode den Kayserschnitt zu machen und Vergleichung dieser Operation mit der Schambeintrennung Köhler, Leipzig 1790, Seite 244
Operation am Muttermund 1787: «Herr Courouli machte vier Einschnitte in die Ränder des Muttermundes; diese veranlaßten eine beträchtliche Blutung; sogleich war die Einbringung der Hand in die Gebärmutter so wie auch die Fußgeburt möglich. Die Kranke gab während der Operation *kein Zeichen vom Schmerz.*»	Ebenda, Seite 137
Amputationen bei Schlachten im 24-Stunden-Prinzip von Larrey: «Die noch nicht operierten Verwundeten schrien weithin hörbar; wurden sie dann zur Operation herangezogen, so hörte man nur einzelne laute Schmerzensäußerungen und sie zeigten sich, nachdem die Operation beendet, beruhigt und still.»	Bergell, Peter: Larrey, der Chefchirurg Napoleons I. Marschner, Berlin 1913, Seite 21
«Der Verwundete stützte sich an den Rücken des Generals, der von der Operation nichts sehen wollte. *Kein Schmerzenslaut* war hörbar, nur das leise Geräusch der Säge.»	Ebenda, Seite 26

‹«Sie können auf mich rechnen›, sagte der Vater, ‹es gilt das Leben meines Sohnes.› Dieser tat, während ich operierte nicht einen Schrei, und der Vater zeigte eine seltene Festigkeit. Ich ging zuerst an die Amputation des Armes …»

HORNDASCH, M.:
Der Chirurg Napoleons
Glöckner, Bonn 1949, Seite 204

«So heißt es in dem Bericht über eine Exartikulation im Hüftgelenk bei Wagram: ‹Nach Unterbindung der Kruralarterie dauerte der übrige Teil der Operation kaum 14 bis 15 Sekunden. Die Gefäße wurden schnell unterbunden, und es erfolgte keine Blutung. Die beiden Blessierten waren unmittelbar darauf so ruhig, daß der eine fast sogleich einschlief.›»

Ebenda, Seite 249

Bilateralschnitt an einem 53jährigen Mann namens Turgot im April 1824:
«Seit ungefähr zwei Jahren litt ich an sehr heftigen Schmerzen in der Blase, deren Ursache mir unbekannt war, als ich im März 1824 von der Entdeckung des Dr. CIVIALE hörte. Einer meiner Bekannten beschied diesen Arzt zu mir, der mich auch sogleich sondirte und sich dadurch überzeugte, daß ich einen Blasenstein hatte, welcher, soweit er dieß zu bestimmen im Stande seye, die Größe einer Nuß haben müsse. Zugleich versicherte er mich, daß er mich innerhalb vierzehn Tagen auf eine *fast schmerzlose* Weise davon befreien wollte.»
(Heilung nach drei Wochen)

DUPUYTREN, G.:
Abhandlung über eine neue Art des Steinschnitts
Verlag des Landes-Industrie-Comptoirs 1837, Seite 46

«Die Möglichkeit, diejenige der vier Uhrfedern, welche den Stein umfassen soll, eine beliebig große Schlinge bilden zu lassen, erleichtert die Ergreifung eines Steins von jedem, nur nicht zu bedeutenden Volumen ungemein, und die sanfte drehende Bewegung, welche allein dazu ausreicht, kann weder leicht den Stein verschieben, noch den Erfolg des Versuchs vereiteln, oder auf irgend eine Art die Blasenwände reizen oder verletzen, mithin ist sie leicht und sicher für den Operateur, *wenig schmerzhaft* und gar nicht gefährlich für den Kranken.»

SEIFERT, P.:
Über die neue französische Methode, Blasensteine ohne Steinschnitt zu entfernen
In der akademischen Buchhandlung, Greifswald 1826, Seite 36

«Auf die eben beschriebene Art soll es möglich werden, in der Mehrzahl der vorkommenden Fälle die Operation durch einen, oder höchstens durch zwei Versuche zu beendigen, da der Kranke die Action der Feilen in der Regel *ohne Schmerz* und selbst ohne bedeutende Beschwerden erträgt, ...»	Ebenda, Seite 72
«Der erste Theil der Operation, d.h. die Einführung des geraden Instruments durch die Harnröhre in die Blase, geht, wie ich wenigstens in den Fällen, zu welchen mir der Zutritt frei stand, beobachtet habe, im Allgemeinen mit vieler Leichtigkeit von statten und ist weder schwierig für den Operateur, *noch bedeutend schmerzhaft* für den Kranken.»	Ebenda, Seite 76
Operationsbericht vom 1. 6. 1829: «AMUSSAT machte nun in die Verengung vier tiefe Einschnitte, vermittels seines vierarmigen Katheters zum Steinausziehen, dessen Arme er auf ihrer äußeren Seite mit vier kleinen Messerklingen hatte versehen lassen. Die Operation war *nicht sehr schmerzhaft.*»	GADIENT, A.: Die Anfänge der Urologie als Spezialfach in Paris (1800–1850) Juris-Verlag, Zürich 1963, Seite 24 Zürcher med.-gesch. Abh., N. R. 13, 1963 erstmals erwähnt bei: AMUSSAT, J. Z.: Vorlesung über die Harnverhaltung in Folge von Harnröhrenverengungen und über die Krankheiten der Prostata Herausgegeben von A. PETIT (de l'ile de Ré), p. 95, 1833
Im Blasenhalse festsitzender Stein, Transversalschnitt im März 1832 an einem 10jährigen Knaben: «Die Operation bot nichts Bemerkenswertes dar, und der in seinem großen Durchmesser gefaßte Stein ward ohne Schwierigkeiten ausgezogen ... Das Kind wurde, ohne daß der geringste üble Zufall eintrat und ohne daß eine incontinentia urinae zurückblieb, hergestellt.»	DUPUYTREN, G.: Abhandlung über eine neue Art des Steinschnitts Verlag des Landes-Industrie-Comptoirs, Weimar 1837, Seite 42

Operationsbericht einer Steinzertrümmerung an einem 35jährigen Zimmermann aus dem Jahre 1834: »Es war nicht leicht den Stein zu fassen, da der Kranke außerordentlich empfindlich war. Indessen, der Stein wurde mit der siebenarmigen Zange zweimal gefaßt und mit dem Bohrer zerstückelt. Man hörte vernehmlich, wie der Stein zersprang. Die Stückchen häuften sich selbst und lagen vor dem Bohrer, wie in einem von der vielarmigen Zange gebildeten Käfig. Ein Bad, in welchem dem Kranken mehrere Steine abgingen und Blutegel nahmen die *wenigen Schmerzen* im Hypogastrium weg.»	GADIENT, A.: Die Anfänge der Urologie als Spezialfach in Paris (1800–1850) Juris-Verlag, Zürich 1963, Seite 12 Zürcher med.-gesch. Abh., N. R. 13, 1963 erstmals erwähnt bei: BROUSSAIS, F. J. V.: Annales de la médecine physiologique. Janvier 1834 Übersetzt im Jahrbuch der Medizin 1834, Band II, p. 340
Kaiserschnitt an einer 20jährigen Frau im zentralafrikanischen Land Uganda um 1880: »Während der ganzen Operation hatte die junge Frau keinen Laut von sich gegeben, und bereits eine Stunde später machte sie ein ganz vergnügtes Gesicht.»	LEVENS, H.-E. und SINZ, H.: Die künstliche Geburt Sandoz AG, Basel 1971 (ohne Seitenzählung) erstmals erwähnt bei: FELKIN, R. W.: Über Lage und Stellung der Frau bei der Geburt, Dissertation, Marburg 1885

maß sprechen und könnte als Sachverständiger das Wirksamwerden rechtlicher Relevanzen verstehen. Der Patient erwartet vom Arzt eine schmerzlose Operation – aber man verwehrt sie ihm (vgl. Tabelle 11).

Mindestens zum jetzigen Zeitpunkt besteht im Hinblick auf ärztliches Handeln bezüglich der Fahrlässigkeitsinterpretationen «Voraussehbarkeit», daß hier ein Verfahren zur Anaesthesie eingesetzt wird, das nicht genug oder nichts leistet, eben weil es okkult ist.

Und an dieser Feststellung ändert auch nichts die Tatsache, daß es bereits Lehrbücher der Akupunktur gibt (z.B. MATSUMOTO, 1974), denn auch die Homöopathie, die naturwissenschaftlich völlig haltlos ist, kann auf Berge von Lehrbüchern zurückblicken.

Freilich, bis die Akupunkturwelle verdientermaßen wieder abebbt, wird noch einige Zeit vergehen, denn die aufgestellten Behauptungen ihrer Vertreter sind so zahlreich, daß immer das eingewandt werden wird, was CLARK und YANG (1974) sagen zu müssen glauben, nachdem sie sich mit herkömmlichen Methoden nicht von einer realen Akupunkturanalgesie überzeugen konnten:

> Although acupunctural analgesia was not obtained with the stimulus conditions used, a wide variety of stimulus parameters, including voltage, curent, frequency, waveform, and duration of treatment, must be systematically investigated before it can be concluded that acupunctural analgesia is a myth. Many methods of acupuncture and types of pain remain to be investigated. However, the present study does prove that the pain threshold determined by traditional psychophysical techniques cannot be used to resolve the question of acupunctural analgesia. Until the role of suggestion on the readiness of the subject to report pain after acupuncture has been determined, speculations concerning the physiological mechanisms involved are premature.

Daß die wissenschaftliche Medizin, die unbeirrt den bewährten und nun einmal allgemein geltenden Parametern folgt, auch förderhin an der Akupunktur kein «Dahinter» entdecken wird, erscheint uns sicher. Wir haben mit maßgeblichen Vertretern korrespondiert. Am 27. 2. 1975 schrieb uns Prof. BENZER aus Wien, daß auch dort ein wissenschaftlicher Beweis weder für das Vorhandensein der sog. Meridiane oder Meisterpunkte noch für die Gate-Control-Theory erbracht sei. Wer die Schwierigkeiten der Objektivierung des Schmerzes kennt, den wird das nicht verwundern (vgl. schon NAFE und KENSHALO). So ist das «Wunder» der chinesischen Nadeln wie jedes andere Okkult-Mirakel zwar «erfahrbar», aber nicht meßbar.

Tab. 11: Wie die Akupunkteure nachhelfen, die Akupunkturanaesthesie zu retten (nach SPROTTE 1973 zusammengestellt und erweitert)

1. Psychische praeoperativ schon einsetzende Betreuung des Patienten mit ständiger Aufklärung über Art und Umfang und Schritte der Operation, um «Kooperationsfähigkeit» zu erreichen
2. Kleine Basisnarkose zur Unterstützung, z.B. Penthotal 20 mg/Kg Körpergewicht
3. Kleine Infiltrationsanaesthesie beim Hautschnitt, der meist als schmerzhaft empfunden wird
4. Bei Durchtrennen von Peritoneum und Pleura wird ein Tupfer mit einem Lokalanaesthetikums aufgebracht
5. Schonendste Operationstechnik erforderlich, z.B. kein Ziehen am Mesenterium
6. Bei Schmerzen und Mißempfindungen wird eine Pause gemacht, die zur Gabe von Tee oder Apfelschnitzel genutzt wird
7. Wahl neuer Punkte

SPROTTE: «Abschließend ist noch zu klären, welche Vorteile dieses «Reizverfahren zur Schmerzunterdrückung» bieten kann. Nach Zerstörung des magischen Nimbus wird der zweifellos teilhabende Suggestionseffekt der Akupunktur wegfallen, der Rest ist für die Routinenarkose unzumutbar. Für den Risikopatienten liegt die Unzumutbarkeit in der Versagerquote. Ein sogenanntes «Umsteigen» auf herkömmliche Narkoseverfahren nach den ersten Schmerzschreien ist nicht gerade schonend. Auf Leitungs- und Lokalaenaesthesien kann man nach eventuell eröffnetem Situs nicht mehr zurückgreifen.»

ACKERKNECHT, E. H.: Zur Geschichte der Akupunktur
Anaesthesist 23, 37 (1974)

ARNOLD, H.-J.: Die Geschichte der Akupunktur in Deutschland
Diss., Köln (1974)

BASSIN, F. V. u. PLATONOV, K. K. : Verborgene Reserven des höheren Nervensystems
Hippokrates Verlag, Stuttgart (1973)

BENZER, H., BISCHKO, J., KROPEJ, H., PAUSER, G., BAUM, M. u. THOMA, H.: Akupunktur-Analgesie
Anaesthesist 21, 452 (1972)

BENZER, H., BISCHKO, J., PAUSER, G. u. THOMA, H.: Erfahrungen mit der Akupunktur-Analgesie, Manuskript (1974)

BENZER, H., MAYRHOFER, O., PAUSER, G. u. THOMA, H.: Klinsiche und experimentelle Erfahrungen mit der Akupunkturanalgesie
Wien. Klin. Wschr. 86, 65 (1974)

BENZER, H. u. PAUSER, G.: Zur Problematik der Akupunktur-Analgesie
Österr. Ärztezeitung 28, 18, 1015 (1973)

BERGSMANN, O.: Akupunktur bei chronischen bronchopulmonalen Erkrankungen
Österr. Ärztezeitung 28, 18, 993 (1973)

BINDER, E.: Nadelstiche gegen Schmerz und Krankheit
Mensch und Maß, Folge 23, 1078 (1972)

BISCHKO, J.: Die Grundlagen der Akupunktur
Österr. Ärztezeitung 28, 18, 988 (1973)

BISCHKO, J.: Grundzüge der Akupunktur
Wien. Med. Wschr. 124, 5, 59 (1974)

BLANDIN, F.: Acupunctura. In: Universal-Lexicon der practischen Medicin und Chirurgie
Erster Band

BONICA, J. J.: Anaesthesiology in the People's Republic of China
Anaesthesiology 40, 2, 175 (1974)

BOSTROEM, A.: Methodik der Erzielung des hypnotischen Schlafes bei Menschen
in: ABDERHALDEN, Handbuch der biologischen Arbeitsmethoden Abt. VI, Teil C I
(Kein Jahrgang im Separatum angegeben)

CLARK, W. C. und YANG, J. C.: Acupunctural Analgesia? Evaluation by signal detection theory
Science 184, 1096 (1974)

EWALD, G.: Neurologie und Psychiatrie, 4. Aufl.
Urban & Schwarzenberg, München-Berlin (1959)

HÜBOTTER, F.: Die Chinesische Medizin zu Beginn des XX. Jahrhunderts
Verlag «Asia major» Schindler, Leipzig (1929)

HUWER, G.: Zur «Akupunktur»
Anaesthesist 23, 236 (1974)

JAROSCH, K., MÜLLER, O. und PIEGLER, J.: Das Schmerzensgeld
Manz Verlag, Wien (1969)

JORES, A.: Magie und Zauber in der modernen Medizin. Von ärztlichem Denken und Handeln
G. Thieme Verlag, Stuttgart (1956)

KELLNER, G.: Bau und Funktion der Haut
Erschienen in Dtsch. Z. f. Akupunktur 1, (1966) als Sonderdruck vom Ludwig-Boltzmann-Institut Wien

KÖNIG, G.: Ohrakupunktur
Österr. Ärztezeitung 28, 18, 1002 (1973)

KÖHNLECHNER, M.: Die machbaren Wunder
Kindler Verlag, München (1974)

KOTHBAUER, O.: Über die Analgesierung einer Euterzitze des Rindes mittels Akupunktur
Österr. Ärztezeitung 28, 18, 1037 (1973)

KRISTEN, H. u. CZURDA, R.: Die Akupunktur in der Orthopädie
Österr. Ärztezeitung 28, 18, 1022 (1973)

KRÖNIG-SIEGEL: Wehen. In Realencyclopädie der Gesamten Heilkunde XV
Herausgegeben von A. EULENBURG
Urban & Schwarzenberg, Berlin, Wien (1914)

KROGER, V. S.: Akupunktur-«Anästhesie» eine Form der Hypnose
Medical Tribune 8,3 (1973)

KROPEJ, H.: Die Akupunktur im Bereich von Hals, Nase und Ohr
Österr. Ärztezeitung 28, 18, 1030 (1973)

KUBISTA, E., KUBISTA, H., BENCER, H., PAUSER, G. u. BISCHKO, J.: Elektro-Akupunktur-Analgesie bei einfachen gynäkologischen Operationen
Anaesthesist 23, 93 (1974)

KUBISTA, E., KUCERA, H. u. EISELMAYR, G.: Verkürzung der Geburtsdauer durch Akupunkturvorbereitung
Österr. Ärztezeitung 28, 18, 1027 (1973)

KUHNKE, E.: Der Schmerz als Reflex, Empfindung und Affekt
Physiotherapie 65,4 (1974)
(keine Seitenzahl im Separatum)

LANGE, J. und BOSTROEM, A.: Kurzgefaßtes Lehrbuch der Psychiatrie, 5. Aufl.
Thieme, Leipzig (1943)

LAVIER, J. A.: Akupunktur – eine aktuelle Heilmethode
Organorama 7, 4, 14 (1972)

LEHMANN, A.: Aberglaube und Zauberei, 3. Aufl.
Enke, Stuttgart (1925)

MANGOLD, E.: Hypnose und Katalepsie bei Tieren im Vergleich zur menschlichen Hypnose
Gustav Fischer, Jena (1914)

MATSUMOTO, T.: Acupuncture for physicians
Thomas, Springfield/Ill. (1974)

MAYER, L.: Das Verbrechen in Hypnose
J. F. Lehmanns Verlag, München-Berlin (1937)
Medical Tribune: Kolloquium in Zürich: Akupunktur für Anaesthesisten zu unsicher
8, 47 (1973)
MÜLLER, G.: Erfahrungen mit der Akupunktur bei tumorkranken Patienten
Österr. Ärztezeitung 28, 18, 1020 (1973)
NAFE, J. u. KENSHALO, D.: Somästhesie
In: Handbuch der Psychologie, Bd. 1
Verlag für Psychologie Dr. Hogrefe, Göttingen (1966)
OSTRANDER, S. u. SCHRÖDER, L.: Psi
Scherz Verlag, Bern, München, Wien (1971)
PETRICEK, E.: Möglichkeiten der Akupunktur in der Zahnheilkunde
Österr. Ärztezeitung 28, 18, 1033 (1973)
PILLAT, A.: Zur Frage des Wesens der Akupunktur
Wien. Med. Wschr. 42/43, 629 (1973)
PROKOP, O. u. PROKOP, L.: Homöopathie und Wissenschaft
Enke, Stuttgart (1957)
PROKOP, O. u. SEIDEL, K.: Akupunkturanalgesie – Hypnotismus und Hysterie
Z. ärztl. Fortbildung 68, 20, 1224 (1974)
PROKOP, O und STELZER, E.: Akupunktur, Analgesie und Unkenntnis
In O. PROKOP: Medizinischer Okkultismus, 3. Aufl.
G. Fischer, Jena (1973)
SCHOELLER, H.: Die Weihe'schen Druckpunkte, 5. Aufl.
Haug Verlag, Heidelberg (1972)
SCHULTZ, I. H.: Gesundheitsschädigung nach Hypnose
Marhold, Berlin-Charlottenburg (1954)
SPROTTE, G.: Akupunktur – Was kann der Anästhesist anworten?
Anästh. Inform. 6, 248 (1973)
STOKVIS, B. Hypnose in der ärztlichen Praxis
Karger, Basel-New-York (1955)
STOKVIS, B. u. PFLANZ, M.: Suggestion
Hippokrates Verlag, Stuttgart (1961)
VERAGUTH, G.: Die klinische Untersuchung Nervenkranker
J. F. Bergmann, Wiesbaden (1911)
WAGNER, J.: J. M. CHURCHILL's Abhandlung über die Acupunctur
Aus dem Englischen übersetzt
Wesché, Bamberg (1824)
WANCURA, I.: Das Schmerzphaenomen und die Akupunktur
Österr. Ärztezeitung 28, 18, 996 (1973)
WOLFART, K. Ch.: Mesmerismus
Nikolaische Buchhandlung, Berlin (1814)

Augendiagnose (Irisdeuterei)

Wir lesen in zahlreichen Büchern, daß das Auge der Spiegel der Seele sei. Vielfach gebrauchte Versionen sind die:
«Die Augen leuchteten vor Begeisterung»
«Der Zyklop war böse, denn er hatte nur ein Auge»
«Sie sah mich mit verliebten Augen an»
«Seine treuen Augen verrieten, daß er es ehrlich meinte»
«Sein Blick war glanzlos, er mußte wohl schwer krank sein»
«Seine weit geöffneten Augen verrieten das Unheil»

Ende September 1951 erklärte ein Medizinalrat auf einer Heilpraktikertagung:

> *«Was der bereits historisch gewordenen Persönlichkeit des Hausarztes früherer Epochen erst nach langjähriger Beobachtung verschiedener Generationen und unter der Voraussetzung besonderer geistig-seelischer Qualifikationen und dann noch meist nur unvollkommen und ohne zuverlässige Treffsicherheit möglich war, gelingt dem Irisdiagnostiker in Sekunden ...»!*

Dieses Zitat stammt von STRAUBs *grundsätzlicher Arbeit «Über die Diagnostik von Allgemeinkrankheiten aus dem Auge». Dieser lesenswerte Aufsatz demonstriert dann dem Leser, daß es tatsächlich unmöglich ist, zahlreiche Krankheiten durch genaue Untersuchungen des Auges in all seinen Abschnitten zu erkennen oder wenigstens wahrscheinlich zu machen. Die Augendiagnostiker sehen nur die vordere Iristapete an, die sie somatotopisch einteilen. Das forderte nicht nur einmal eine nähere Überprüfung.*

Als einer von uns 1955 und 1956 in der Praxis eines inzwischen verstorbenen Kölner Arztes einige Tage hindurch den Arzt vertrat, benutzte er die Gelegenheit, zahlreiche Irisphotogramme mit einer Kleinbildkamera herzustellen. Dies wurde zu einer Zeit unternommen, als das Buch von VIDA und DECK erschienen war (1954), mit dem dokumentiert werden sollte, daß der Irisdiagnose ein gewisser Wert nicht abzusprechen sei – oder, wie es im Vorwort von Doz. Dr. E. VOLHARD hieß, an der Irisdiagnose «etwas dran sei». Das Buch wurde nach Erscheinen sofort als völlig unwissenschaftlich verworfen (SCHRECK 1954, PILLAT 1955 u. a.).

Die Tätigkeit in Köln war äußerst instruktiv, da sich in dem Kölner Vorort rasch herumsprach, daß ein «berühmter Augendiagnostiker», ein Dozent der Bonner Universität, seine «unerhörten diagnostischen

Fähigkeiten» mittels der Augendiagnose unter Beweis stellte. Der Boden für die Augendiagnose war durch Illustrierte bereitet worden. Unser Ruf war im wesentlichen durch zwei Patienten zustandegekommen, wobei ein Patient einen leichten Grad von morbus BASEDOW hatte. Ihm sagten wir alle Symptome der Basedowschen Erkrankungen nach Lehrbuchwissen auf den Kopf zu, während wir das unruhige Pupillenspiel durch den Sucher unserer Kamera betrachteten. Der andere Patient hatte eine klassische Facies gastrica, und nach dem Prinzip des «Fishing» versuchten wir, uns erfolgreich während der Iridoskopie mit allen nur erdenklichen «Magensymptomen». Der Ruf war am nächsten Tag so groß, daß sich Patienten auf der Straße anstellten. So hatten wir bald eine große Sammlung schöner Irisphotogramme. Daß die Patienten von uns regelrecht behandelt wurden, ist selbstverständlich.

Der Glaube, Krankheiten aus dem Auge ersehen zu können, ist offensichtlich uralt und schon in der alten chinesischen Volksmedizin verbreitet gewesen.

In einem umfangreichen Buch über die chinesische Medizin gibt HÜBOTTER (1929) verschiedene Details bekannt. Danach galt in der chinesischen Medizin:

Das Auge	als «Beamter» der Leber
Die Nase	als «Beamter» der Lunge
Mund und Lippen	als «Beamter» der Milz
Das Ohr	als «Beamter» der Niere
Die Zunge	als «Beamter» des Herzens

Das Auge galt als diagnostisch wichtigstes Sinnesorgan und neben der Zungendiagnostik spielte es offenbar eine große Rolle:

Augenfarbe rötlich	bedeutete Sitz der Krankheit ... im Herzen
Augenfarbe weiß	bedeutete Sitz der Krankheit ... in der Lunge
Augenfarbe grünblau	bedeutete Sitz der Krankheit ... in der Leber
Augenfarbe gelb	bedeutete Sitz der Krankheit ... in der Milz
Augenfarbe schwärzlich	bedeutete Sitz der Krankheit ... in der Niere
Augenfarbe etwas unbestimmt gelblich	bedeutete Sitz der Krankheit ... in der Brust

Auch wurde in China das Verhältnis Gesichtsfarbe zu Augenfarbe beachtet. Gesicht rötlich und Augen blaugrün oder umgekehrt galt als Vorzeichen für den tödlichen Verlauf einer Krankheit.

Nach HÜBOTTER (1929) ist eine Verbindung der Irisdeuterei zur Akupunktur unverkennbar:

«Gleich wie wir durch YIN und YANG den Makrokosmos erkennen, ist das Auge ein Spiegel des menschlichen Mikrokosmos».

Man denke, so schreibt HÜBOTTER in seiner Monographie über die chinesische Medizin, unwillkürlich an die jetzt im Abendland wieder in Mode gekommene «Augendiagnose».

Daß das Auge auch in unserem Kulturkreis als sehr bedeutungsvoll gilt, ist bekannt und in zahlreichen Büchern der Volksmedizin oder des Aberglaubens beschrieben («Böser Blick», usw., vgl. SELIGMANN 1910, 1922, 1927). Daß sich das Auge als Organ – vorerst einmal im Ganzen gesehen – bei den verschiedensten Erbkrankheiten und chromosalen Anomalien mit einer Fülle an Symptomatik beteiligt, ist bekannt. Daß es bei akuten Infektionen und chronischen Entzündungen sowie Stoffwechselleiden Symptome aufweisen kann, darüber unterrichten alle Lehrbücher der Augenheilkunde (vgl. dazu auch STRAUB 1957). Daß hierbei die verschiedensten Augenabschnitte wie der Augenhintergrund oder die Linse in charakteristischer Weise beteiligt sind, ist bekannt, und die moderne Medizin nutzt dies in vielfältiger Weise aus. Ganz anders ist die Situation bei den Augendiagnostikern, welche nur die vordere Iristapete ansehen, wobei sie die Behauptung aufstellen, die einzelnen Organe des menschlichen Körpers würden sich auf der Iris im Falle der Krankheit somatotopisch geordnet an bestimmter Stelle durch definierte Zeichen melden. Welche Irisabschnitte welchen Organen entsprechen, darüber gibt es wenigstens 20 verschiedene «Zirkel», das heißt schematische Abbildungen für das rechte und das linke Auge, in die die einzelnen «Organfelder» eingezeichnet sind (vgl. Abb. 5–9).

Angenommen, an der Irisdeuterei sei irgend etwas dran (es ist mit Sicherheit nichts daran – und wir würden das als Gerichtssachverständige jederzeit unter Berufung auf den Sachverständigeneid nehmen) und es sei im «Leberfeld» *etwas* zu sehen, so würden sich folgende Fragen erheben, was selbst für logisch denkende Heilpraktiker gültig sein müßte, wenn sie sich mit der Irisdeuterei versuchen:

1. Liegt das Zeichen wirklich im Leberfeld (etwa im Sinne des Zirkels von LILJEQUIST (1893) oder kommen auch in Frage nach den Zirkeln von

PECZELY (1881):	Eileiter?
FELKE (1909):	Eierstock? (Vgl. dazu GARRE 1909 und KANTOROWICZ)
HENSE (1918):	Gallengänge?
MADAUS (1920):	Oberbauch? Leber?

MÜLLER (1919): Eierstock?
ROSSDORF (1954): Hüfte?
VIDA-DECK (1954): Peritoneum, Ovar, Testis?
ANGERER (1955): Oberbauch, Gallenblase?

Das heißt: Selbst nach den Lehren der Irisdeuterei liegt keine Eindeutigkeit vor.

2. Ist das festgestellte Zeichen im Sinne der Irisdeuter «topolabil» oder «topostabil»? Kann man annehmen, daß es nicht ganz einfach ein genetisch bedingtes Pigment ist, das bei einem Kind beispielsweise von einer blonden Mutter und einem schwarzhaarigen Vater mehr oder weniger regellos verteilt ist, wie Pigmentflecken auf der Haut? Warum halten sich die Genetiker aber meist auch an den Augenhintergrund, wenn genetischen Syndromen nachgegangen wird? (Vgl. SORSBY (1970.)

3. Könnte eine Pigmentanomalie nicht die Folge einer abgelaufenen Iritis sein?

4. Was soll die Diagnose «Sie haben etwas an der Leber» dem Patienten wirklich helfen – angenommen, die Diagnose ist durch «Hellsehen» oder andere immensurable Phänomene zustandegekommen und richtig?

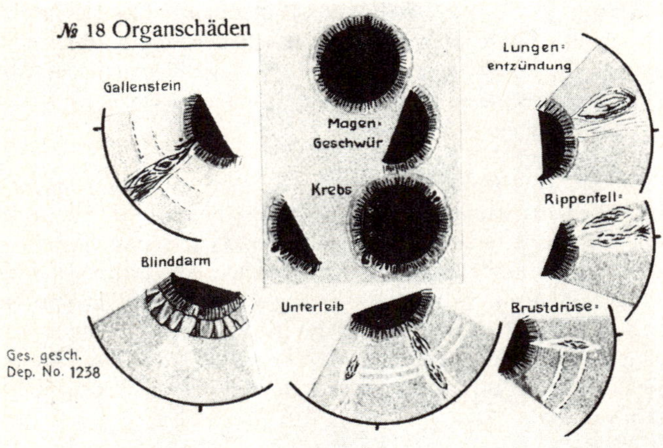

Abb. 5: Augendiagnose nach Pastor Felke, dargestellt von Andreas MÜLLER (1911). Völlig bedeutungslose anatomische Varianten der vorderen Iristapete sind hier gedeutet worden.

5. Angenommen, wir würden dann folgende Enzyme untersuchen: GOT, GPT, LDH, Alkalische Phosphatase, LAP, Serumcholinesterase SDH --- ist dann die Diagnose gesichert?

Ganz abgesehen davon, daß die Augendiagnostiker zu Untersuchungen, wie unter 5 verzeichnet, gar nicht fähig sind, so ist heute die Diagnostik der Lebererkrankungen bei weitem komplizierter. Wir erwähnen nur die Testung der AuSH (Australia-Hepatitis) sowie deren Typen und die Möglichkeit der Leberpunktion. Wie kompliziert aber wird erst die Diagnose bei einer «Gelbsucht», die nicht auf Steinverschluß beruht, von Laien aber kausal stets in die Leber lokalisiert wird.

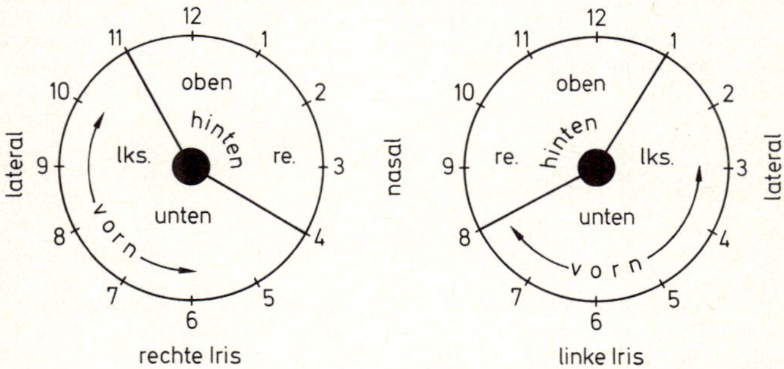

Abb. 6: Augendiagnose nach RIEMANN in Beziehung zur Homöopathie und Magnetismus. Eingezeichnet sind die «magnetelektrischen Trennungsflächen» (1921).

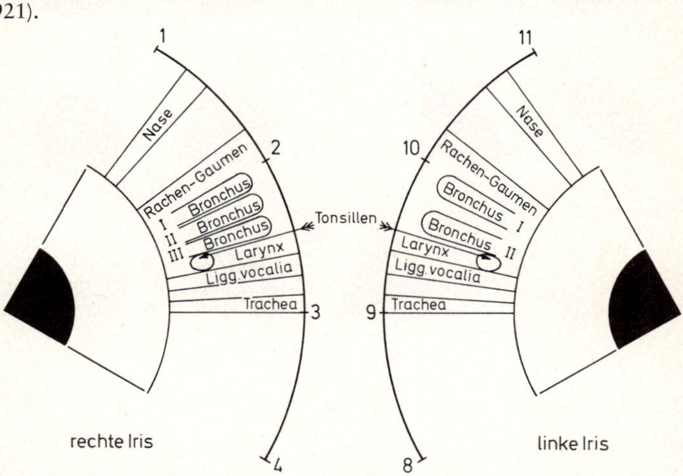

Abb. 7: Lokalisation der Bronchien nach MAUBACH (1952).

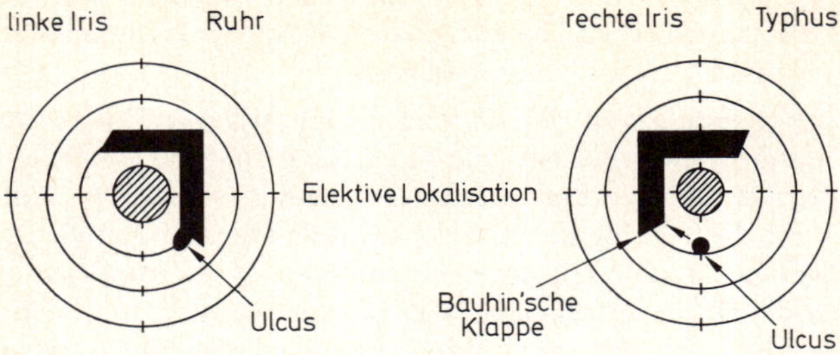

Abb. 8: Irisdiagnose nach DECK. Zeichen der «elektiven Signatur» an der Iris bei Typhus und Ruhr (1952).

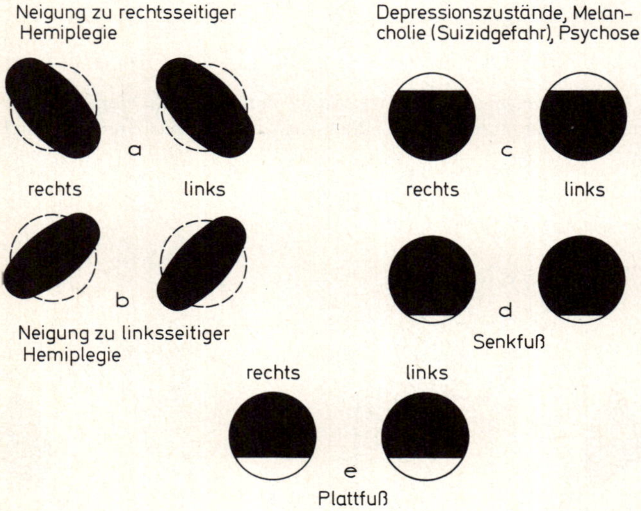

Abb. 9: Ein Außenseiterverfahren innerhalb der Irisdeuterei (RILLING). Dieser «Diagnostiker» betrachtet Abflachungen der Pupille und ermittelt daraus «Plattfuß» und «Suizidgefahr»! (1953).

Denken wir nur an die verschiedenen Möglichkeiten der haemolytischen Anaemien, die mit einem Ikterus einhergehen. Wo ist hier die Leber ursächlich? Oder: Könnte es sich nicht um eine Membrananomalie der Erythrozyten handeln – von der es verschiedene genetisch bedingte Ursachen gibt, denken wir nur z.B. an das Rh_0-Syndrom (vgl. SEIDL, SPIELMANN und MARTIN 1972) oder an die Mitwirkung von Cad auf dem Blutgruppensektor oder an das Ii-System. Oder denken wir an die zahlreichen genetischen Syndrome und Stoffwechselanomalien (WITKOWSKI und PROKOP 1974) oder an Gifte usw. usw.

Doch wie heute üblich, wissen es die Illustrierten besser. HERZOG hat dies 1957 in Dtsch. Homöop. Monatsschr. 8, 2, 98 dargestellt, und weil das heute für die Situation in der BRD einfach paradigmatisch ist, hören wir uns seinen Bericht an, der durch hundert andere ergänzt werden könnte. Er ist besonders den «Heilerfolgen» von Heilpraktikern gewidmet, die – wie die Hausfrauenzeitungen und Wochenendblätter berichten – dann der Diagnose die Akupunktur folgen lassen. HERZOG:

«Im Mai 1954 brachte nun die illustrierte Wochenzeitung «Quick» einen Bericht unter der Überschrift:

«Die Augendiagnose gewinnt eine Schlacht»; unter dieser Überschrift hieß es weiter: «Das Ergebnis eines außergewöhnlichen Prozesses: Die Anklage gegen einen Hamburger Naturheilkundigen und Augendiagnostiker wandelte sich zu einem Triumph für seine umstrittene Wissenschaft.» Der zweiseitige Bericht brachte in der Mitte die Reproduktionen von drei Organfeldschemen mit der Unterschrift: «Das Auge des Menschen ist das Schaufenster seines Körpers», dann hieß es weiter: «Geradezu sinnverwirrend für den Laien ist dieser ‹Atlas› des Augendiagnostikers.» Außerdem brachte der Bericht das Bild des Angeklagten bei der Untersuchung eines Patienten, eine Lupe in der Hand haltend, und das Bild des Staatsanwaltes, die linke Hand auf 4 Gesetzbücher gestützt, die rechte Hand beschwörend hochhaltend; das erste Bild trug die Unterschrift: «Der Mann, den der Staatsanwalt verteidigte», das zweite die Unterschrift in großem Druck: «Der Ankläger verteidigte ...» In kleinerem Druck war dann zu lesen: «Der Angeklagte ist sogar imstande, Diagnosen zu stellen, die die Schulmediziner auf Grund klinischer Untersuchungen nicht stellen konnten.» Dann hieß es weiter: «Aber nicht nur der Staatsanwalt verteidigte ihn; namhafte Wissenschaftler bescheinigten dem wegen fahrlässiger Tötung Angeklagten seine verblüffende Treffsicherheit. Unter atemloser Spannung der Zuhörer berichteten die Universitätsprofessoren FREIHERR VON RICHTHOFEN und Dr. SCHNELL (Bild rechts) über ihre Versuche mit STRAMKE. Er hatte bei Hunderten von Patienten, von denen er nichts weiter sah als die Augen, in 90 Prozent aller Fälle richtige Diagnosen gestellt.»

Daß ein Teil der «Iriszeichen» auf den anatomisch bedingten Lakunen und Krypten beruhen, ist nicht nur einmal festgestellt worden, und daß sich auch mit der Pupillenweite das Zeichen ändern kann oder die Ausdeutung auch von der Art und Richtung der Beleuchtung abhängt, hat SCHRECK 1954 mit aller Deutlichkeit gezeigt. Die Irisdeuter deuten aber zusätzlich noch an anatomisch völlig unauffälligen Pigmenten und Strukturvarianten herum, z.B.:

normale Variante oder gewöhnliche Struktur	ausgedeutet als
Kontraktionsringe	«Schmerzringe»
Kolobom	«Zeichen des Fußes usw.»
brauner Pupillarsaum	«Neurasthenikerring»
Pigmente	«Jodflecke» «Krätzezeichen usw.» z.B.: «Es ist zweifellos, daß tiefschwarze Flecke in der Iris vom Messer des Chirurgen herrühren können.» (MÜLLER, A. 1911)

Auf solchen und anderen Unsinn der Irisdeuterei aufmerksam gemacht und besonders konfrontiert mit den sich widersprechenden «Konstitutionszeichen» und «Iriszirkeln», fordern die Augendeuter dazu auf, doch wissenschaftlich endlich den richtigen Zirkel auszuarbeiten. Daß hier gar nichts auszuarbeiten ist – wird kategorisch abgelehnt, denn die «Augendiagnose» existiere eben.

Es ist deshalb hier erforderlich, den totalen Unwert der «Augendiagnose» in einer kleinen Tabelle nochmals bekannt zu geben. Es handelt sich hier um Arbeiten ehrenwerter Fachleute und nicht um nutzlose Polemik.

Tab. 12: Nachprüfung von Irisdeutern oder der Augendiagnostik

FRESE (1927)	nach JENTZSCH: Frese untersuchte Patienten mit Nierenerkrankungen, Lungentuberkulose, Gallenleiden, Geschlechts- und Geisteskrankheiten. Am wichtigsten waren die Untersuchungen von 60 Amputierten und Kriegsverletzten. Sein Urteil, die Irisdeuterei habe mit Wissenschaft nicht das geringste zu tun, sondern sei ein Hirngespinst einiger Phantasten, belegte er mit Zahlen: von insgesamt 762 untersuchten Patienten mit eindeutiger klinischer Diagnose hatten lediglich 18 (2,7%) Zeichen im Felde des erkrankten Organs, dagegen hatten 309 (40%) Krankheitszeichen in Feldern von Organen, die nie erkrankt waren. Er berichtet weiter, daß der berühmte Iridologe

	Kläster vor Ärzten und unparteiischen Laien bei Patienten mit schweren, auch den Laien erkennbaren Erkrankungen und Verstümmelungen Diagnosen stellen konnte. Das Ergebnis war eindeutig: nach acht Versuchen wurden die Untersuchungen mit dem Einverständnis aller abgebrochen, da nur Fehldiagnosen gestellt wurden
Jancke (1938)	150 ein- und zweieiige Zwillinge untersucht; erbliche Strukturvarianten der Iriden ohne Assoziation zu erworbenen Krankheiten
Saller und Ziegelmayer (Ärztl. Praxis 6, 3, 1954)	100 Patienten mit Uteruskarzinom untersucht, vorwiegend Collumkarzinom Ergebnis: Die von Irisdiagnostikern behaupteten Zeichen (Irisd. Maubach, Schulte) fanden sich im «Organfeld des Uterus» nicht 100 Patienten mit Diabetes untersucht. Ergebnis: Die von den Irisdeutern behaupteten Zeichen fanden sich nicht Fälle von «Krampfbereitschaft». Die Irisdeuter behaupten, eine solche aus den sog. «Krampfringen» nachweisen zu können Ergebnis der Nachprüfung: Es handelt sich um einfache anatomische Phänomene ohne jeden Bezug zu Krämpfen oder Krampfbereitschaft 100 Patienten mit Tuberkulose untersucht. Im Irisbefund sind im «Lungenfeld» die von den Irisdeutern behaupteten Zeichen, wie etwa die «grob gekämmten Fasern», nicht häufiger als in der Normalbevölkerung
Prokop, Pampus, Wichmann (Dtsch. Med. Wschr. 82, 38, 1957)	Es wurden Kraniopagen untersucht, bei denen die Organe regelrecht lagen. Die Iriszeichen der beiden Zwillinge waren verschieden, eher spiegelbildlich angeordnet. Eindeutige Widerlegung der humoralen Theorien der Irisdeuter
Kibler und Sterzing (Wert und Unwert der Irisdiagnose, Hippokrates Verlag Stuttgart 1956)	Zahlreiche Kranke untersucht. Keine Irisbeziehungen. Patienten vor und nach der Operation: Keine «Operationszeichen» waren aufgetreten. Allein 125 Patienten mit Blinddarmentzündung untersucht. Entsprechende Iriszeichen im Sinne der Irisdeuter nicht häufiger als bei Normalen
Kuum (Med. Dissertation Bonn 1956)	52 Patienten mit eindeutigen Lebererkrankungen und Gallensteinen Häufigkeit der Iriszeichen im Sinne der Irisdeuter bei den Patienten ebenso hoch wie bei Gesunden
Napp (nach Straub 1957)	Bei 63 mit Quecksilber behandelten Patienten kein «Quecksilberring»

JANCKE (nach SCHRECK 1954) weitere Details siehe JANCKE 1955	150 Patienten wurden «irisdiagnostisch» untersucht, wobei ein bestimmter Zirkel angewandt wurde (VIDA-DECK) Dann wurde der Iriszirkel um 90 Grad einmal im Sinne des Uhrzeigers gedreht und die Trefferrate erneut festgestellt. Schließlich wurde der Iriszirkel entgegen dem Uhrzeigersinn gedreht und erneut die Trefferrate festgestellt. Die Trefferraten waren bei der Vieldeutigkeit der abzulesenden Befunde: 31,3 %, 32,66 % und 34 %
HEILMEYER, SARRE, WEGNER (Professoren-Kommission 1955)	Bericht von Professor Dr. SCHRECK (1955). Wörtlich heißt es da:

Vor dem Gremium Heilmeyer – Sarre – Wegner erhielt Oberarzt Dr. Vida – welcher sich so weit in die Irisdeuterei eingearbeitet hat, daß er ein Buch über sie schreiben konnte – für welches Volhard jun. die Verantwortung übernahm – eine gute Chance. Er sollte zeigen, was Volhard jun. in seinem Vorwort zum Buch Vida-Deck behauptet, nämlich, daß an der Irisdeuterei «etwas dran» sei. Obwohl er *für jeden Patienten* unter den von ihm gewünschten Bedingungen *bis zu 5 «Diagnosen» von Krankheiten des Körpers aus der Iris* stellen durfte, endete dieses neue Experiment wie zahlreiche gleichartige vor ihm: mit einem *völligen Versagen.* Noch bezeichnender als dieses nicht überraschende Faktum an sich war die Reaktion von *Volhard* jun. Er schrieb Herrn Prof. Wegner in einem mir freundlicherweise zur Einsicht überlassenen Brief wörtlich:

«Darf ich Sie noch darauf aufmerksam machen, daß es mein Oberarzt Dr. Vida war, welcher bei Herrn Prof. Sarre war (Herr Deck ist der Naturheilkundige), und daß er diese Untersuchungen absolut gegen meinen Rat vorgenommen hat. Dazu beherrscht er, wie er selbst weiß, die Irisdiagnostik noch nicht genug, und es hat sich auch hier immer wieder herausgestellt, daß Herr Deck doch manches zu finden vermag, was Vida noch nicht auf den ersten Anhieb sieht. Sehen lernen ist eben gar nicht so einfach.»

Wissenschaftlich denken scheinbar auch nicht: Der gleiche Arzt Vida fand sich dazu bereit, lange vor dem Experiment in Freiburg zusammen mit dem Irisdeuter Deck ein Buch vorzubereiten und zu veröffentlichen! Und sein Chefarzt Volhard jun., welcher sein gutes Gewissen sein sollte, bescheinigt ihm diese Unzulänglichkeit brieflich und findet nichts dabei, sogar ein solches Buch mit seinem guten Namen ausdrücklich zu decken. Dazu paßt, was wir weiter unten im gleichen Brief lesen:

> «Sie meinen, ich hätte mir an dem heißen Eisen die Finger gründlich verbrannt. Daß die ganze Angelegenheit nicht ohne Widerspruch bleiben würde, war wohl zu erwarten, aber vorläufig kann ich nicht finden, daß ich mir die Finger verbrannt habe, wenn es auch brenzlich riecht.»

Gerade der Versuch von JANCKE muß als klassisch bezeichnet werden. Und die Errechnung der Treffer ist äußerst benigne vorgenommen worden. Nehmen wir an, eine Patientin habe an der Schilddrüse eine Hypertrophie, dann stellen sich ein: Haarausfall, Durchfall, Herzjagen, Tremor, Menstruationsstörungen, eventl. Osteoporose, Anacidität, Erbrechen usw. usw. Mit anderen Worten, wer mit der Augendeuterei benigne umgeht, könnte «Zeichen» im Magenfeld, Herzfeld, Schilddrüsenfeld, Uterusfeld, Darmfeld usw. aufsagen und bei einem Laien damit großen Eindruck hinterlassen. Oder nehmen wir willkürlich, ohne nachzudenken, ein hepato-renales Syndrom. Wir finden dann mühelos ein Zeichen im Hirnfeld als Treffer, da der Patient auch Kopfschmerzen hat usw. usw. Drehen wir den Zirkel aber um 180 Grad, dann hat er ein Zeichen im Beinfeld, was für den Laien auch zutrifft, da er bei Nierenstörungen auch Beinödeme haben kann usw. usw.

Mit anderen Worten, die Augendiagnose ist nichts anderes als Scharlatanerie – um bei einem milden Ausdruck zu verbleiben. Das kann auch gar nicht anders sein, denn sie ist in ihrer modernen Form durch eine simple Mystifikation entstanden, wie HERZOG (1939) und WÖHLISCH (1957) richtig ableiten.

Literatur

ANGERER, I.: Handbuch der Augendiagnostik, Teil 1 – 4
Haug, Ulm (1953/57)

FELKE, nach MADAUS, GARRE: Der Felke-Prozeß
Dtsch. Med. Wschr. 35, 2075 (1909)

HENSE, nach JENTZSCH, HERZOG, H.: Wie und wann entstand die Augendiagnose (Irisdiagnose)?
Hippokrates 7, 150 (1939)

HÜBOTTER, F.: Die chinesische Medizin
Verlag Dr. Bruno Schindler, Leipzig (1929)

JANCKE, G.: Gibt es theoretische Anhaltspunkte oder praktische Beweise für eine diagnostische Brauchbarkeit der Irisdiagnose?
Münchn. Med. Wschr. 97, 7, 205 (1955)

JANCKE, G. nach SCHRECK: (1954)

JENTZSCH, G.: Über die Irisdiagnose
Zschr. f. Ärztl. Fortbildg. 53, 3, 197 (1959) und in: O. PROKOP, Medizinischer Okkultismus, G. Fischer, Jena (1973)

KANTOROWICZ, A.: Pastor Felke und seine Augendiagnose
«Das freie Wort» IX, 16
Neuer Frankfurter Verlag (ohne Jg)

KISSLER, M. und STERZING, L.: Wert und Unwert der Irisdiagnose
Hippokrates Verlag, Stuttgart (1956)

KUUM, R.: Irisveränderungen und Lebererkrankungen
Diss. Bonn (1956)

LILJEQUIST, N.: Die Diagnose aus den Augen, 3. Aufl.
Krüger, Leipzig (1911)

MADAUS, M.: Lehrbuch der Irisdiagnose, 2. Aufl.
Rohrmoser, Bonn (1912)

MÜLLER, A.: Die Augendiagnose und ihre gesicherten Ergebnisse, 2. Aufl.
Koslowsky, Oranienburg (1919)

MÜLLER, A.: Die Augendiagnose, bearbeitet nach Pastor Felke's Grundsätzen
Verlag Worms & Lüthgen, Crefeld (1911)

PECZELY, I.: Anleitung zum Studium der Diagnose aus den Augen
Tettey, Budapest (1881)

PILLAT, A.: Wert oder Unwert der «Irisdiagnose»
Wien. Klin. Wschr. 67, 28, 506 (1955)

PROKOP, O., PAMPUS, F. und WICHMANN, D.: Über den Wert der sog. «Irisdiagnostik»
Dtsch. Med. Wschr. 82, 38 (1957)

ROSSDORF, F.: Einführung in die Augendiagnostik
Falken Verlag, Berlin (1955)

SALLER, K. und ZIEGELMAYER, G.: Was ist von der Irisdiagnose zu halten?
Ärztl. Praxis 6, 3, 1 (1954)

SCHRECK, E.: Zur Frage der Erkennung von Krankheiten des Körpers am Auge mit einer Stellungnahme zur Irisdeuterei
Monatskurse f. d. Ärztl. Fortbildg. Nr. 3 (1954) bei J. F. Lehmann, München

SCHRECK, E.: Klinische Prüfung der Organ- und Krankheitszeichen der Iris
Süddeutsch. Ärzteblatt 10, 3, 3 (1955)

SCHRECK, E.: Schlußwort zu der Erwiderung von Doz. Dr. E. VOLHARD und Oberarzt Dr. F. VIDAauf meine Arbeit etc.
Monatskurse f. d. Ärztl. Fortbildg., Nr. 2 (1955) bei J. F. Lehmann, München

SEIDL, S., SPIELMANN, W. und MARTIN, H.: Two siblings with Rh(null) disease
Vox Sang. 23, 182 (1972)

SELIGMANN, S.: Augendiagnose und Kurpfuschertum
Barsdorf, Berlin (1940)

SELIGMANN, S.: Der böse Blick und Verwandtes
Barsdorf, Berlin (1910)

SELIGMANN, S.: Die Zauberkraft des Auges und das Berufen
Friedrichsen & Co., Hamburg (1922)

SELIGMANN, S.: Die magischen Heil- und Schutzmittel aus der unbelebten Natur mit besonderer Berücksichtigung der Mittel gegen den bösen Blick
Strecker & Schröder, Stuttgart (1927)

SORSBY, A.: Ophthalmic genetics, 2. Aufl.
Butterworth, London (1970)

STRAUB, W.: Über die Diagnostik von Allgemeinkrankheiten aus dem Auge
«Studium generale» 10, 7, 399 (1957)

VIDA, F. und DECK, I.: Klinische Prüfung der Organ- und Krankheitszeichen in der Iris
Haug Verlag, Ulm (1954)

WITKOWSKI, R. und PROKOP, O.: Genetik erblicher Syndrome und Mißbildungen
Akademie Verlag, Berlin (1974)

WÖHLISCH, E.: Ignaz v. PECZELY, das Eulenauge und das Mysterium der Irisdiagnostik
Dtsch. Med. Wschr. 82, 970 (1957)

Psychophotographie

Niemand bezweifelt, daß man Photographien lieben kann und auch niemand hat Zweifel daran, daß man sie hassen kann. Sie werden geküßt und angespuckt. Das lehrt uns, daß sie einen hohen Wert für unser Gefühlsleben haben können: «Wer photographiert hat mehr vom Leben» war in den Dreißiger Jahren unseres Jahrhunderts ein absolut gängiger Werbeslogan. Das Bild kann dabei so lebensecht sein (z.B. Akt, Porno, Hinrichtungsszenen, Folterungen usw.), daß es somatische Wirkungen nach sich ziehen kann. Seit aber bekannt ist, daß es möglich ist, selbst durch Nacht und Nebel zu photographieren (etwa Überwachung von Bordellen oder Gangstertreffpunkten mit Nachtphotographiergeräten aus einer Entfernung von einem halben Kilometer), wird die Photographie, die «mehr zeigt als man so sehen kann», eine mit Affekten beladene Darstellungskunst. Die photographischen Schichten haben Empfindlichkeiten, die Belichtungszeiten unter einem Millionstel Sekunden möglich machen. Daher wendet sich auch der Beobachter der faszinierenden Photoszene mit größtem Interesse der Behauptung und den Veröffentlichungen zu, die selbst die Darstellung von Gedanken auf Photomaterial wahrscheinlich machen.

In einem im Jahre 1967 in New York erschienenen Buch «The world of Ted Serios», herausgegeben von dem gläubigen Parapsychologen und Psychoanalytiker Dr. Jule EISENBUD, wird dem staunenden Leser ein Mann vorgestellt, der angeblich seine «Gedanken» auf photographisches Material projizieren konnte. Die Aufnahmen wurden als «Psychophotos» gefeiert. Auf diesen Mann, dessen Name Ted Serios ist, wurde EISENBUD aufmerksam, da von ihm in Chicago gemunkelt wurde, er könne dies unter Verwendung verschiedener Kameras. Um zu dokumentieren, wie hoch seine Leistungen eingeschätzt wurden, wie sehr sie in Okkultistenkreisen akzeptiert wurden, geben wir einige Stimmen von Okkultisten bekannt:

Behauptungen der Parapsychologen oder ihrer Anhänger zur Psychophotographie

Aufzeichnung von Gedanken durch Ted Serios in Chicago auf Filmen von Polaroidkameras durch Hineinschauen in die auf unendlich eingestellte Optik, bestätigt durch EISENBUD.

BENDER (1972): Nun erlebt die «psychische Photographie» ohne spiritistische Interpretation mit Ted Serios eine wissenschaftlich außerordentlich bedeutsame Renaissance.

BENDER (1971): «Die Experimentatoren haben sich mit aller Sorgfalt mit dem Verdacht des Betruges auseinandergesetzt.»

TENHAEFF (1971): «Seitdem Eisenbuds Buch veröffentlicht wurde, kann man sagen, die Möglichkeit, Gedanken zu photographieren, ist bewiesen... Wie sich bei Ted Serios Erinnerungen an ein Schiff, ein Auto, einen Kirchturm, einen Schädel usw. photographieren lassen, muß man auch Erinnerungen an Verstorbene lichtbildnerisch aufnehmen können.»

STELTER (1973): «Interessant ist in diesem Zusammenhang die von dem amerikanischen Psychoanalytiker Jule Eisenbud exakt dokumentierte Tatsache, daß der Amerikaner Ted Serios in der Lage war, eine gegen Lichteinwirkung abgeschlossene Photoplatte mit einem in seiner Phantasie erzeugten Bilde zu ‹belichten›.»

EISENBUD (1972): Gedanken- oder Psychophotographie, wie sie par excellence in der Arbeit mit Ted Serios zum Ausdruck kam, kann uns in konzentrierter Form ein breites Spektrum von Daten über kognitive und kinetische Psi-Funktionen liefern.

KELLER (1973): «Das Phänomen, so unglaubhaft es auch erscheinen mag, existiert also, darf als echt angesehen werden.»

Der erfolgreiche Schriftsteller Werner KELLER berichtet über Serios, daß dieser schon 1963 durch ein bekanntes Magazin wegen seiner Fähigkeiten berühmt wurde und daß EISENBUD «erst als Skeptiker», dann als Gläubiger mit ihm experimentierte. Die Technik war in der Regel die, daß Serios vor die Linse ein kleines Pappröhrchen oder Röllchen von Toilettenpapier («Gismo») bevorzugt vor die Linse einer Polaroidkamera hielt. Es war z. B. 2 cm lang und hatte einen Durchmesser von 3 cm – so berichtet uns KELLER 1973 in seinem Buch «Was gestern noch als Wunder galt». Wie er und die anderen Okkultisten übereinstimmend erzählen, schaute Serios in das Röhrchen hinein, stieß dann einen lauten Schrei aus und schlug mit dem linken, erst erhobenen Arm nach unten, was die Zeit der Betätigung des Kameraverschlusses anzeigte. Es wurde mit Blitzlicht photographiert. In der Regel hatte das «Medium» vorher reichlich Bier und Whisky getrunken.

Nicht immer bekam Ted Serios Abbildungen, sondern wohl in der Mehrzahl «Blackies», d. h. schwarze Polaroidbilder, dann aber auch hin und wieder, wie sich die Okkultisten ausdrücken: «embryonale Konfigurationen», schließlich auch richtige Bilder, teilweise schräg stehend oder kopfstehend, unscharf oder von mäßiger Schärfe.

Ohne vorerst die Theorien der Okkultisten zu beleuchten, kann man aus der Betrachtung der Serios-Photographien sagen, daß es sich um rundlich begrenzte Bilder handelt, die durch die Wirkung des «Gismo» zustandegekommen sind. Daß es ferner der Mithilfe des optischen Systems der Polaroidkamera bedurfte, ist klar, denn ohne Kamera-Linsen sind Aufnahmen nicht vorgelegt worden. Was liegt also näher anzunehmen, daß es sich hier um Abbildungen handelt, die im Gismo selbst vorhanden waren? Da die Aufnahmen bei der Einstellung «unendlich» zustandekamen, wird jeder Amateurphotograph die Mitwirkung einer weiteren Sammellinse, also einer Vorsatzlinse, verlangen, in deren Focus das Bild stehen müßte. Doch bevor wir dazu kommen, hören wir die Theorien der Okkultforscher:

Theorien, wie die Psychophotos von Serios zustandekommen sollen:

NEUHÄUSLER (1970): «... liegt der Gedanke nahe, daß es Ted gelungen ist, eine seltsame Umkehrung des Sehvorganges zu leisten... Es beginnt mit der Wahrnehmung bzw. mit der Vorstellung eines Objekts. (EISENBUD berichtet, daß Ted manchmal seine Bilder mehr oder weniger halluzinatorisch sieht, bevor er sie auf den Film bringt.) Vom Sehzentrum würden entsprechend strukturierte Impulse in den Sehnerv bzw. auf die Netzhaut geschickt. Von da aus könnten sie sich, ebenfalls in Umkehrung des Sehvorganges, in Lichtimpulse umwandeln, die bei vorgehaltener Kamera eine Filmemulsion strukturieren.»

BERENDT (nach KELLER 1973): «... Die Ausstrahlung erfolgte hier nicht vom äußeren Objekt, sondern von einer offenbar aus der Persönlichkeit Ted Serios' sozusagen «austretenden Projektion» eines inneren Bildes – mit anderen Worten aufgrund eines psychokinetischen Vorganges. Bei dieser Deutung der mikrophysikalisch-chemischen Veränderung hört der Versuch der Erklärung auf...»

EISENBUD (1974): Nachdem Eisenbud Energien im Röntgenbereich, sowie im Bereich der langen Radar- und Radiowellen, sowie solche im Beta- und Gammabereich «wirksam eliminiert hat» und die Verarbeitung bestimmter verschwommener Serios-Bilder auf mathematischer Ebene erwägt und Hypothesen aufstellt...: «Ein positives Resultat würde mit der Hypothese übereinstimmen, daß Serios etwas wie Lichtenergie beeinflußte und zwar vor dem Auftreten dieser Energie auf der Filmoberfläche.»

Bedenkliche photographische und andere Argumente

In einem Buch mit dem Titel «Unser sechster Sinn» schreibt BENDER, der danebenstehend Psychophotogramme von Ted Serios abbildet: «Nach Stunden entstanden zuerst sogenannte ‹Blackies›, aus unerklärlicher Ursache völlig geschwärzte Bilder».

Allein diese Beschreibung verrät eine Unerfahrung auf photographischem Gebiet. Bekanntlich ist doch bei der Polaroidphotographie die Situation die, daß «Schwärzung» nicht Produkt eines aktiven Vorganges – sondern ganz einfach Nichtbelichtung bedeutet. Schwärzung heißt also nur, daß entweder die Belichtungszeit nicht ausgereicht hat, einen Gegenstand abzubilden, oder daß das Licht nicht ausreichte. Würde man Polaroidbilder ohne jede Belichtung entwickeln, so würden sie eben schwarz herauskommen. Unerklärlich ist hierbei überhaupt nichts.

Als die beiden Experten für Photographie und Zauberkunst David B. EISENDRATH und Ch. REYNOLDS die Situation überprüften (sie waren selbst in der Lage, «Psychophotos» herzustellen), fiel ihnen folgendes auf:

1. Der Mangel an technischen Kenntnissen der Photographie bei Dr. EISENBUD.
2. Die Bevorzugung des alten Polaroidmodells 95 mit kleiner Blende (Serios wünschte diesen Typ).
3. Ein hochempfindlicher Film wurde bevorzugt.
4. Warum steckte Serios den «Gismo» zu wiederholten Malen nach der Aufnahme so schnell in die Tasche oder holte ihn (oder einen anderen?) kurz vor der Aufnahme heraus? Warum hat er die Taschen nicht entleert?
5. Warum hat er in Gegenwart der Tricksachverständigen bei drei Sitzungen keine Psychophotos fertiggebracht?
6. Warum muß die Kamera auf unendlich eingestellt sein?
7. Warum sind bei den früheren «positiven» Sitzungen mit Ted keine Sachkenner für Taschenspielerei zugezogen worden?

Bei Wissenschaftlern, die es mit der Beweisführung für die Echtheit des Seriosphänomens ernst meinen, gäbe es natürlich ganz einfache andere Fragen, so z.B.:

Warum mußte überhaupt ein Röhrchen vor die Linse gehalten werden? Warum nicht ganz einfach der Finger oder warum nicht das Auge? Die Antwort ist klar: Weil sonst kein Licht in die Kamera gelangt!

Warum bedurfte es eines Blitzlichts bei der Aufnahme? Die Antwort ist klar: Das Licht mußte irgendwie und wenn nicht anders als durch den Arm oder das Hemd oder die Hinterwand reflektiert werden, um durch das optische System Licht in die Kamera zu bringen!

Warum muß der «Gedanke» von Herrn Serios durch ein Röhrchen (Gismo) fokussiert werden und nicht durch einen Kristall, eine definierte Anordnung von Linsen usw.?

Wie kann man das auch fragen?

Doch hören wir, welche Gedanken von Serios auf Film gebannt wurden:

Das Bild eines Steinzeitmenschen aus einem Museum
Ein Hiltonhotel (ein Teil)
Die Türme der Frauenkirche in München (also ein Teil der Kirche)
Der Rote Platz von Moskau; Wachablösung (Ausschnitt)
Alte Flugzeuge (Ausschnitt)
Bernini-Arkaden vom Petersplatz in Rom

Abb. 10: «Gismo»-Pappröhrchen zur «Psychophotographie»; zum Vergleich dazu eine Streichholzschachtel. Im Gismo sind eine Sammellinse und ein kleines Dia untergebracht. Das Dia stellt das Bild eines Mörders dar und stammt aus einer kriminalistischen Sammlung.

Die Erklärung ist klar: Im Gismo hat kein komplettes Diapositiv Platz, sondern nur ein Ausschnitt aus einem entsprechenden Bildchen, es sei denn, es handelte sich um Kleinstdiapositive, wie man sie etwa mit einer Minox-Kamera herstellen kann.

Die nächste Merkwürdigkeit ist die Tatsache, daß immer wieder dasselbe Bild in einer der Sitzungen mit Ted Serios zum Vorschein kam und zwar photographisch verzerrt – doch immer wieder das gleiche. Man betrachte daraufhin die Abbildungen des Steinzeitmenschen in BENDERs Buch.

Hier findet man ein und dasselbe Bild in verschiedener photographischer Verzerrung und kann nur schließen: Ein Gismo... Ein Bild ... «Ein Gedanke», was eine groteske Ideenlosigkeit implizieren würde, da doch während einer Sitzung mit einem Medium mit Sicherheit auch andere Gedanken bei diesem aufkommen müßten, selbst wenn es mehr oder weniger erheblich alkoholisiert ist.

Abb. 11: Die «Psychophotographie» mit dem in Abb. 10 gezeigten «Gismo» bei Einstellung: unendlich. Kamera war das Kleinbildgerät Pentacon Super. Blende 1:11. Bei Einstellung 30 cm erzielten wir *gestochen scharfe* Aufnahmen.

Nachdem schließlich auch noch in einer Fernsehsendung die «Leistungen» des Ted Serios hervorgehoben wurden, begannen die Autoren dieses Buches mit der Selbstherstellung von «Gismos». Die Herstellung eines mit einem kleinen Bildchen beschickten Gismo dauerte weniger als eine Stunde. Es ist erforderlich, in das Röhrchen eine Sammellinse mit 30 Dptr. einzubringen und annähernd in den Focus einen Ausschnitt aus einem Diapositiv. Wird das Röhrchen mit der Linsenseite auf die Linse der Kamera gehalten, so erzielt man bei Einstellung: unendlich «Psychophotogramme», bei Einstellung 30 cm ganz scharfe Abbildungen und wenn man mit offener Blende arbeitet, so stört das an dem Gismo vorbeigehende Licht (vgl. Abb. 10 – 12).

Wie einfach man sich aber ein Trickgismo herstellen kann, haben wir an anderer Stelle (PROKOP 1974) gezeigt. Der Leser bedenke, welch komplizierten optischen und mechanischen Apparat man heute in Kleinstkameras unterbringen kann (z.B. Minox). Daher bringen

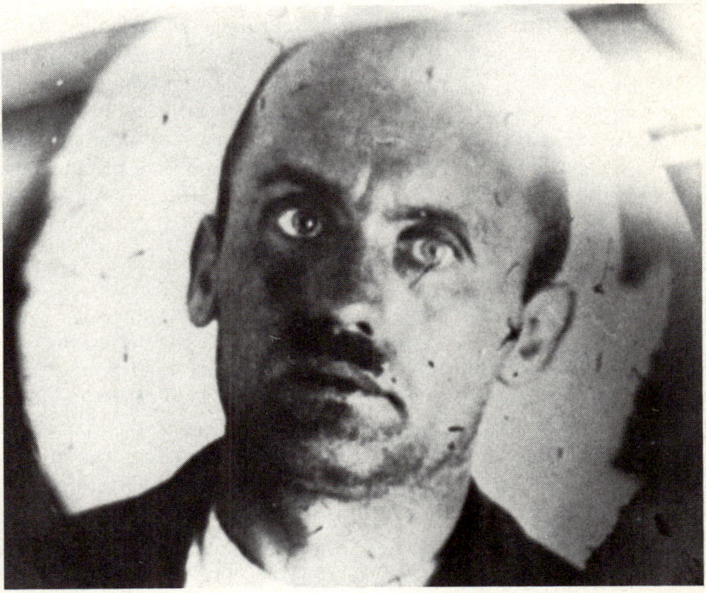

Abb. 12: Wirkung der offenen Blende (1 : 1,4): Das Bild hat Nebenlicht; in unserem Fall ist eine Fensterbank abgebildet, da mit vor die Linse gehaltenem Gismo die Fensternähe photographiert wurde. Ferner zeigt sich hier der Effekt der Einstellung des Focus: 30 cm! Nun ist auch klar, warum Ted Serios die Einstellung: unendlich verlangte: weil die «Psychophotos» sonst zu scharf sind!

selbst primitiv hergestellte Gismos mit Umlegetrick (vgl. PROKOP 1974) oder ohne Trick «Psychophotos» zustande. EISENBUD (1974) selbst glaubt, daß auch die geringen Unterschiede zwischen den Einzelaufnahmen einer Serios-Serie (z.B. beim Neandertaler) gegen ein Linsensystem, also einen optischen Trick sprechen. Hier irrt er aber gewaltig und entlarvt sich als sachunkundig in der Photographie. Dazu eigene Studien zu machen, bedarf man nur einer Spiegelreflexkamera und eines Gismo mit nicht starr angebrachter und verkantbarer Linse und während der Betrachtung des Sucherbildes bedarf es nur geringfügiger Blendenunterschiede, Beleuchtungsunterschiede oder Stellungsänderungen der Linse, um das Bild zu variieren.

Wie leicht Photographien fehlinterpretiert werden können und welche Deutungsunterschiede der Verarbeitungsprozeß im Negativ-Positiv-Prozeß bedingen kann, hat der Prozeß Hetzel zutage gebracht (PROKOP (1970), zu dem ein Sachverständiger für Photographie aus der Schweiz anreisen mußte.

Woher aber hatte Serios seine «Zielbilder»? Es waren Bilder, deren Herkunft exakt nachgewiesen werden konnte:

«An amazing aspect of the Serios pictures is that many of them are exact reproductions of photographs that have previously existed, one being from the American Heritage Book of Flight... Another thought picture of a cave man which Ted first sketched and then produced on film was clearly identified (by Ted) as from a postcard sold at the Field Museum of Natural History...» (REYNOLDS 1967).

Um die Sache etwas zu kürzen:

In der Zeitschrift «New York», Sept. 1973 Seite 42:

Andrew TOBIAS:

«The trick was done with a tiny lens that had a picture at one end. When placed in front of a camera focused at infinity, that picture would appear on the film or videotape. Randi appeared with Serios on the Today show and merely duplicated the feat. Like Serios, he merely palmed this small device. After the show, Randi says, Serios told his mentor, Eisenbud, that the jig was up, that his method had been found out. But Eisenbud, says Randi, by now a fervent believer in Serio's psychic powers, grabbed Serios by the shoulders and said, on the verge of tears: «What do you mean, Ted? You can do it; I know you can!»

So kann man ohne Umschweife sagen, daß die Parapsychologie hier wieder einmal ein groteskes Schauspiel gegeben hat – indem ad oculos demonstriert wird, wie selbst ärgster Unsinn und offenbarer Betrug auch nach der Aufklärung unbeirrt weiter als akademische Weisheit verkündet werden.

Literatur

ANDREAS, P. und KILIAN, C.: Die phantastische Wissenschaft
Econ Verlag, Düsseldorf, Wien (1973)
BENDER, H.: Unser sechster Sinn
Deutsche Verlags-Anstalt, Stuttgart (1971)
BENDER, H.: Telepathie, Hellsehen und Psychokinese
Piper Verlag, München (1972)
BERENDT, H. C.: Parapsychologie
Kohlhammer, Stuttgart, Berlin, Köln, Mainz (1972)
EISENBUD, J.: Gedanken zur Psychofotografie und Verwandtem
Z. Parapsych. u. Grenzgeb. Psychol. 14, 1, 1 (1972)
EISENBUD, J.: Gedanken zur Psychophotographie und Verwandtem
In: «Psi und Psyche», Festschrift für Hans BENDER
Deutsche Verlagsanstalt, Stuttgart (1974)
EISENBUD, J.: The World of Ted Serios
Morrow, New York (1967)
KELLER, W.: Was gestern noch als Wunder galt
Droemer/Knaur, Zürich (1973)
NEUHÄUSLER, A.: Einige Hypothesen zur Erklärung parapsychischer Phänomene
In: «Psi und Psyche», Festschrift für Hans BENDER
Deutsche Verlagsanstalt, Stuttgart (1974)
NEUHÄUSLER, A.: Die Psychofotos des Ted Serios
Z. Parapsych. u. Grenzgeb. Psychol. 18, 26 (1970)
PROKOP, O.: Der Fall Hetzel
Krim. u. forens. Wiss. 2, 81 (1970)
PROKOP, O.: Naturwissenschaft contra Parapsychologie
Archiv f. Kriminol. 154, 3/4, 100 (1974)
REYNOLDS, Ch.: An amazing weekend with the amazing Ted Serios
Popular Photography 81 (1967)
STELTER, A.: PSI-Heilung
Scherz Verlag, Bern, München, Wien (1973)
TOBIAS, E.: Okay, He Averted World War III, But Can He Bend a Nail?
«New York», Sept. (1973)
WIMMER, W.: Psychophotographie – eine neue Entdeckung?
Kriminalistik 25, 261 (1971)

Die okkulten Ausstrahlungen des Menschen

Keine Menschengemeinschaft, keine Glaubensgemeinschaft, keine Sekte verzichtet auf die Chirotheten (Handaufleger). Es ist der persönliche Kontakt, der die Menschen fasziniert, und der Gedanke, daß die Lebenskraft von einem Menschen auf den anderen übergehe, ist durchaus nicht nur sexueller Natur zwischen den Geschlechtern. «Hand in Hand» durchs Leben gehen, gilt für geschlechtliche Partner ebenso wie für Freunde und auch für den Arzt oder Betreuer. Warum legen wir dem anderen die Hand auf die Schulter? Wir wollen gut zu ihm sein und – so würden die Anhänger der spiritistischen Vereine sagen – ihm als Zeichen der Freundschaft etwas von unserem «Od» abgeben. Ist das «Od» aber die Lebenskraft, so muß man sie darstellen können. Oder ist es nur ein Sinnbild dieser Kraft, wie vergleichsweise auch ein Wort Kraft haben kann? Oder handelt es sich um veritable echte «Ausstrahlungen», die man auch dokumentieren kann? Kann man sie wägen, messen, abbilden und warum haben die Propheten einen «Heiligenschein», andere Menschen dieser Erde aber nicht? Daß es sich beim folgenden Kapitel nicht um kulturhistorische Bemühungen, dazu die ätiologischen Wurzeln aufzudecken, handelt, sondern um konkrete Antworten aus naturwissenschaftlicher Sicht, wird offenkundig werden.

Der Wunsch der Parapsychologen, die Existenz der von ihnen erfundenen oder wenigstens unterstellten «PSI»-Kraft (vgl. RHINE 1950) irgendwie sichtbar zu untermauern, hat verschiedene Ausstrahlungshypothesen wieder belebt. Sie sind alt!

In ihrem Buch «Isis entschleiert», das sie der 1875 in New York gegründeten «Theosophischen Gesellschaft» widmete, gibt die Okkultistin H. P. BLAVATSKY eine umfangreiche Darstellung über geheime strahlenartige Wirkkräfte und auch den «Lebensäther», eine Art luftförmigen Fluidums, mit dem der Mensch zu seiner Welt in Beziehung stehen soll. Es kann sowohl inkorporiert als auch emittiert werden, und der Glaube an dieses Agens ist auch nach *ihren* Belegen schon alt. Bei ihrer Beweisführung bedient sich die Okkultistin zahlreicher Zitate unter anderem von PARACELSUS. Als Kind ihrer Zeit mischt sie – man kann sagen «wild» – ihren Betrachtungen den Magnetismus und Biomagnetismus und Mesmerismus bei und verleiht ihrem Buch so das klassische «Make up» völliger Kritiklosigkeit, wie es auch in modernen parapsychologischen Schriften erkennbar ist. So hält sie sogar magische Übertragungen aller Art durch geheimnisvolle Kräfte und das sog. «Versehen» für erwiesen. Beispiele dazu in ihrer eigenen Darstellung (Seite 384 ff. ihres Buches):

«Dr. Justinus Kerner, der ausgezeichnete deutsche Autor, erzählt einen außerordentlichen Fall: ‹Zur Zeit der französischen Invasion verfolgte ein Kosake einen Franzosen in einer Sackgasse. Ein schrecklicher Kampf entspann sich zwischen ihnen, wobei der Franzose schwer verwundet wurde. Eine Person, die sich in das Gässchen geflüchtet hatte und sich nicht entfernen konnte, ward dadurch so furchtbar erschreckt, daß, als sie zu Hause anlangte, auf ihrem Körper ganz diesselben Wunden aufbrachen, die der Kosake seinem Feinde geschlagen hatte!›

In Van Helmonts *De Injectis Materialibus* werden etliche sehr erstaunliche Fälle berichtet: Das Weib eines Schneiders zu Mechlin stand hinter einer Tür und sah, wie bei einem Streite die Hand eines Soldaten abgetrennt wurde, was einen solchen Eindruck auf sie machte, daß eine Frühgeburt eintrat und ihr Kind nur mit einer Hand geboren wurde, der andere Arm blutete.»

Die Autorin ist bei der Aufzählung zahlreicher derartiger Fälle nicht kleinlich und erklärt sie mit Aether, Archaeus, Atomen, Anima mundi, und vergißt nicht, an jeder sich bietenden Stelle (unpassende) naturwissenschaftliche Tatsachen beizumischen. Sie vergißt auch nicht, Herrn v. REICHENBACH und seine «Od»-Lehre zu erwähnen, spricht ihm allerdings – vielleicht mit Recht – Originalität ab. Ähnliche Darstellungen finden sich in ihrer umfangreichen «Geheimlehre», die 1958 erneut in deutscher Sprache aufgelegt wurde.

V. REICHENBACHs Darstellungen der «Odischen Lohe» (1867) zeugen zwar vom gleichen Geiste wie BLAVATSKYs Schriften, haben aber, wenn auch phantastisch und durchaus okkultistisch, den Vorzug, daß experimentiert wurde. In seinem ersten Vortrag, den v. REICHENBACH vor der KK Akademie der Wissenschaften in Wien hielt, führte er seine Leser wie folgt in die Materie ein:

«In den Jahren 1844 und 1845, also bereits vor zwanzig Jahren, sagten mir mehrere hochsensitive Personen, daß sie die leuchtenden Ausströmungen aus ihren Fingerspitzen nicht bloß in der Finsterniß der Dunkelkammer, sondern schon am Abende, wenn es noch ziemlich helle sei, deutlich wahrnehmen...

Es ergab sich, daß nicht blos am Tage, sondern auch beim Lampenschein und Kerzenlicht diese duftähnlichen Lohen von sensitiven Menschen recht gut gesehen werden. Und bald mußte ich erkennen, daß sie bei weitem nicht blos einen Ausfluß aus den Fingern, sondern auch aus anderen Gliedern, zunächst aus den Zehen und allen andern hervorragenden

Theilen des lebenden Leibes selbst aus den Ohrenhöhlen ausmachen, ja daß auch andere organische Gebilde, wie Pflanzen, dann Krystalle und sogar unorganische Substanzen wie Magnete, endlich auch ganz amorphe Stoffe, wie Metallbarren, Quecksilber, Wasser etc. an der Ausgabe und der Erscheinung der Lohe theilnehmen.»

Später erwähnt v. REICHENBACH, daß auch der Schall eine Lohequelle sei, die Ausstrahlungen temperaturabhängig seien, welche Farbe die Strahlen hätten, welchen Einfluß die Schwerkraft habe, und er behauptet, daß sie ein Pendel bewegen könnten, durch Glas gingen, Krankheiten, Krämpfe und Ohnmachten auslösen könnten.

V. REICHENBACHs Mitteilungen, daß auch das Tischrücken bewiesen sei, zeigt seine spiritistische Grundhaltung überaus deutlich. Seinen Gegnern, die das für Wahnwitz erklärten, warf er vor: «Eine gleiche unwissenschaftliche Gewaltthätigkeit ist in der Welt noch kaum vorgekommen».

Mit allen diesen Dingen hat sich LEHMANN (1925) scharf formulierend und treffend auseinandergesetzt. So konnte das Od trotz extrem langer Belichtungszeit niemals photographisch dokumentiert werden.

Die markante Persönlichkeit von Rudolf STEINER hat später auf den Glauben an das menschliche Od keinen geringen Einfluß gehabt. Obwohl er an die Theosophie anschließt, hält er doch die Werke von BLAVATSKY für unsystematisch (STEINER 1932) und bringt die Odlehre in einer vergeistigten Form. Seine Ausführungen über den «Aetherleib» z.B. in seinem Buch «Die Geheimwissenschaft im Umriß» (1923/1946) forderten die Okkultisten geradezu heraus, nun endlich einen Beweis für eine Art Emanation einer den Menschen umgebenden Hülle zu bringen. STEINERs Schriften wurden so zu einer Art geistigem Höhepunkt okkultistischen Denkens, und die große Zahl seiner Anhänger beweist, daß seine der Naturwissenschaft nicht artgemäße geistige Sublimation nicht ohne Einfluß geblieben ist.

Während man einigen der bisher erwähnten Persönlichkeiten eine initiierende Rolle beim Zustandekommen des modernen Ausstrahlungsglaubens der Okkultisten nicht absprechen kann und naturwissenschaftliches Bemühen hier und da sichtbar wurde, ist das bei den Vulgärspiritisten ganz anders, da man nicht ad hoc entscheiden kann, ob sie noch an der Grenze der Norm in psychiatrischer Hinsicht stehen oder schon Psychotiker sind. Aus der Sekundärliteratur ist besonders der Pariser Physiker (in anderen Schriften «Professor» oder «Arzt») Dr. Hippolyte BARADUC bekanntgeworden (KELLER 1973), auf den auch in zutreffender und kritischer Weise ROSENBUSCH (1925) hingewiesen hat (s. WIMMER 1971). Die Illustrierten aber finden den

Stoff wegen seines sensationellen Inhalts bemerkenswert und geben die dazugehörigen Bilder immer wieder in ihre okkulten Berichte.

Als im Jahre 1907 sein neunzehnjähriger Sohn gestorben war, photographierte BARADUC dessen Leichnam im Sarg. Das Photogramm zeigt, daß vom toten Körper weiße Gebilde in die Höhe aufsteigen, was die Okkultisten als «Aura» ansprachen. Ein halbes Jahr nach dem Tod des Sohnes photographierte BARADUC auch die Leiche seiner Ehefrau und erhielt dabei gleiche Befunde. KELLER bildet das Photogramm in seinem Buch ab. BARADUCs Glaubwürdigkeit hätte sicher extrem – selbst in besseren Spiritistenkreisen – gelitten, würde auch erwähnt worden sein, daß er auch eine «Gebetsäule» photographisch dargestellt hat, die vom Eiffelturm in Paris in den Himmel hineinragt. Die uns vorliegenden Lichtbilder indes zeigen entweder die Effekte von nicht lichthoffreien Platten oder sind ganz einfach Fälschungen, die durch Nachbelichtung oder Vorbelichtung oder durch Entwicklungsfehler zustandegekommen sind. Daß BARADUC ein einfältiger Spiritist war, geht aus ARAMs Buch 1929 hervor, denn er experimentierte auch mit «Phantomen», die Wagebalken bewegen konnten – «feinstofflich» usw., was ARAM parapsychologisch richtig mit Mesmerismus, Od usw. vermengt.

Mit großer Befriedigung ist daher nunmehr die sogenannte KIRLIAN-Photographie in Okkultistenkreisen aufgenommen worden. Bei ihr handelt es sich um die Darstellung der Entladungskorona von Hochfrequenzstrahlen (Tesla-Strömen) an Händen, Fingern, Zehen oder ganz einfach Gegenständen, die auf photographisches Material aufgelegt werden. Daß dabei besonders bei der Anwendung von Farbmaterial hübsch aussehende Abbildungen zustandekommen, ist unverkennbar. Die Hochfrequenzphotographie ist indes nur eine Neuauflage der Elektrophotographie von NAVRATIL, einem tschechischen Autor, der sie 1889 ausdachte (nach DRBAL); später wurde sie als BOUVIER-Effekt (nach CLAUZURE) bekannt. Eine Abbildung der Strahlungskorona einer menschlichen Hand finden wir – aufgenommen zum «photographischen Zeitvertreib» – in einem Buch von SCHNAUSS (1903). Ganz offensichtlich hat das Verfahren also ursprünglich entsprechend den Grundlagen der Physik, der Elektrizitätsabstrahlung (Elektrizitätsquelle z.B. ein Funkeninduktor), gar keine okkultistische Interpretation erfahren. Daß nunmehr unter Anwendung der Hochfrequenzphotographie in der okkultistischen «Kraftfeldforschung» ein «Elektrobiolumineszenzverfahren» oder eine «Auraphotographie» entstand, mit der man vielleicht eines Tages sogar ein «segensreiches Anwendungsgebiet» in der Krebsprophylaxe erschließen könne (vgl. STELTER 1973), überrascht daher den Fachmann. STELTER vertritt die

Meinung, es fehle einfach nur noch für die Reproduzierbarkeit das «Know how». Von den Hochfrequenzphotographien muß jedoch eine unglaubliche Faszination ausgegangen sein, denn nur so ist es verständlich, daß Anhänger der Akupunktur nunmehr das Verfahren nicht nur zur Sichtbarmachung von Akupunkturpunkten anwenden, sondern darüber hinaus auch den Effekt der Akupunktur dokumentieren wollen (FISCH (1973), was frühere magische Stahlungshypothesen der Akupunktur (GEIGER 1954) neu belebt.

Besonders durch Frau Thelma MOSS ist das sicher reizvolle Verfahren in den USA popularisiert worden, und illustrierte Zeitungen berichten den staunenden Lesern von der neuen «Aura»-Photographie. Darüber hinaus ist es bereits in wissenschaftlichen Zeitschriften eingedrungen (AARONSON 1974). Wie weit sich hier die Autoren, auf die AARONSON Bezug nimmt, engagiert haben, zeigt eine Tabelle, die wir vor einiger Zeit mit RADAM und STRAUCH zusammengestellt haben (vgl. Tab. 13).

Daß das Verfahren aber okkult ist – indem es naturgemäß mit einer Lebensausstrahlung überhaupt nichts zu tun hat, wurde von PROKOP, RADAM und STRAUCH gezeigt. Je nach Aufnahmetechnik kann man mittels der Hochfrequenzphotographie bei lebenden Personen ebenso wie von Leichenmaterial (Finger und Zehen) schöne «Aura»-Bilder erzeugen, die sich völlig gleichen. Selbst an einer jahrelang in der Sammlung eines gerichtsmedizinischen Instituts liegenden und völlig mumifizierten Affenhand konnten wir trotz der Trockenheit des Materials eine Entladungskorona darstellen. Die beigebrachten Abbildungen 13–15 verdeutlichen das. Da man aber gerade bei diesem Verfahren technisch enorm variieren kann, werden die Okkultforscher nicht zufrieden sein, sondern folgende Gegenargumente im Hintergrund haben:

Falsches Filmmaterial
Zu lange Belichtung
Zu kurze Belichtung
Andere Frequenz
Anderes Dielektrikum

Da wir ihre Art zu denken kennen, nehmen wir das schon vorweg und vermerken, daß sie uns auch mit technischen Varianten dieses okkulten Verfahrens nicht überzeugen können.

Daß die okkulten Ausstrahlungen des Menschen schon Gegenstand des antiken Volksglaubens waren, geht u. a. aus GRABINSKI hervor, der als «exakten Beweis für ein persönliches Fortleben» nicht nur feurige Erscheinungen Verstorbener vermerkt, sondern auch «eingebrannte Abdrücke» von Daumen, Fingerspitzen und ganzen Händen

Tab. 13: Anwendungsversuche für die KIRLIAN-Photographie (zusammengestellt aus AARONSON 1974)

Fragestellung	**Effekt** (und Autor)
Steht eine Person unter Hypnose?	Korona breiter als gewöhnlich (JAMPOLSKY, Kentfield/Californ.)
Lesen Kinder wirklich oder sind sie Tagträumer?	Bei JAMPOLSKY im Versuch
Proband drogenbeeinflußt?	Bei JAMPOLSKY im Versuch
Ist ein prospektiver Organspender klinisch wirklich tot?	Von JAMPOLSKY erwogen (Kirlian-Aura bis 6 Stunden nach dem Tod angeblich nachweisbar)
Fortschreiten eines Leberkarzinoms	Entladungsbilder von Fingerabdrücken werden blassweißlich statt normal blau und rot (Feststellung von JAMPOLSKY)
Nachweis von Akupunkturpunkten	In Untersuchungen bei TILLER (Stanford University)
Nachweis der Beeinflussung durch Alkohol oder Marihuana oder der Angst	z.B. kleine Korona bei Angst und breite Korona nach Entspannung durch Whisky (SCHLEICHER, Washington)
Nachweis von Sympathie und Antipathie, wenn jeweils Fingertips zweier zu prüfender Menschen nebeneinander hochfrequenzphotographiert werden	Versuche und erste Interpretationen von MOSS und JOHNSON
Feststellung von Pflanzenkrankheiten	«Agricultural applications of Kirlian diagnostic techniques could have a tremendous economical impact» (AARONSON auf Grund von Behauptungen von KRIPPNER)

auf Türen, Büchern, Tüchern, Hemdsärmeln und Schlafmützen in Photographien «dokumentiert». Ähnliche «Beweisstücke» können in St. Veith und Solbad Hall besichtigt werden. Auch «übernatürliche Leuchterscheinungen» wie z.B. der «Heiligenschein» wurden von Odforschern wiederholt als Beweis für verstärkte «Aura»-Ausstrahlung, als «Emanation» usw. ausgegeben und so selbst einfachste Symbole religiöser Andacht zu Horroreffekten abgewertet. An brennende Abgeschiedene im feurigen Tartaros glaubte man bekanntlich schon im vorchristlichen Hellenismus (vgl. VERGIL, Aen. 6, 577f.), und auch der Heiligenschein ist heidnischen Ursprungs, wie die griechischen und römischen Götterbilder zeigen, deren Köpfe mit dem Symbol des Sonnengottes, dem Strahlenkranz, umgeben sind (BRASCH).

So bieten heute Parapsychologen selbst den Kirchen Dienste als Beweishelfer für religiöse Wunder an (HAMMERS und ROSIN), ohne zu bemerken, daß man dort derlei pagane Relikte schon seit geraumer Zeit aus der ernsthaften Diskussion verbannt hat; gerade in katholischen Kreisen erwehrt man sich energisch der vom Okkultismus wieder so forciert betriebenen Verschmierung von Religion und Pseudoratio-

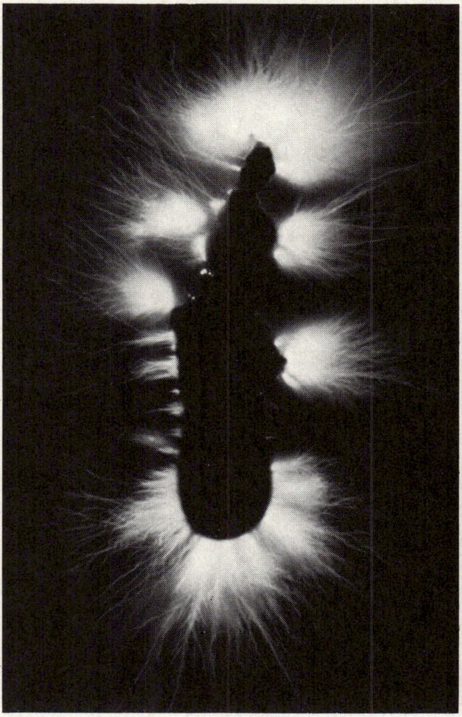

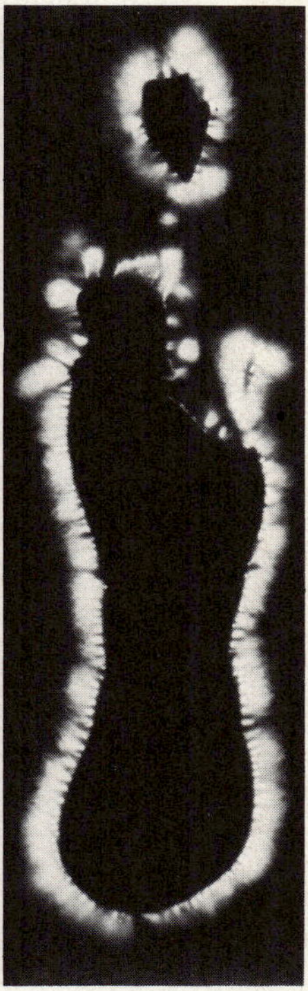

Abb. 13: Die angebliche «Lebensausstrahlung» einer menschlichen Zehe, aufgenommen 4 Wochen post mortem von PROKOP, RADAM und STRAUCH. Je nach Belichtungszeit und angewandtem Dielektrikum kann man die Strahlungskorona breiter oder enger gestalten.

Abb. 14: Büschelförmige Entladungskorona, hergestellt mittels TESLA-Gerätes von PROKOP, RADAM und STRAUCH an einer menschlichen Zehe (von einer 6 Tage alten Leiche)

nalismus (vgl. neuerdings HAAG gegen den – ganz eindeutig heidnischen – Teufelsglauben).

Was dem Strahlenaberglauben aber letztlich zugrunde liegt, kann jeder den gängigen Lehrbüchern der Psychiatrie entnehmen. Die Wahrnehmung nicht vorhandener «Strahlen», «Emanationen», «Fluiden», «Auren», «Lohen» und wie immer diese Hirngespinste von den Abergläubischen aller Zeiten benannt wurden, sind nur zu bekannte Symptome krankhafter Denkstörung (PROKOP 1973). Schizophrene, Epileptiker, Manische und Depressive, also genuine Geisteskranke, wissen davon eindrucksvoll zu berichten. Wir erwähnten schon STEINER, der «strahlende Ätherleiber» und «feinstoffliche Wärmekörper» erschaute. Die ärztliche Diagnose hierzu haben LANGE-EICHBAUM und KURTH, längst unbestritten, mitgeteilt:

«Paraphrenia expansiva, confabulans et phantastica».

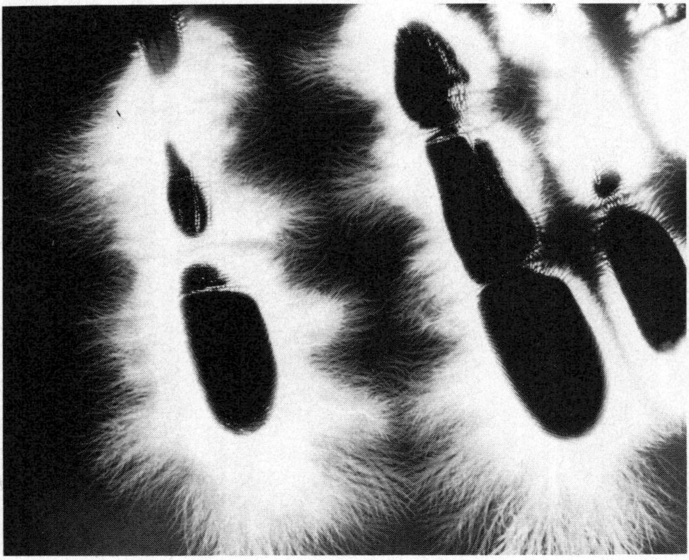

Abb. 15: Entladungskorona der Finger der linken Hand einer lebenden Versuchsperson. Je nach Anpressdruck der Finger gegen das photographische Material (hier Planfilm) kann man andeutungsweise auch die Papillarlinien und sog. «weißen Linien» darstellen, je nach Belichtungszeit die Entladungsbüschel kürzer oder länger gestalten und an Farbmaterial neben den bläulichweißen Höfen auch rote Farbflecken mit gleicher Technik je nach Fingerdruck «aufzeichnen».

Literatur

AARONSON, S.: Pictures of an unknown Aura
The Sciences Jan./Febr., 15 (1974)

ARAM, K.: Magie und Mystik
Albertus Verlag, Berlin (1929)

BLAVATSKY, H. P.: Die Geheimlehre (Kosmogenesis) Bd. I und II
Arkana Verlag, Ulm (1958)

BLAVATSKY, H. P.: «Isis entschleiert», Bd I: Wissenschaft
Lotus Verlag, Leipzig (1887)

BRASCH, R.: Dreimal Schwarzer Kater, 2. Aufl.
Erdmann Verlag, Tübingen (1969)

CLAUZURE, G.: De «l'effet BOUVIER» usw. in: Abstracts, I. Konferenz für Psychotronik
Prag, Bd II, S. 64 (1973)

DRBAL, K.: Od professora NAVRATILA ke KIRLIANOVI in: Abstracts, I. Konferenz für Psychotronik
Prag, Bd II, S. 61 (1973)

FISCH, G.: Die Hochfrequenzfotografie (Kirlian-Fotografie)
Physiol. Akupunktur 6, 38 (1973)

GEIGER, W.: Pathologie und Therapie elektrobiologischer Störungen
Erfahrungsheilkd., 2, 2,1 (1954)

GRABINSKI, B.: Beweise aus dem Jenseits. Begegnungen mit Abgeschiedenen mit 26 authentischen Aufnahmen
Credo Verlag, Wiesbaden (1964)

HAAG, H.: Teufelsglaube
Katzmann Verlag, Tübingen (1974)

HAMMERS, A. J. und ROSIN, U.: Fragen über den Teufel
In: Psi und Psyche, Festschrift für H. BENDER
Deutsche Verlagsanstalt, Stuttgart (1974)

KELLER, W.: Was gestern noch als Wunder galt
Droemer/Knaur, Zürich (1973)

LANGE-EICHBAUM, W. u. KURTH, W.: Genie, Irrsinn und Ruhm, 6. Aufl.
Reinhardt Verlag, München (1967)

LEHMANN, A.: Aberglaube und Zauberei, 3. Aufl.
Enke Verlag, Stuttgart (1925)

PROKOP, O.: Medizinischer Okkultismus. Paramedizin, 3. Aufl.
Gustav Fischer Verlag, Jena (1973)

PROKOP, O., RADAM, u. STRAUCH, H.: Untersuchungen zur behaupteten Lebensausstrahlung des Menschen (i. Dr.)

V. REICHENBACH, K.: Die odische Lohe
Braunmüller, Wien (1867)

RHINE, J. B.: Die Reichweite des menschlichen Geistes
Deutsche Verlagsanstalt, Stuttgart (1950)

ROSENBUSCH, H.: in: Der physikalische Mediumismus, von v. GULAT-WELLENBURG, W., v. KLINCKOWSTROEM, G. und ROSENBUSCH, H.
Ullstein, Berlin (1925)

SCHNAUSS, R.: Photographischer Zeitvertreib, 8. Aufl.
Liesegangs Verlag, Leipzig (1903)
STEINER, R.: Die Geheimwissenschaft im Umriß
Philos.-Anthroposoph. Verlag, Dornach (1946)
STEINER, R.: Der irdische und der kosmische Mensch
Philos.-Anthroposoph. Verlag, Dornach (1932)
STEINER, R.: Theosophie
Der kommende Tag
A. G. Verlag, Stuttgart (1922)
STELTER, A.: PSI-Heilung
Scherz, Bern, München, Wien (1973)
WIMMER, W.: Psychofotographie – eine neue Entdeckung?
Kriminalistik, 25, 261 (1971)

Außersinnliche Wahrnehmung

Unter außersinnlicher Wahrnehmung (ASW; engl. ESP = extrasensory perception) versteht die Parapsychologie das Gewahrwerden von Vorgängen in der Außenwelt auf anderem als dem normalen Sinnesweg. Herkömmlicherweise werden unterschieden:

Telepathie: Übertragung seelischer Vorgänge von einer Psyche (Mensch, Tier) zu einer anderen ohne Vermittlung der Sinnesorgane.

Hellsehen: Außersinnliche Wahrnehmung eines objektiven Sachverhalts, von dem sonst niemand Kenntnis hat.

Präkognition: Unerklärliches Vorherwissen eines zukünftigen Ereignisses.

Beispiele dazu lassen sich etwa wie folgt bilden:

Der «medial begabte» Neffe «empfängt» vom Erbonkel in New York durch Gedankenübertragung eine «Botschaft»: Telepathie.

Der Neffe sieht den Erbonkel «im Geiste» im Hudson River ertrunken; tatsächlich wird dort dessen Leiche gefunden: Hellsehen.

Der Neffe träumt, der Erbonkel stürze mit dem Flugzeug ab; zwei Wochen später erfüllt sich der Traum: Präkognition.

Der Glaube, daß es solche «übersinnlichen» Erfahrungen gebe, ist alt. Von begnadeten «Sehern» wurde schon im Altertum berichtet; die Prophezeihungen der Orakel standen bis zum Untergang des antiken Heidentums in hohem Ansehen. Selbst das Christentum vermochte den Seherglauben nicht zu zerstören: im Gewerbe der Wahrsager und Hellseher haben sich die Reste des Sibyllentums bis zur Gegenwart erhalten. Die Parapsychologie spricht heute manchen dieser «Paragnosten» Fähigkeit zu echter außersinnlicher Wahrnehmung zu (Hanussen I, Kardos, Croiset). Von der anerkannten Wissenschaft wird dies jedoch bestritten und der Beweis für die Existenz einer ASW als nicht erbracht angesehen.

Obschon nüchtern Denkende seit Olims Zeiten stets Zweifel anmeldeten, hat sich der Glaube an außersinnliche Wahrnehmungen im Publikum bis dato wohlerhalten. Den alten Volksaberglauben schließlich zum «wissenschaftlichen Forschungsergebnis» zu erhöhen, blieb allerdings unserem Jahrhundert vorbehalten. Die Parapsychologie, so heißt es, habe in «vorurteilsloser wissenschaftlicher Untersuchung» mit modernsten Laboratoriumsmethoden die Existenz «rätselhafter paranormaler Informationen» («ASW») nachgewiesen (BENDER 1971). Mit Enthusiasmus hat die populärwissenschaftliche Presse das Massenpublikum mit den Resultaten des «wohl bedeutendsten Forschungsunternehmens der Menschheit» bekanntgemacht:

«An der Duke-Universität zu Durham gelang der entscheidende Schritt, der die parapsychologische Forschung für immer aus dem ‹Dunstkreis des Okkulten› befreien und sie – nach mehr als fünfzigjähriger Pionierarbeit zahlreicher Gelehrter in der Alten und der Neuen Welt – endlich hochschulreif machen sollte ... Hier wurden nicht nur die heute bereits als klassisch geltenden Experimente mit ASW-Karten durchgeführt. Hier – und das war das revolutionierend Neue – gelang es RHINE und seinen Mitarbeitern, die ersten streng quantitativen Beweise für die Existenz von Telepathie, Hellsehen und Präkognition zu erbringen... Diesen Tatsachen konnten sich nur noch ewig Unbelehrbare und Böswillige widersetzen« (KELLER).

Doch ist die Welt offenbar voller Böswilliger, denn bisher haben weder die Versuche von RHINE noch die seiner Geistesfreunde die wissenschaftliche Welt in irgend einer Weise beeindrucken können. Wie PROKOP (1973) zu entnehmen ist, wurden Einwendungen gegen die RHINEschen «Experimente» bereits vor 40 Jahren erhoben.

Die fehlerhaften Methoden Professor RHINEs

Rein rechnerisch schien die neue Methode zunächst bestechend: In massenhaft durchgeführten Versuchen wurden Freiwillige auf besondere «paranormale Fähigkeiten» getestet, indem sie aus einem Satz von 25 Spielkarten mit 5 verschiedenen Symbolen (Kreuz, Quadrat, Kreis, Stern, Wellenlinie) die nacheinander abgelegten Karten erraten sollten. Nach RHINEs Rechnung wäre dann im Normalfall pro Satz eine Trefferquote von 1:5 = 20% zu erwarten (Zufallsquote), eine höhere Erfolgsquote würde ASW demonstrieren. Da einige Probanden tatsächlich über dem Zufallswert liegende Trefferzahlen erzielten («signifikante Antizufallswahrscheinlichkeiten«), hält RHINE – und mit ihm die gesamte Parapsychologie – den Beweis für die Existenz einer außersinnlichen okkulten Wahrnehmung für erbracht («Psi»).

Nach diesen sensationellen Resultaten hätte man eigentlich die Nachricht erwarten dürfen, daß die dermaßen mit «Psi-Kraft» Begabten fortwährend durch «ASW» die großen Lose in Toto, Lotto und Kasino ziehen würden. Solches blieb jedoch aus, womit wir bereits beim ersten durchschlagenden Gegenargument wären (PRICE,

PFLEIDERER). Daß «Psi», die rätsel- und geheimnisvolle Kraft, sich nicht für den schnöden Mammon dieser Welt interessiere, wie Okkultisten gerne glauben machen möchten, diese Ausrede dürfte selbst bei Minderbegabten Mißtrauen erwecken – eine seltsame Geisteskraft, die ausgerechnet dann versagt, wenn es ums Geld geht! Genauso verhält es sich bekanntlich mit der Zahlungsfähigkeit von Kreditbetrügern bei Darlehensfälligkeit.

«Unbelehrbare» beharren aber auch noch auf folgenden Einwänden:

Die Kontrollmaßnahmen gegen Betrug der Versuchspersonen waren zu lax. Beispielsweise waren bei bestimmtem Lichteinfallwinkel die Kartensymbole zu erkennen (GUBISCH, HANSEL)

Wer garantiert, daß nicht auch die Experimentatoren betrogen? (PRICE)

Es kamen auch unbewußte Verfälschungen der Ergebnisse durch okkultbefangene Voreingenommenheit der Untersucher vor – und RHINE ist überzeugter Okkultist (GUBISCH). Zweifler erhielten meist negative Resultate (GARDNER)

Bei Anwesenheit der Versuchspersonen im selben Raum waren Wahrnehmungen durch unbewußtes Flüstern oder Muskellesen möglich (BASSIN und PLATONOV)

Negative Ergebnisse wurden nur auf «inoffiziellem Protokollblatt» verzeichnet – Verdacht der Materialselektion (PFLEIDERER, PROKOP 1973)

Die Versuchsreihen wurden sofort abgebrochen, wenn «Leistungsabfall» eintrat, d. h. sie wurden stets in der Hausse beendet – Verfälschung der Statistik (PFLEIDERER, PROKOP)

Die positiven Ergebnisse sind nur «Antizufallswahrscheinlichkeiten», wie sie auch bei zufälligen Verteilungen vorkommen – auch beim Roulette ist z. B. Rouge wider Erwarten schon 32mal hintereinander gekommen (BROWN)

Auch ein Idiot, der 25mal dieselbe Karte nennt, kann «überzufällige» Erfolge erzielen (PROKOP)

Was sollen überhaupt Reihenversuche, wenn die «mediale Begabung» von heute auf morgen verlorengehen kann, wie RHINE behauptet? (PROKOP)

Den Hauptfehler, der die gesamten «klassischen Experimente» als Meisterwerke der Kritiklosigkeit entlarvt, hat der Mathematiker TORNIER aufgedeckt. Danach ist es überhaupt Unsinn, «ASW» mit der Wahrscheinlichkeitsrechnung beweisen zu wollen. Schon der mathematische Ansatz ist verfehlt, der annimmt, die Wahrscheinlichkeit, daß das Kartensymbol richtig genannt wird, sei 1:5. Denn diese Annahme unterstellt dem Menschen das gleiche Gedächtnis wie das eines Würfels, nämlich überhaupt keines. Der Mensch ist aber beim Raten nicht unabhängig vom zuvor Genannten. Bestimmte Farben (rot) und Symbole (As, die Zahl 5) werden nach dem Gesetz der bevorzugten Reaktionen häufiger genannt als andere. Diese einfachen psychologischen Tatsachen sind längst bekannt, weshalb den Parapsychologen das Studium der einschlägigen Literatur (MARBE) wärmstens empfohlen sei.

Nach allem war die ganze Mühe umsonst! Dabei hätte einem schon die Logik sagen müssen, daß man aus Abweichungen von der Zufallsverteilung zwar auf alles Mögliche hätte schließen dürfen, nur eben nicht auf «Antizufall«. Die Wahrscheinlichkeitsrechnung setzt nun einmal den Begriff des Zufalls voraus, kann somit nicht dazu benutzt werden, denselben Zufall, ihren eigenen Inhalt, zu widerlegen. Ein einfacher Trugschluß also und betrübliche Unkenntnis der Psychologie standen am Anfang des «bedeutendsten Forschungsunternehmens der Menschheit». Wieviel öffentliche und andere Mittel hier verschwendet wurden, kann nur erahnt werden. Worauf es ankommt, ist die harte Feststellung TORNIERS:

> «Der Fall RHINE ist gänzlich erledigt, und man kann Gelehrte nur bedauern, die RHINE weiterhin zitieren oder gar nach seiner Methode unentwegt mit Aufwand teurer Apparate und viel Zeit stur sinnlose Zahlen produzieren. Die Parapsychologie bleibt also genau auf dem Stande, auf dem sie vor RHINE war, eine Sammlung mehr oder weniger glaubhafter Erlebnisberichte. Gegenstimmen können die Parapsychologen nun nicht mehr durch Berufung auf einen angeblichen wissenschaftlichen Existenzbeweis begegnen, es sei denn, sie wollten ihre mathematische Verständnislosigkeit öffentlich dokumentieren.«

Eigentlich könnten wir hier bereits abbrechen, denn was hiernach von der Parapsychologie noch bleibt, sind nur die sattsam bekannten abergläubischen Erzählungen, die einen der Gegenstände der Volkskunde und der Psychiatrie ausmachen. Aus psychohygienischen Gründen müssen wir jedoch noch auf einige praktische Aspekte von «ASW» eingehen. Wir tun dies um so lieber, als hier manches recht farbig und amüsant ist und lehrreiche Einblicke in die Psychologie des Aberglaubens gewährt. Vielfach sind Belange der Strafrechtspflege berührt. Der Grund ist der, daß die Parapsychologen von ihren «Medien» nicht lassen können und darum immer wieder zu absurden Folgerungen kommen, durch die uninformiertes Publikum beunruhigt wird.

Falsche Propheten

Neuen Auftrieb erhält vor allem das Wahrsagerunwesen durch die Vorstellungen «besonders begabter Sensitiver», denen sich angeblich kommende Ereignisse durch außersinnliche «Präkognition» schon in der Gegenwart offenbaren und dadurch Abergläubischen neues Gruseln einjagen.

Wie arglos, kann man hier nur sagen, denn längst steht fest, daß noch keiner der vielen Propheten, die uns seit dem Altertum mit ihren Weissagungen beglückt haben, einen Beweis für «paranormale» Fähigkeiten hat liefern können. «Die meisten berühmten Prophezeiungen sind Fälschungen» (DESSOIR). Wenn sie – selten genug – eintrafen, so gab es dafür allemal ganz natürliche Erklärungen.

Der wissenschaftliche Denkende lehnt schon prinzipiell parapsychologische Prophetie ab, da hierdurch das – allen Abergläubischen zum Trotz immer noch geltende – naturwissenschaftliche Kausalitätsprinzip außer Kraft gesetzt würde (PROKOP). Da hilft auch kein Verweis auf die moderne Atomphysik, «in der ja die Zeit auch rückwärts laufen» könne, so vorgebracht z. B. von KOESTLER, der auch sonst recht naive Analogien zwischen Mikrophysik und Parapsychologie zieht (bezeichnenderweise fehlen in seinem Literaturverzeichnis HUME, KANT und Max PLANCK).

Wie trotzdem immer wieder dem hoffnungslos veralteten Aberglauben akademischer Tribut gezollt wird, zeigen die durch die okkultistische Propaganda weithin bekannt gewordenen sog. Platzexperimente mit dem niederländischen «Paragnosten» Gerard Croiset. Angeblich kann dieser durch Präkognition voraussehen, wer bei einer zukünftigen öffentlichen Veranstaltung auf einem bestimmten Platz sitzen wird (BENDER 1971). Nach CONRAD (zitiert bei GUBISCH) handelt es sich aber nur um banale Schaubudenschlager, wie sie auf jeder Kirmes gezeigt werden. In der Tat erscheint die Absicht, hier wissenschaftliche Probleme sehen zu wollen, befremdlich. Wenn beispielsweise für einen Experimentalabend in Pirmasens «eine Dame, ungefähr 30 Jahre alt, mit weißer Bluse, die viel in ein rotes Gebäude mit Säulenträgern und hohen Stufen kommt», auf Platz Nr. 73 vorausgesagt wird, dann aber dort eine ganz andere Person sitzt, so wird kein objektiver Beobachter von «Identifizierung der Zielperson» sprechen. Anders BENDER. Wir stoßen hier auf die alten Mängel, die schon HELLWIG und PELZ rügten. Längst bekannte Fehlerquellen werden mißachtet: Damen von «ungefähr» 30 Jahren in weißen Blusen sieht man schließlich nicht ganz selten bei Abendveranstaltungen, und ein rotes Gebäude mit Säulenträgern und Stufen gibt es nur eines in Pirmasens: die Friedhofskapelle, die der schlaue «Paragnost» vor seinem Auftritt wohlweislich in der altbekannten Medienmanier erkundet haben wird. Somit: «Angeln», vage und mehrdeutige Angaben, geschicktes Einflechten örtlicher Konstanten großer Reichweite, Brustton medialer Überzeugung – und okkultistische Kritiklosigkeit, die schließlich auch aus dem Mißerfolg noch eine «paranormal bedeutsame Tatsache» konstruiert («Verkehrtlaufeffekt»).

Es sind die gleichen plumpen Tricks, die schon die Wahrsager des Altertums benutzten, um einfältige Wundergläubige zu verblüffen. Jeder Gebildete kennt die Vieldeutigkeit antiker Orakelsprüche, die oft genug den Täuschungszweck verraten. Wenn die Pythia von Delphi des Kroisos Frage nach seinen Kriegsaussichten gegen die Perser mit dem Spruch beantwortet, er werde ein großes Reich zerstören, so ist die Absicht durchsichtig: Wer auch immer Sieger sein wird, die Prophezeiung wird auf jeden Fall stimmen. Nur Parapsychologen blieb es vorbehalten, der Anekdotensammlung HERODOTs, den schon PLINIUS sec. als «König der Lügner» bezeichnete, das «erste parapsychologische Experiment» zu entnehmen und der Pythia «echte Psi-Leistungen» zu attestieren (BENDER 1971). Dabei ist gerade diese berühmteste Prophetin des Altertums wiederholt zu politischen Zwecken bestochen worden, wie ROUX mitteilt. «Kümmert euch nicht um die Orakel des klarischen, pythischen, didymeischen Apollon, um Amphilochos und den anderen Zaubertrug, sowie um die Bauchredner!», riet CLEMENS von ALEXANDRIA seiner Gemeinde, denn er hatte bereits erkannt, was modernen Okkultisten bis heute nicht beigebracht werden konnte, daß nämlich die Wurzel des ganzen Orakel- und Prophetenwesens im heidnischen Mystizismus liegt. Wie ZUCKER mit Recht ausführt, wurden die Sprüche der Seher damals gar nicht als Weissagungen in unserem Sinne aufgefaßt, sondern als Weisungen der Götter selbst, die, durch Priester vermittelt, sämtliche Lebensbelange des mystisch verstandenen Gemeinwesens regeln sollten; zu diesem Zweck mußten sie natürlich äußerlich vieldeutig (symbolisch) sein. Hieraus erhellt, wie verfehlt es ist, mit den Parapsychologen die willkürliche Ausnutzung solcher Zukunftsschau durch Jahrmarktswahrsager und Kartenleserinnen historisch begründen zu wollen (vgl. MOSER, BENDER 1971). «Denn eine Entartung oder Verirrung stellt dieser Wunsch dar, von einer Möglichkeit, welche ursprünglich ganz anderen Zwecken der Gemeinschaft diente, einen persönlichen, und dazu noch mißverstandenen Gebrauch zu machen» (ZUCKER).

Aber das Bedürfnis des ängstlichen Menschen, den undurchdringlichen Schleier der Zukunft zu lüften, ist stärker denn alle Vernunft. Und darum blüht das Geschäft der falschen Propheten allezeit und allerorten, obschon doch ein Blick in die Geschichte die Haltlosigkeit all ihrer Verkündungen erkennen läßt. Abgesehen von den nachweislich betrügerisch post festum fabrizierten Weissagungen – beispielsweise stammen die angeblich 1306 verkündeten Lehninschen Prophezeiungen aus dem Jahre 1685 – ist es immer wieder der Zufall, der den Propheten zu Hilfe kommt. «Ein unheilverkündender Komet hat immer recht, denn es gibt kein Jahr ohne Kriege, Erdbeben und Seuchen» (BAERWALD). Und was die «exakten Vorhersagen» des ersten Weltkriegs betrifft, so wäre es viel erstaunlicher gewesen, wenn dieser *nicht* vorausgesehen worden wäre. Es gehört schließlich keine besondere Gabe dazu, bei schlechtem Geschäftsgang eine Pleite und bei Ehezank eine Scheidung vorauszusagen. Die unzähligen Fehlprognosen aber, die sich die Propheten zu allen Zeiten geleistet haben, unterfallen dem psychologischen Gesetz, das schon KEPLER definierte: »Das Fehlgehen der Vorhersagungen vergißt man, weil es nichts Besonderes ist; das Eintreffen aber behält man nach der Weiber Art». Den ganzen albernen Unfug des Prophetenunwesens hat schon RABELAIS in seiner trefflichen Art verhöhnt. So lautete seine eigene Zukunftsprognose:

«In diesem Jahr werden die Blinden wenig sehen, den Tauben das Gehör blutsauer werden, die Stummen aber meist stille schweigen, die Reichen sich etwas besser gehaben als die Armen und die Gesunden besser denn die Kranken und die den Durchfall haben, die werden häufig zu Stuhle gehen.»

Das Zweite Gesicht und die Träumer

Zu den Tricks der Pseudopropheten und den rettenden Zufällen treten – wie auch sonst im Aberglauben – gewisse psychologische Besonderheiten, die den Präkognitionsglauben immer wieder wachrufen und – halten. In keinem parapsychologischen Lehrbuch, das etwas auf sich hält, fehlt der Hinweis auf das «Zweite Gesicht» der Spökenkieker, jene unheimlich sein sollende «Gabe», mitten im Wachen plötzlich Ereignisse der Zukunft fern- und vorschauend wie mit leiblichem Auge wahrzunehmen, Tod und Brand im voraus zu wittern und – o Graus! – sich selbst und andere schon zu Lebzeiten im Sarge liegen zu sehen, vorschriftsmäßig mit dem Leichenhemd bekleidet. ZUR BONSEN beschreibt uns einen dieser Vorschauer, und man fühlt förmlich, wie er abergläubisch erschauert:

Hast du schon mal einen solchen, mit allen Fasern seines engen Daseins in der Scholle der roten Erde wurzelnden Mann da draußen beobachtet auf einsamer Flur? Hast du gesehen, wie er, auf einen Schüppenstab gelehnt, inmitten seiner weidenden Herde wie versonnen in die Ferne starrt und seinen Blick an den Horizont heftet, wo über Busch und Baum der Kirchtum seines Heimatdorfes in den dämmernden Abend emporragt? Da steht der Schäfer wie im Traum, er schaut die Schlacht am Birkenbaum ... Wo die Scholle noch den Geist der Vorzeit atmet, weit hinten in den waldgrünen Bergen des Sauerlandes, im Heidewinkel des Münsterlandes, in der weltfernen Dorf- und Bauernhütte: da geht der eigentliche Spökenkieker heute noch um wie in der Väter Tagen.»

Geheimnisvoll ist daran überhaupt nichts. Seit SCHMEINGS Untersuchungen weiß man, daß die Vorschauer sog. Eidetiker sind, die subjektive Anschauungsbilder in die reale Welt projizieren. Die Psychopathologie klassifiziert diese Erscheinung als Halluzinationen, und es ist nützlich, sich deren klassische Definition durch JASPERS zu vergegenwärtigen: «Leibhaftige Trugwahrnehmungen, die nicht aus realen Wahrnehmungen durch Umbildung, sondern völlig neu entstanden sind, und die neben und gleichzeitig mit realen Wahrnehmungen auftreten.» Von ASW also keine Spur. Die okkultistischen Versuche, in den «Vorgesichten» der Spökenkieker einen «wahren Kern» echter Präkognition zu entdecken («An Vorspook glöw ich woll, man nich an Nahspook»), demonstrieren also allenfalls die Unwissenheit ihrer Urheber. Der Spökenkieker sieht nur markante Ereignisse und Bilder seiner dörflichen Umgebung wie Geburt, Taufe, Hochzeit, Tod, Beerdigung, Krieg und Brand, also nur Dinge, die er sich selbst vorstellen kann. Es ist keine «Zweite Wirklichkeit» (PEUCKERT), die da hereinscheint, sondern ganz handfestes bäuerliches Erdendasein. Der Spökenkieker ist bloß ein Träumer im Wachen.

Auch der Träumer im Schlaf sieht ja gelegentlich «in die Zukunft». Aber da ein Traum selbst zu seiner Erfüllung beitragen kann und im übrigen Erinnerungstäuschungen und Zufall nie auszuschließen sind, wird es immer ein eitles Bemühen bleiben, die angebliche real-prophetische Kraft der Träume nachzuweisen. Schon S. FREUD hat dies bemerkt. Damit die Dinge nicht in Vergessenheit geraten, in der moderne Okkultadepten sie am liebsten sehen möchten, seien FREUDs einschlägige Darlegungen hier wörtlich wiedergegeben:

«Ich meine, wenn man die Unzuverlässigkeit, Leichtgläubigkeit und Unglaubwürdigkeit der meisten Berichte zusammenhält mit der Möglichkeit affektiv erleichterter Erinnerungstäuschungen und der Notwendigkeit einzelner Zufallstreffer, darf man erwarten, daß sich der Spuk der prophetischen Wahrträume in ein Nichts auflösen wird.»

Telepathie

Daß Parapsychologen sich auch in der Frage der sog. Telepathie (Gedankenübertragung) zu Unrecht auf Freud berufen, ergibt sich beim Studium der von parapsychologischer Seite nicht erwähnten Stellen. Entgegen BENDER (1971) hält Freud nirgends Telepathie für bewiesen; er lehnt es im Gegenteil ausdrücklich ab, zur Frage der Realität telepathischer Phänomene Stellung zu nehmen, und versichert, er habe weder bei sich selbst noch bei seinen Patienten während seiner 27jährigen Tätigkeit als Analytiker einen richtigen telepathischen Traum erlebt.

Wie immer wieder die Öffentlichkeit durch okkultistische Behauptungen von angeblich gelungenen Beweisen fehlinformiert wird, zeigt gerade das Beispiel Telepathie. Nachdem die Versuche, Gedankenübertragung wissenschaftlich einwandfrei zu beweisen, ständig auf die Skepsis der Wissenschaftler gestoßen waren, berichteten BENDER (1971) und ihm folgend andere, daß sowjetische Forscher, so vor allem der Leningrader Physiologe WASSILIEW, in Versuchen über weite Entfernungen Gedanken erfolgreich übertragen hätten. Was davon zu halten ist, geht aus dem Resumée des russischen Akademiemitglieds KOLGOMOROW hervor, das diese Versuche abschließend folgendermaßen würdigt:

«Dem breiten Leserkreis muß klar gesagt werden, daß es keinen einzigen Fall gibt, in dem die Fernübermittlung eines Gedankens oder eines Bildes völlig überzeugend festgestellt worden wäre.»
(bei BASSIN und PLATONOV).

Mit anderen Worten: Die Versuchsbedingungen waren wiederum nicht exakt genug gewesen – auch in Rußland gibt es eben Okkultisten. Das einzige Kontrollexperiment, das allen Bedingungen genügte – es wurde bezeichnenderweise nicht von Parapsychologen, sondern von Journalisten vorgenommen – endete mit einem Mißerfolg. Der «Telepath» Kamenski hatte versucht, ausgeloste Bilder «in Gedanken» von Moskau nach Kertsch an den «Empfänger» Nikolajew zu «senden». Und so sahen die Ergebnisse aus:

Gesendet:	Empfangen:
Bleikabel	Kühlventilator
Radiergummi	Porzellanschälchen
Modell eines Kutters	Sektkorken
Aluminiumplatte	Sägeblatt
Jubiläumsrubel	Modell eines Kutters
Beil	Spielsoldat
Schuhsohle	Bleikabel
Kugelschreiber	Puppenbein
Eßlöffel	Kondensator

Ein Mißerfolg zu 100 Prozent also – wie immer im Okkultismus, wenn Mogeln ausgeschlossen ist. Die «Forschungen» WASSILIEWs sind im übrigen längst durch BIRJUKOV als abergläubische Plundersammlung im Stil des vorigen Jahrhunderts entlarvt worden, wie PROKOP (1966) nachweist. Unter anderem hatte sich WASSILIEW dazu hinreißen lassen, Gedankenübertragung von Mensch zu Tier für bewiesen anzusehen, nur weil er sich die Dressuren einiger Jahrmarktskünstler nicht erklären konnte. Ähnlich war ja schon RHINE auf ein «rechnendes» Pferd hereingefallen. In Europa, wo solche Kunststückchen seit langem bekannt sind (vgl. Abb. 16), kann jedes Kind mit solchen «Gedankenübertragungen» aufwarten. Erst kürzlich sahen wir einen Hund, der jedesmal schmerzlich aufheulte, wenn sein Herr ihm Namen besonders verhaßter Politiker nannte. Natürlich wurden die Reizworte mit besonderem Tonfall gesprochen, auf den das Tier in spezifischer Weise zu reagieren gewohnt war. Anders müßte man annehmen, daß die Gedanken von Mensch und Hund identisch sind, was aber bisher nicht einmal die abergläubischsten Psi-Forscher zu behaupten wagten.

Daß es mit dem wissenschaftlichen Beweis der angeblichen Telepathie bis heute hapert, liegt einfach an den vielen Fehlerquellen, die

Abb. 16: Morocco, ein «rechnendes» Pferd des 17. Jahrhunderts (England). Einfacher Dressurakt, von den damaligen Abergläubischen für Teufelswerk gehalten. Zeitgenössischer Kupferstich.

die sog. Spontanfälle jedesmal in Nichts zergehen lassen. Psychopathologie und Kriminalistik sind damit seit jeher vertraut. Mit etwas Reflexion kann jeder die «telepathischen Erlebnisse» an sich selbst beobachten und analysieren; der «unerklärliche Rest» löst sich dann regelmäßig in ganz natürliche Phänomene auf.

Nehmen wir ein typisches Beispiel. Jemand, der soeben eine neue Stellung angetreten hat, erklärt der ihm zugeteilten Sekretärin, daß er seine Akten täglich aufzuarbeiten suche, bis auf eine, die er für den nächsten Tag übrig lasse. Während er noch spricht, fällt ihm ein, daß ja sein verstorbener Vorgänger es genau so zu halten pflegte, und er spricht diesen Gedanken auch aus. Sofort wird er gefragt, ob er denn Gedanken lesen könne – denselben Gedanken hat die Gesprächspartnerin soeben auch gehabt.

Die Lösung ist natürlich einfach. Die geschilderte Arbeitsweise war für den Verstorbenen so charakteristisch gewesen, daß sich allen, die ihn gekannt hatten, die Ähnlichkeitsassoziation sofort aufdrängen mußte. Ein solches gemeinsames Schlüsselerlebnis kann aber auch in einer unbewußten oder vergessenen Wahrnehmung enthalten sein, die sich dann der Vergegenwärtigung entzieht («jamais vu») und so den Eindruck einer rätselhaften Übereinstimmung hervorruft. Gemeinsame Interessen und enge Lebensgemeinschaften werden solche Koinzidenzen häufiger als sonst bewirken. Verreisen z. B. Ehepartner gern ans Meer, so werden sie bei allen möglichen synchronen Wahrnehmungen, die mit Wasser, Wellen, Strand, Sonne, Fischen usw. zu tun haben, auch ähnliche Assoziationen haben. Da der Laie sich über diese Zusammenhänge keine Rechenschaft gibt, ist er über das Zusammentreffen jedesmal überrascht, es erscheint ihm auffällig und wunderbar.

Die Überbewertung zufällig gleichzeitiger Ereignisse liegt ja dem Aberglauben überhaupt wesentlich zugrunde. Wie bei den Naturvölkern, denen alles aus geheimnisvollen okkulten Ursachen, nichts aus Zufall geschieht, bringt der Abergläubische ihm auffällige synchrone Begebenheiten in einen Zusammenhang, der für ihn etwas «bedeutet». Er spricht, als ob 500 Jahre Naturwissenschaft ausgelöscht wären, von «sinnvollem Zufall» (Definition bei BENDER 1973), wenn z. B. ein Kognakglas zerspringt und einige Tage später die Nachricht vom Tode des Erbonkels eintrifft. Genau so dachten die alten Babylonier, die glaubten, das Urinieren eines gelben Hundes im Tempel bedeute Todesfälle durch Flutkatastrophen. Die Erkenntnis, daß auf der Erde jeden Tag viele Menschen sterben und deshalb ein Zusammentreffen mit einem anderen Ereignis immer möglich ist, ist eben dem magisch-primitiv Fühlenden verschlossen. Wir sehen hier denselben Mechanismus, wie ihn die Psychiatrie seit langem im Wahndenken des Geisteskranken kennt: ein Beziehungsetzen ohne Anlaß. «Der Aberglaube ist gleichsam der normale Wahn», sagte JASPERS.

Eine wesentliche Rolle spielen auch die Erinnerungstäuschungen, denen nicht nur Kranke unterliegen. Bei der Reproduktion eines Erlebnisses ist es nicht immer leicht, die genaue zeitliche Reihenfolge des Geschehenen zu bestimmen; nach Vergiftungen (Alkohol) oder Ermüdung kommt es gelegentlich zu regelrechten Gedächtnisentstellungen (Paramnesien) in Form von Zeitvertauschungen:

Reihenfolge der Ereignisse	1–2–3
Reproduktion	2–1–3

Neben dem schon erwähnten Phänomen des «jamais vu» darf das Gegenstück des «déjà vu» nicht vergessen werden. An einem noch nie besuchten Ort glaubt man: «Da warst du doch schon einmal» oder «Das hast du doch schon einmal erlebt». Das kommt vor bei Schizophrenie, bei Alkoholisten, oder einfach bei Ermüdung. Solche Erinnerungsillusionen («fausse reconnaissance») sind dem Kriminalisten längst vertraut, da sie zu den gefährlichen Justizirrtümern durch Falschidentifizierungen führen können (vgl. ALTAVILLA). Es muß deshalb dringend davor gewarnt werden, an das Studium der «telepathischen Phänomene» wie es bisher offenbar geschehen, ohne kriminalistische Kenntnisse heranzugehen. Arbeitet man die von den Parapsychologen berichteten «echten» Fälle nach den genannten Kriterien durch, so stößt man immer wieder auf eine oder mehrere dieser natürlichen Täuschungsquellen. Es kann deshalb keine Rede davon sein, daß Telepathie erwiesen sei, wie die Parapsychologen behaupten. BASSIN und PLATONOV haben recht: Eine wirkliche Gedankenübertragung ist bisher noch nie gezeigt worden. Noch sind wir nicht so weit, daß uns der Große Bruder direkt ins Gehirn hineindenken kann.

Hellsehen

Das dunkle Kapitel vom Hellsehen eröffnen Parapsychologen gern mit dem angeblichen «Brandgesicht» des berühmten Okkultisten SWEDENBORG, des Erzphantasten unter allen Phantasten, wie KANT ihn nannte. In der Tat ist die Episode höchst aufschlußreich, vermittelt sie doch interessante Einblicke in die Art und Weise, wie Parapsychologen mit Quellen umgehen. Diesmal ist es KANT, der als Kronzeuge für «Psi» herhalten soll. Er hatte in einem Brief an seine Freundin v. KNOBLOCH eine Erzählung von einer Vision SWEDENBORGs wiedergegeben, die dieser in Gotenburg von einem gleichzeitig in Stockholm wütenden Brand gehabt haben wollte. Obwohl KANT damals betonte, daß er noch kein Urteil «über diese schlüpfrige Sache» habe, erweckt BENDER (1971) den Anschein des Gegenteils, indem er aus dem Brief lediglich zwei Sätze herausgreift, aus denen ein unbefangener Leser auf eine Okkultgläubigkeit KANTs schließen muß. Ähnlich selektiv verfährt C. G. JUNG. Dabei läßt sich kaum ein größerer Mißgriff denken, als ausgerechnet KANT für abergläubisch halten zu wollen. Was der große Philosoph von den Gesichten SWEDENBORGs in Wahrheit hielt, hat er nämlich später mit grober Deutlichkeit gesagt:

«Das große Werk dieses Schriftstellers enthält acht Quartbände voll Unsinn ...

Folgende Erzählungen haben keine andere Gewährleistung als die gemeine Sage, deren Beweis sehr mißlich ist ... Ich bin es müde, die wilden Hirngespinste des ärgsten Schwärmers unter allen zu kopieren. Die unmittelbaren Anschauungen sind mehrenteils von mir weggelassen worden, weil dergleichen wilde Hirngespinste nur den Nachtschlaf des Lesers stören würden ... Gleichwohl ist es nur umsonst, es verhehlen zu wollen, weil es jedermann doch so in die Augen fällt, daß alle diese Arbeit am Ende auf nichts hinauslaufe ... Daher verdenke ich es dem Leser keineswegs, wenn er, anstatt die Geisterseher für Halbbürger der anderen Welt anzusehen, sie kurz und gut als Kandidaten des Hospitals abfertigt und sich dadurch alles weiteren Nachforschens überhebt» (Träume eines Geistersehers).

Warum wohl verschweigen uns die Parapsychologen diese Sätze? Zugegeben, sie sind für den prominenten Gewährsmann recht peinlich. Aber wissenschaftliche Objektivität hätte hier erfordert, sich der üblichen Zitierweise zu befleißigen und den Leser so vollständig zu unterrichten, daß er sich eine ausreichende Grundlage für seine Überzeugungsbildung verschaffen kann.

Das Beispiel, das keineswegs allein steht, zeigt, wie vorsichtig man okkultistischen Berichten gegenüber sein muß. Schon LEHMANN und PROKOP (1973) haben auf die Literaturselektionen in der Parapsychologie, mit denen Gegenstimmen einfach unterschlagen werden, hingewiesen. So überrascht es denn auch nicht, wenn in okkultistischen Büchern unter dem Stichwort SWEDENBORG jeder Hinweis auf dessen geistige Erkrankung fehlt. Dabei ist heute unter Psychiatern unstreitig, daß der große Seher an Schizophrenie gelitten hat; schon als 12-jähriger Knabe hatte er entdeckt, daß seine Gedanken eine «wunderbare Klarheit» bekamen, wenn er seinen Atem anhielt (LEHMANN). Dies zu erwähnen ist wichtig, nicht nur weil es zeigt, daß KANT die enge Beziehung zwischen Okkultismus und Geistesstörung ganz richtig gesehen hat, sondern auch deshalb, weil es die Gefahren der abergläubischen «Übungen» deutlich macht – wie mancher Okkultadept hat nicht seine durch Kohlendioxydvergiftung des Gehirns bewirkten «Erleuchtungen» schließlich mit völliger Verblödung bezahlen müssen! Man denke nur an das warnende Exempel des schizophrenen Okkultforschers STAUDENMAIER, der Halluzinationen regelrecht einübte, bis er am hellichten Tag Teufel und Geister sah:

«In dieser Beziehung fürchte ich besonders den Bock- und Pferdefuß. Mein Bockfuß kann den Dickdarm in der verschiedensten Weise biegen und winden und in der Lage verändern. Wenn es ihm zu langweilig wird, dann dreht er z. B. an einer genau in der Mitte des Colon transversum oberhalb der Nabelgegend liegenden Stelle, wie ich es zeitweilig ganz scharf fühle, kleine rundliche Exkremente, von der Form derjenigen eines Geißbocks ...»

Nicht alle «Seher» sind geisteskrank. Die meisten dürften vielmehr resolute Betrüger sein, die Abergläubischen mit gutem finanziellen Erfolg «ASW» vorspiegeln, einige sogar wohlversehen mit parapsychologischem Positivattest, auf das sie sich dann bei kriminalpolizeilichem Zugriff gerne berufen, um ihren angeblichen guten Glauben darzutun. Wir wollen hier die – durchaus aktuelle – Frage nicht entscheiden, ob solche Gutachter zu Opfern oder zu Mitspielern gehören. Tatsache ist jedenfalls, daß bis jetzt noch kein einziger «Paragnost» echte hellseherische Fähigkeiten demonstriert hat. Dagegen ist eine ganze Reihe bekannter «Hellseher» des Betruges überführt worden, wie man bei GUBISCH, HELLWIG, PELZ, PROKOP und SCHÄFER nachlesen kann. Die Tricks mit denen die Gläubigen hereingelegt werden, lernen wir vor allem von den sog. Bühnenhellsehern. Folgendermaßen arbeitete Hermann Steinschneider, als «Hellseher Hanussen» der Fürst der Okkultbetrüger nach dem ersten Weltkrieg, auch er mit parapsychologischem Befähigungsnachweis ausgestattet, nach der Schilderung seines Komplizen:

«Wir kamen auf eine wunderbare Vereinfachung unseres Hellsehschwindels, indem wir in das Programm zwei Pausen einschalteten. Am Ende des ersten Teiles machte Hanussen die Zuschauer auf seine Hellsehproduktion aufmerksam und forderte sie auf, Zettel mit Daten interessanter Ereignisse aus ihrem Leben mir, seinem Sekretär, in den kommenden Pausen abzugeben. Ich begann auch sofort in der ersten Pause mit dem Einsammeln, wobei ich natürlich von den Fragestellern nach der Art des Niederschreibens der Daten befragt wurde. Bei dieser Gelegenheit war es nicht schwer, die Leute nach dem Ereignis selbst auszufragen, was natürlich auf geschickte Art vor sich gehen mußte ... Für gewöhnlich bekam ich in der ersten Pause etwa zwanzig Zettel ausgehändigt. Wenn man bedenkt, daß wir für das sog. Hellsehen nur vier bis fünf Fälle überhaupt benötigten, so wird man einsehen, daß es nicht schwer war, diese Anzahl zusammenzubekommen. Wenn dann der zweite Teil des Abends begann, dann verschwand ich aus dem Saale und schrieb, gewöhnlich auf dem Klosett, auf ein kleines Zettelchen die mir bekannt gewordenen Hellsehfälle nieder. Zum Beispiel: «Schmidt, 3. Februar 1924, Essen, Mord an der Schwester, Schuß durch die Lunge, Täter bis heute nicht gefunden.» Oder: «Peter, 2. März 1901, Hamborn, Geburt, Mutter dabei gestorben.» Diesen Zettel praktizierte ich dann in die Manteltasche des Hanussen, gewöhnlich in einer Streichholzschachtel versteckt, nachdem ich mich von rückwärts in das Künstlerzimmer geschlichen hatte. Hanussen hatte nun nichts anderes zu tun, als den Inhalt meines Zettels in der zweiten Pause, deren Zweck nunmehr einleuchtet, auswendig zu lernen, und dann beim «Hellsehen» hellseherisch und recht dramatisch die einzelnen Ereignisse zu schildern» (aus den Akten zit. bei PELZ 1952).

Zetteltricks sind noch heute in der Mentalmagie sehr beliebt. Gleichwohl halten Abergläubische immer wieder primitive Kunststückchen wie das Lesen verschlossener Zettel und dergleichen für ASW-Phänomene. Solche Darbietungen sind jedoch meist nur Köder für die anschließende private «mediale Beratung». Hier macht der Hellsehbetrüger seine eigentliche Beute, indem er sich für wertlose «paranormale Auskünfte» honorieren läßt. Nachdem von parapsychologischer Seite mit der ständig wiederholten Behauptung vom gelungenen ASW-Beweis auch der Hellseherei eine «wissenschaftliche» Stütze zu teil wurde, verwundert es nicht, wenn wir heute diesen Aberglauben weiter denn je verbreitet finden. Hanussen hat inzwischen bereits zwei Namensnachfolger gezeitigt – beide traten als «Hanussen II» auf, beide wurden als Betrüger verurteilt –, und in der Reihe ist kein Ende abzusehen, wie die Liste bei BYHAN und WOLF zeigt. Nach wie vor wird den Scharlatanen durch parawissenschaftliche Gutachten «mediale Begabung» zugesprochen; Hellsehen sollte sogar schon als Beweismittel vor Gericht zugelassen werden (Nachweis bei PROKOP 1973).

Welche Gefahren uns hier drohen, lehrt schon ein flüchtiger Blick in die Kriminalgeschichte. Die sog. Kriminaltelepathie, wie die angebliche Verbrechensaufklärung durch «mediale Detektive» vulgo «Hellseher» genannt zu werden pflegt, ist doch schon von HELLWIG endgültig ins Kuriositätenkabinett des Aberglaubens verbannt worden. Die von interessierten Okkultisten immer wieder aufgestellten Behauptungen, dieser wie jener Kriminalfall sei durch «Hellseher» gelöst worden, sind durch Nachfrage bei den Polizeien des In- und Auslands jedesmal Lügen gestraft worden. Noch kein einziges Verbrechen ist durch ASW geklärt worden. Von den 300 «Hellsehern» beispielsweise, die im Falle des bekannten Düsseldorfer Lustmörders Kürten den Täter durch ASW entdeckt haben wollten, hat kein einziger einen brauchbaren Hinweis liefern können; die von STEINER und GAY gesammelten «Auskünfte» dieser ganz besonderen Detektive lesen sich wie irrsinniges Geschwätz. Hier einige Proben:

«Der Mörder lebt nicht mehr!! Seit cirka 6 bis 8 Tagen ist jede Ausstrahlung in seiner Handschriftenvorlage verschwunden.»

«Der Mörder ist ohne Zweifel ein kleiner Beamter in einem unscheinbaren Unternehmen ...»

«Der Mörder geht in Frauenkleidung herum, wenn er sich Opfer sucht.»

«Eine Person, die im Geheimdienst der Düsseldorfer Polizei tätig ist.»

«Da ich teilweise mit 6. Sinn behaftet bin, hatte ich letzthin eine – wie soll ich sagen – eine Vision von Namen, und zwar die Namen ...» (alle falsch).

«Ich sah den Namen des Mörders am Himmel, einen Stern nach dem anderen, bis der Name ganz vollständig war, in einer kleinen zierlichen Druckschrift» (folgt falscher Name).

«Zur Ermittlung des Mörders brauche ich einen Totenkopf ...»

Und was von den angeblichen kriminaltelepathischen Fähigkeiten (TENHAEFF) des holländischen «Paragnosten» Croiset zu halten ist, geht aus der bei GUBISCH abgedruckten offiziellen Stellungnahme von Interpol Den Haag vom 21. 11. 1957 hervor. Danach lehnt die niederländische Polizei jede Zusammenarbeit mit «Paragnosten» ab. Der Kriminalist BRINK, der die umtriebigsten Kriminalhellseher Hollands im Rahmen einer Dissertation testete, kam zu dem Schluß, daß das praktische Hellsehen im Interesse der Volksgesundheit verboten werden müsse. Warum, das macht der bekannte Kriminalist und Strafrechtslehrer GRASSBERGER deutlich, damit zugleich ein vernichtendes Urteil über die gesamte Parapsychologie fällend:

«Absolut unzulässig ist es, wenn in Strafsachen die Aufklärung durch Personen mit angeblich medialer Begabung gesucht wird. Hieraus entstehen schwere Gefahren für die Wahrheitsermittlung. Über dem Glauben an ihre Wunderkraft setzt nur zu oft die Kritik an ihrer Leistung völlig aus. Dazu kommt noch, daß das Vertrauen auf den Hellseher meist einem viel allgemeineren Streben entspringt, die systematische Denkarbeit durch Zauberformeln zu ersetzen. Der auf den Okkultisten Vertrauende ist daher fast durchwegs von Haus aus ein unzuverlässiger Zeuge, der vielfachen Täuschungen unterliegt ... Damit ist für alle okkulten Phänomene, die angeblich nur von begnadeten Einzelpersonen mit medialer Begabung erfaßt werden können, im Strafverfahren kein Platz.»

Wir fügen hinzu: ebensowenig in anderen Verfahren, in denen es um die Feststellung von Wahrheit und Gerechtigkeit geht. Im Strafprozeß sind natürlich die Gefahren am augenfälligsten – schon allzuoft wurden von gewissenlosen «Hellsehern» völlig Unschuldige mir nichts, dir nichts schwerster Verbrechen bezichtigt. Der letzte einschlägige Bericht, wonach der erwähnte Parapsychologenschützling Croiset einen harmlosen Bürger als Mitwisser eines Mordes «sah» und dieser daraufhin durch die Söhne des Ermordeten mißhandelt wurde, ist uns noch frisch im Gedächtnis (PROKOP 1975).

Wenn man bedenkt, daß HELLWIG bereits 1929 nach eingehenden Untersuchungen die Gemeingefährlichkeit der Kriminaltelepathie festgestellt hat und ihre Anwendung in der Strafrechtspflege ausdrücklich als unverantwortlich bezeichnete, so erscheint die jetzige Situation grotesk. Daß die Parapsychologie hier noch nicht einmal den Wissensstand des 16. Jahrhunderts erreicht hat, zeigt ein Blick in das Strafgesetzbuch Karls V. von 1532, wo die Kriminaltelepathie wegen ihrer Gefährlichkeit mit peinlicher Strafe bedroht wird:

«Item es soll auch auff der anzeygen, die auß zauberei oder anderen künsten, warzusagen sich anmassen, niemants zu gefencknuß oder peinlicher frag angenommen, Sonder die selben angemasten warsäger und ankläger sollen darumb gestrafft werden.» (Art. 21 Carolina).

Wir kennen heute die geistigen Vorfahren der ASW-Denunzianten sehr gut. Es sind die berüchtigten «Hexenfinder», die «hellsichtig» jede «Hexe» im Ort aufspürten und sich dafür aus dem Vermögen der Hingerichteten reich belohnen ließen. Im Mittelalter rühmten sich vor allem die Henker solcher «Fähigkeiten». So sagte man dem Scharfrichter Abriel von Schongau die wunderbare Gabe nach, es jeder Frau an-

Abb. 17/ Die Kriminaltelepathin GÜNTHER-GEFFERS bei der «Aufklärung» eines Mordes. Deutschland. Aus: HELLWIG, Okkultismus und Verbrechen.

zusehen, ob sie eine Hexe war. Infolgedessen durfte er z. B. im Jahre 1590 an 7 Malefizrechtstagen glücklich gleich 50 Frauen verbrennen, wie SCHUHMANN mitteilt. Solche «Paragnosten», deren einzige Fähigkeit in der Kunst bestand, aus Blut Gold zu machen, meinte der große englische Skeptiker GIFFORD, als er 1593 zornig schrieb: «Sie bezichtigen oft Unschuldige der Hexerei ... Ich wünschte, sie würden alle miteinander aufgehängt.»

Hexenfinden durch «Hellsehen» ist Brauch bei fast allen Primitivvölkern. In Afrika besteht darin sogar die Hauptaufgabe des Wahrsagers (MAIR). Im Grunde ist jeder Hexenbanner ein Kriminaltelepath – im Zauberspiegel, im Kristall, im Uringlas oder auch im Kuhfladen «sieht» er das Gesicht der «Hexe». Und wie Croiset, so sucht auch der Medizinmann bei den Kaffern «außersinnlich» die Richtung, in welcher der Schuldige oder der verlorene Gegenstand zu suchen ist

Abb. 18: Abessinischer Kriminaltelepath bei der «Suche» nach einem Dieb. Afrika.
Aus: HELLWIG, Okkultismus und Verbrechen.

(Nachweise bei WIMMER). Selbst die Gesten sind ähnlich, wie unsere Abbildungen 17 und 18 zeigen. Es ist die graue Frühzeit des Menschengeschlechts, die hier – wie auch sonst im Okkultismus – wieder vor uns aufersteht.

Eine recht ungemütliche Zeit, in der von der Laune des Dorfwahrsagers Tod oder Leben abhingen! Inzwischen hat uns die moderne Kriminalistik mit ihrem streng naturwissenschaftlichen Beweisdenken mehr Sicherheit vor falschen Beschuldigungen gebracht. Angesichts der nun nicht mehr mit Aussicht auf Nachsicht zu leugnenden Tatsachen kann der okkultistische Ruf nach jenen alten Verleumdern, den Hellsehern, nur noch als verbrecherisch bezeichnet werden. Da hier mit der Rechtssicherheit eines der kostbarsten Güter der Allgemeinheit auf dem Spiel steht, sind wir verpflichtet, diese Feststellung mit harter Klarheit zu treffen.

Wir haben einen Streifzug unternommen, um vielleicht irgendwo ein Fünkchen eines exakten Beweises für «außersinnliche» Wahrnehmung zu erhaschen. Es erging uns wie KANT mit den Geistersehern: Wir fanden – wie gemeiniglich, wo man nichts zu suchen hat – nichts. Die «besondere Begabung» existiert nur in der Einbildung oder Vorspiegelung ihrer Verkünder. «ASW» ist und bleibt Chimäre, wie all die anderen Hirngespinste des okkultistischen Aberglaubens.

Literatur

ALTAVILLA, E.: Forensische Psychologie
Styria Verlag, Graz (1955)

BAERWALD, R.: Okkultismus und Spiritismus und ihre weltanschaulichen Folgerungen
Deutsche Buchgemeinschaft, Berlin (1926)

BASSIN, F., und PLATONOV, K.: Verborgene Reserven des höheren Nervensystems
Hippokrates Verlag, Stuttgart (1973)

BENDER, H.: Unser sechster Sinn
Deutsche Verlagsanstalt, Stuttgart (1971)

BENDER, H.: Von sinnvollen Zufällen
Zeitschr. Parapsychol. 15, 203 (1973)

BRINK, F.: Enige aspecten van de paragnosie in het Nederlande Strafproces
Drukkerij Storm, Utrecht (1958)

BROWN, G.: Probability and Scientific Inference
Macmillan, London (1957)

BYHAN, I., und WOLF, H.: Deutschland, deine Wahrsager
Ratisbona Verlag, Regensburg (1974)

Dessoir, M.: Vom Jenseits der Seele, 6. Aufl.
Enke Verlag, Stuttgart (1931)
Freud, S.: Die okkulte Bedeutung des Traumes
Ges. Werke, Bd. 1
Imago Publ., London (1952)
Freud, S.: Traum und Telepathie
Ges. Werke, Bd. 13
Imago Publ., London (1955)
Freud, S.: Psychoanalyse und Telepathie
Ges. Werke, Bd. 17
Imago Publ., London (1955)
Gardner, M.: Facts and Fallacies in the Name of Science
Dover Publ., New York (1957)
Gifford, G.: A Dialogue concerning Witches and Witchcraft, 2. Aufl.
Oxford (1931)
Grassberger, R.: Psychologie des Strafverfahrens, 2. Aufl.
Springer Verlag, Wien (1968)
Gubisch, W.: Hellseher, Scharlatane, Demagogen
Reinhardt Verlag, München (1961)
Hansel, C.: ESP: A Scientific Evaluation
Scribner's Sons, New York (1966)
Hellwig, A.: Okkultismus und Verbrechen
Hanseatischer Rechts- und Wirtschaftsverlag, Hamburg (1929)
Hume, D.: A Treatise of Human Nature
Dent's Sons, London (1959)
Jaspers, K.: Allgemeine Psychopathologie, 8. Aufl.
Springer Verlag, Berlin (1965)
Jung, C. G.: Vorrede zu F. Moser: Spuk
Gyr-Verlag, Baden (1950)
Kant, I.: Träume eines Geistersehers, In: Vermischte Schriften
Insel-Verlag, Leipzig (o. J.)
Kant, I.: Kritik der reinen Vernunft
Insel-Verlag, Leipzig (o. J.)
Keller, W.: Was gestern noch als Wunder galt
Droemer/Knaur, Zürich (1973)
Koestler, A.: Die Wurzeln des Zufalls
Scherz Verlag, München (1972)
Lehmann, A.: Aberglaube und Zauberei, 3. Aufl.
Enke Verlag, Stuttgart (1925)
Mair, L.: Magie im Schwarzen Erdteil
Kindlers Universitätsbibliothek, München (1969)
Marbe, K.: Die Gleichförmigkeit in der Welt
Reinhardt Verlag, München (1916)
Moser, F.: Der Okkultismus. Täuschungen und Tatsachen
Reinhardt Verlag, München (1935)

PELZ, C.: Hellseher, Medien und Gespenster
Hohe Warte, Pähl (1952)
PELZ, C.: Der große Irrtum der Parapsychologen
Kriminalistik 14, 150 (1960)
PFLEIDERER, H.: Ist die Existenz parapsychologischer Phänomene bewiesen?
Münchn. med. Wschr. 99, 1002 (1957)
PLANCK, M.: Vorträge und Erinnerungen, 8. Aufl.
Wissenschaftl. Buchgesellschaft, Darmstadt (1970)
PRICE, G. R.: Science and the Supernatural
Science 122, 3165 (1955)
PROKOP, O.: Bemerkungen zu dem abergläubischen Buch von Wassiliew und die Stellungnahme von Birjukov
Zeitschr. ärztl. Fortbildung 60, 223 (1966)
PROKOP, O.: Medizinischer Okkultismus, 3. Aufl.
Gustav Fischer Verlag, Jena (1973)
PROKOP, O.: Was gestern schon nicht mehr als Wunder galt
Dtsch. Ärztebl. 72, 1313 (1975)
RHINE, J.: Die Reichweite des menschlichen Geistes
Deutsche Verlagsanstalt, Stuttgart (1950)
ROUX, G.: Delphi. Orakel und Kultstätten
Hirmer Verlag, München (1971)
SCHÄFER, H.: Der Okkulttäter
Kriminalistik-Verlag, Hamburg (1959)
SCHMEING, K.: Das Zweite Gesicht in Niederdeutschland
Barth Verlag, Leipzig (1937)
SCHUHMANN, H.: Der Scharfrichter
Verlag für Heimatpflege, Kempten (1964)
STAUDENMAIER, L.: Die Magie als experimentelle Naturwissenschaft, 3. Aufl.
Wissenschaftl. Buchgesellschaft, Darmstadt (1968)
STEINER, O., und GAY, W.: Der Fall Kürten
Kriminalistik-Verlag, Hamburg (o. J.)
TENHAEFF, W.: Über die Anwendung paranormaler Fähigkeiten. Leistungen von Sensitiven für polizeiliche und andere Zwecke.
In H. BENDER: Parapsychologie
Wissenschaftl. Buchgesellschaft, Darmstadt (1966)
WIMMER, W.: Die merkwürdige Wissenschaft der Spuk-Professoren
Kriminalistik 24, 329 (1970)
ZUCKER, K.: Psychologie des Aberglaubens
Scherer Verlag, Heidelberg (1948)
ZUR BONSEN, F.: Das Zweite Gesicht, 4. Aufl.
Bachem Verlag, Köln (1916)

Psychokinese

Früher sprach man von «Allmacht der Gedanken», heute wird es als «Psychokinese» bezeichnet: Beeinflussung der materiellen Außenwelt durch psychische Energie ohne physikalische Verbindung. Zu allen Zeiten bei allen Völkern existierte die Vorstellung von Menschen, denen solche Macht zur Durchbrechung der Naturgesetze innewohne: Zauberer und Hexen. Nach dem traditionellen Glauben sind diese verantwortlich für angeblich unerklärliche physikalische Phänomene wie Klopfgeräusche, Gläserzerspringen, Steinregen, Schweben und Fallen von Gegenständen, Stehenbleiben von Uhren und dgl. Beispiel: Ein «Medium» läßt durch bloße Willenskraft ohne Berührung die meterweit entfernte Klinge eines Brotmessers zerspringen. Die Parapsychologie untersucht alle Arten solcher Magie, auch Krankheits- und Todeszauber, die nicht nur bei den sog. Naturvölkern vorkommen sollen, sondern auch bei Europäern. Derartige «paranormale» Erscheinungen sollen auch unabsichtlich auftreten: unwillkürliche Psychokinese oder Spuk; man unterscheidet personengebundenen («Poltergeister») und ortsgebundenen Spuk (lokale Haus- und Schloßgespenster). Die Furcht vor Zauberei und Spuk war allezeit mehr oder weniger groß; im Mittelalter mußten Millionen Menschen als «Hexen» den Scheiterhaufen besteigen. Die sog. großen Magier, in Wahrheit meist Naturforscher oder aber Betrüger, standen dagegen in hohem Ansehen. Heute sieht man «Zauberer» nur noch als Kurpfuscher oder ländliche Viehdoktoren oder gelegentlich als Scharlatane des artistischen Showbusiness, wie z. B. den Varietékünstler Uri Geller, der 1974 öffentlich als Hexenmeister auftrat, oder das russische «Medium» Nina Kulagina, die Parapsychologen zufolge eine Kugel ohne Berührung in der Luft schweben lassen kann. Derartige Erscheinungen erregen naturgemäß starkes Aufsehen, gelegentlich sogar Massenpsychosen in der Bevölkerung. Auch spektakuläre Spukfälle wie z. B. der «Spuk von Rosenheim» im Jahre 1967 führen immer wieder zu allgemeiner Beunruhigung. Während die Parapsychologie in vielen Fällen Psychokinese für erwiesen hält, lassen sich aus naturwissenschaftlicher Sicht die Phänomene durchaus natürlich erklären.

Die ersten «Laboratoriumsexperimente» mit «Psychokinese», der geheimnisvollsten aller okkulten «Psi»-Kräfte, wurden, wie der Parapsychologe BENDER 1971 mitteilte, lange Zeit vor der Öffentlichkeit geheimgehalten. Das ist kein Wunder, bedeutet doch das neue Wort «Fernbewegung ohne Berührung», somit nichts anderes, als was schon die alten «Hexen» übten: Zauberei. Die Parapsychologie, die «Wissenschaft an der Grenze», die «auch vor dem Ungewöhnlichen nicht zurückschreckt», untersuchte mutig alle Arten solcher Hexenkunst: «Krankheitszauber», «Todeszauber», «Jagdzauber», «Spuk» und andere unheimliche «physikalische Phänomene». Und wenn man ihren Berichten folgen will, dann ist das Unerklärliche bereits Ereignis: «Qualitative Experimente und neuerdings die Spuk-Forschung gaben den Ausschlag, daß die Psychokinese heute als erwiesen gelten kann» (BENDER a. a. O.).

Hier halten wir zunächst einmal inne und vergegenwärtigen uns die Konsequenzen. Nehmen wir an, es fühlt sich jemand durch «Zauber» geschädigt. Wird dann wieder, wie schon früher, Anklage wegen Hexerei erhoben werden müssen? Wie wird der Tatbestand festgestellt? Durch Parapsychologen als Sachverständige? Was erwidern wir dem Dieb, der behauptet, die bei ihm gefundene Beute sei ihm durch «Fernbewegung ohne Berührung» in die Tasche gezaubert worden? Und wie beruhigen wir unsere gemütskranken Patienten, denen wir bisher immer eingeredet haben, es gäbe *keinen* Spuk und *keine* Hexerei?

Daß dies keine rein akademischen Fragen sind, zeigt das von uns erwähnte Umfrageergebnis, demzufolge bereits wieder über sechs Millionen Bundesdeutsche die Existenz von Hexen für möglich halten. Staat und Gesellschaft aber würden im gesamten torpediert, wenn die BENDERsche Behauptung zuträfe und als wissenschaftlich anerkannter Erfahrungssatz in die Rechtsprechung eindränge. Vor unsichtbaren bösen Fernwirkungen wäre ja niemand sicher und ebensowenig vor der Beschuldigung, selbst solche Fernwirkungen zu erzeugen. Wie wollte man sich auch dagegen wehren, sollen doch nach ROLL womöglich wir alle diese «PK»-Kräfte besitzen, ohne es zu wissen. Infolgedessen müßte unser Rechtsstaat alsbald Verhältnissen weichen, wie sie heutzutage wohl nur noch in Schwarz-Afrika herrschen:

> «Praktisch wird bei Krankheiten immer Anklage (wegen Zauberei) erhoben ... Den Tod von Säuglingen oder von Frauen bei der Entbindung führt man auf Ehebrecher zurück, alle anderen Todesfälle auf Zauberer ... Bei einem durch Hexerei verursachten Todesfall sind die Verwandten des Toten verpflichtet, Vergeltung zu üben. Sie müssen aber erst das Orakel befragen, ob Hexerei an dem Todesfall schuld war oder Magie, die zur Abwehr von

Hexerei angewendet wurde ... Bei den Ordalen muß die beschuldigte Person einen Arm in heißes Wasser oder Fett tauchen, über glühende Asche gehen oder an einem glühenden Eisen lecken. Weniger bekannt ist ein Ordal von der Elfenbeinküste, bei dem man dem Beschuldigten einen Tropfen Gummimilch, die auch als Pfeilgift verwendet wird, ins Auge tropft. Das ist äußerst schmerzhaft und schädigt das Auge schwer. Deshalb ziehen es die meisten Angeklagten vor, die ihnen unterstellte Schuld zu bekennen ... In alten Zeiten wurden die professionellen Zauberer in getrocknete, leicht brennbare Bananenblätter eingebunden und verbrannt ... Als Mary Kingsley 1893 die Küste von Angola bereiste, entdeckte sie in Kakongo mehrere häßlich aussehende Gegenstände, die auf Pfähle gesteckt waren. Es waren Lungen und Lebern von Hexen und Hexern» (MAIR).

Ein recht ungemütliches Leben also mit Psychokinese! Es erscheint deshalb an der Zeit, die neuen parapsychologischen Behauptungen auf ihre Stichhaltigkeit zu überprüfen, zumal durch einschlägige Sensationsberichte – Motto: «Es spukt nicht nur um Mitternacht!» – die Bevölkerung bereits erheblich beunruhigt worden ist. Maßstab der Kritik hat, dem erhobenen Anspruch gemäß, der übliche naturwissenschaftliche zu sein. Wir fragen wie immer mit Francis BACON: Wo sind die Experimente, die diese Lehre beweisen?

Moderne Zauberer?

Wie schon bei der sagenhaften «außersinnlichen Wahrnehmung» verweisen Okkultisten auf «hochsignifikante Ergebnisse» statistischer Tests in USA, bei denen «medial begabte» Versuchspersonen fallende Würfel angeblich so beeinflußten, daß bestimmte Punktzahlen überzufällig nach oben zu liegen kamen (PRATT). Diese Behauptungen muten aber wie ein schlechter Witz an, ist es doch bis dato keinem dieser Hexenmeister gelungen, im Würfelspiel reich zu werden. Bei allen diesen «Massenversuchen» handelt es sich um ähnlich mangelhafte Statistik, wie sie auch in den ASW-Experimenten anzutreffen war (vgl. vorangehendes Kapitel).

In allen Fällen blieben «erfolgreiche» Experimente unwiederholt, so daß die wissenschaftliche Bestätigung fehlt, eine Tatsache, die an sich schon merkwürdig berührt. Dies betonen auch BASSIN und PLATONOV in ihrer Kritik der Versuche von CHAUVIN und GENTHON, denen zufolge sogar radioaktive Zerfallsakte durch den Willen beeinflußbar sein sollen. Mit Recht ist zu fragen, weshalb diese – ziemlich primitiven – Versuche nicht durch Weiterführung verifiziert wurden – handelt es sich doch immerhin um die Möglichkeit, daß Hexen Atomexplosionen auslösen könnten. Dem gleichen Einwand unterliegen so seltsame Versuche wie die über das «Psi-Verhalten» von Katzen, Feldmäusen und sogar von Pantoffeltierchen, Schnurrpfeifereien, die nicht erst seit gestern die Heiterkeit der Zoologen erregen. Einigen Aufschluß über den Grund so mancher «Erfolge» vermittelt nicht zuletzt die Nachricht, daß der – als Nachfolger RHINEs vorgesehene – Parapsychologe LEVY vor kurzem von Argwöhnischen betroffen wurde, als er «Psychokinese» bei Ratten heimlich ganz ohne «Psi» schlicht manipulierte (PROKOP 1974).

Abb. 19: Der Zauberkünstler Okito (Theodor Bamberg) mit seinem Trick der «schwebenden Kugel». Abergläubische sehen hier heute wieder statt Geschicklichkeit «Psychokinese», wie seinerzeit im Mittelalter: «echte» Zauberei. Aus: ZMECK, Wunderwelt Magie.

Trotz allen Wehgeschreis gegen die «infamen» Skeptiker sorgen also die Parapsychologen selbst immer wieder dafür, daß der Betrugsgesichtspunkt nicht aus der Diskussion verschwindet. Betrug ist eben, neben Selbsttäuschung und Geistesstörung, eine der drei unverrückbaren Säulen des Okkultismus. Auch die von BENDER (1971) vorgebrachten «psychokinetischen Phänomene» um das russische «Medium» Nina Kulagina erwecken im Betrachter als erstes nicht Erschauern vor dem Übernatürlichen, sondern bloß Argwohn vor irdischem Blendwerk. GALILEIs Richtschnur beachtend, nehmen wir unbekannte Kräfte erst an, wenn sich Erscheinungen nicht auf bekannte zurückführen lassen. Und bei Nina stoßen wir auf nur allzu vertraute!

Die neue Zauberin soll, so BENDER, ohne Berührung das Pendel einer Wanduhr stoppen, Schüsseln, Tassen, Gläser, Zigaretten, Federhalterkappen und Metallzylinder bewegen und eine Kugel nur durch Geistes Kraft allein in der Luft schweben lassen. Just das leisten aber unsere Varietékünstler allabendlich auf der Bühne auch, ohne Psi-Kräfte für sich in Anspruch zu nehmen. Einige der Kunststücke Frau Kulaginas – die übrigens wegen Betrugs vorbestraft ist – hat DELLA PORTA bereits 1553 dargestellt und z.B. beschrieben, wie man eisenhaltige Gegenstände auf einem Tisch durch Bewegen eines kleinen Magneten unter der Tischplatte mitzieht. Den Kniff kannten wir schon als Schuljungen, und inzwischen sind die nötigen Utensilien in jedem Kinderspielzeugladen zu kaufen. Denselben Effekt erreicht man mit hauchdünnen, unscheinbar gefärbten Fäden. Den Kugeltrick, den schon der große Bühnenzauberer Okito in künstlerischer Vollendung vorführte, gibt es sogar fotografiert (s. Abb. 19); auch er wird natürlich mit Fäden bewerkstelligt (ZMECK). Auf unseren Abbildungen 20 und 21 demonstriert das «Medium» Stanislawa Tomczyk, wie es gemacht wird. Noch aufschlußreicher aber ist BENDERs Darstellung hierzu (1971). Er druckt nämlich nur das erste Foto (Abb. 20) ab, läßt dagegen das zweite mit dem durch die Vergrößerung zutrage tretenden Faden (Abb. 21) weg und kommentiert danach: «Psychokinetische Leistungen – wie schwebende Gegenstände – wurden schon photographiert, so mit dem polnischen Medium Stanislawa Tomczyk von Professor J. OCHOROWICZ und Dr. SCHRENCK-NOTZING.» V. SCHRENCK-NOTZING war aber noch so objektiv gewesen, beide Fotos nebeneinander zu veröffentlichen (1920). Daß er in seiner kindlichen Weise den Faden für übernatürlich hielt, steht auf einem anderen Blatt.

Man mag solche Irreführungen des Lesers interpretieren wie man will, zumindest darf man sich an eine Begebenheit erinnert fühlen, die der gefeierte Zauberkünstler John Maskelyne gerne zu erzählen pflegte. Eines Tages besuchten einige buddhistische Lamas, die sich

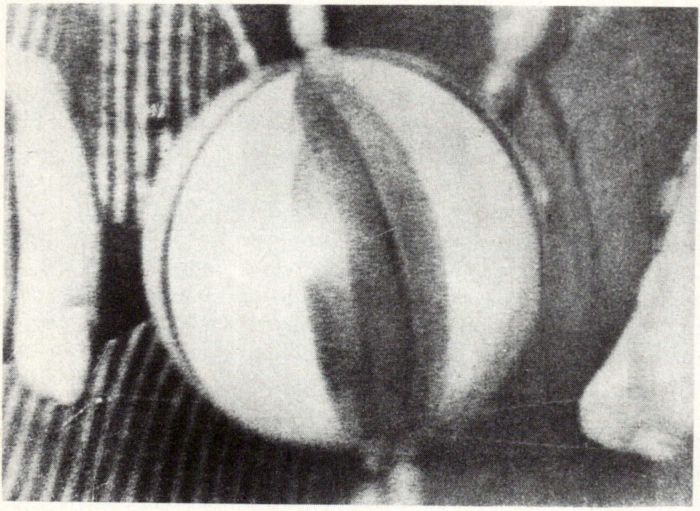

Abb. 20 und 21: Der Fadentrick des «Mediums» S. Tomczyk. Aus: V. SCHRENCK-NOTZING, Physikalische Phänomene des Mediumismus. Beispiel für okkultistische Falschinformation: Das erste Foto (oben) ist bei BENDER (1971) und KELLER als Beleg für «Psychokinese» reproduziert, die entlarvende Vergrößerung (unten) jedoch weggelassen.

gerade in London aufhielten, seine Vorstellung (Spezialität: «Kopfabschneiden»). Nach Schluß kamen sie, wundergläubigen Staunens voll, in die Garderobe des Meisters und eröffneten ihm:

> «Wir können nicht verstehen, daß ein gebildeter Mann wie Sie zufrieden damit ist, ungehemmt und ungeprüft sein Wissen als Zauberer der Welt weiterzugeben. Glauben Sie uns, Meister, wenn Sie einmal nach Tibet kommen, dann werden Sie entweder in ein großes Monasterium gesperrt, in dem Ihre Gaben abseits von der Menge praktiziert werden können, oder Sie werden langsam von kleinen Feuern verbrannt, bis nichts mehr von Ihnen übrig ist» (zit. nach ADRION).

Ähnlich wurden ja früher auch in Europa harmlose Kartenkünstler und Taschenspieler verbrannt, weil man sie für gefährliche Hexer hielt. Noch im 17. Jahrhundert entging der fahrende Gaukler Grimaret, der mit dem damals noch unbekannten Spielzeug der sog. Cartesianischen Teufelchen operierte, nur deswegen mit knapper Not dem Feuertod durch die Inquisition, weil ein zufällig anwesender gelehrter Jesuit das Experiment kannte (v. KLINCKOWSTROEM). Inzwischen sind jedoch zahllose Zaubertricks ausführlich beschrieben und erläutert worden. Bereits im Jahre 1634 erschien das Büchlein «Hocus Pocus Junior», die erste einer langen Reihe von «Anweisungen, die Taschenspieler-Kunst auf die leichteste Art zu erlernen». Die Erklärung der den Abergläubischen als übernatürlich und teuflisch erscheinenden Gauklerkünste als ganz natürliche Manipulationen bildete einen wichtigen Teil der Aufklärungskampagne gegen den mittelalterlichen Hexenglauben. Eine der bedeutendsten Schriften zu diesem Thema verdanken wir dem großen Hexenwahngegner SCOT. 1778 schrieb der Physiker EBERHARD seine «Abhandlungen vom physikalischen Aberglauben und der Magie», um die, wie er meinte, letzten Reste des alten Zauberglaubens auszurotten. Zusammen mit den vielbändigen Kompendien von WIEGLEB, ROSENTHAL und HALLE über «Natürliche Magie» lag am Ende des 18. Jahrhunderts soviel Material vor, daß man auch die geistig nicht mit der Fülle der Gaben Beschenkten von den ganz natürlichen Ursachen der geheimnisvollen Künste zu überzeugen vermochte.

Daß trotz alledem heute selbst Gelehrte wieder hinter längst bekannten Taschenspielertricks echte Hexerei vermuten, ist wohl ein Teil der Bildungskatastrophe unserer Zeit. Offenbar lauern die alten abergläubischen Neigungen noch immer unter der Oberfläche. Im Jahre 1974 wuchsen sie vorübergehend zur psychischen Epidemie an, als okkultgläubige Einfaltspinsel den Artisten Uri Geller für einen Hexenmeister im ursprünglichen Sinn des Wortes hielten, nur weil er unter der Vorspiegelung okkulter Fähigkeiten einige Eßbestecke ganz irdisch und mechanisch verbog; den «Experten» war verborgen geblieben, daß Trickgabeln wie die von Geller benutzten in jedem besseren Zauberartikelgeschäft feilgeboten werden (PROKOP 1974). Man ist an die Zeit erinnert, da die Knittlinger voller Furcht von Zauberei raunten, als ihr Magister Faust auf einem großen Faß zum Scheunentor hinausritt. Dabei hatte er bloß etwas Wasser auf den abschüssigen Lehmboden der Tenne gegossen, worauf die Sache ganz von selbst vonstatten ging.

Daß die Parapsychologen nun wieder auf die sattsam bekannten, von der Wissenschaft längst ad acta historiae criminalis gelegten Schwindelmedien zurückkommen, um die Existenz von Psychokinese vulgo Zauberei darzutun, beweist außer dem nach wie vor herrschenden Mangel an «echten Phänomenen» allenfalls die Weigerung, die einschlägige Fachliteratur zur Kenntnis zu nehmen. So ist es bemerkenswert, daß BENDER noch im Jahre 1971 bei den «physikalischen Medien» Eusapia Paladino und Rudi Schneider «Paranormales» nicht ausschließt, obwohl schon v. KLINKOWSTROEM (1925), ROSENBUSCH, DESSOIR, LEHMANN, HELLWIG, BRUHN und sogar das GROSSsche Kriminalistik-Handbuch die plumpen Taschenspielertricks aufgezeigt haben, mit denen diese Schwindler die «wissenschaftlichen Kontrollen» der «Experten» umgingen. Sämtliche klassischen Medien sind – viele gleich mehrfach – betrügerischer Manipulationen überführt worden; einiges aus ihrer Bastelwerkstatt entschleiern wir an Hand der soeben zitierten Literatur in Tabelle 14.

Aber alle Aufklärung scheint in den Wind gesprochen, denn keinerlei Entlarvung beeindruckt die gläubigen Okkultisten.

Nun mag jeder glauben, was er will. Für die Wissenschaft ist es jedoch belanglos, wenn jemand auch bei Betrugsverdacht noch «Paranormales» am Werk sieht. Die Okkultisten scheinen noch immer nicht bemerkt zu haben, was schon BAERWALD aussprach, daß sie nämlich durch ihre Gleichsetzung von Para-Natur mit Schwindel ihre eigene Sache vollständig zerstören: «Sind diese Dinge Schwindel, so muß man sie verwerfen, sehen sie aber nur unglücklicherweise wie Schwindel aus, so kann man kein Urteil über sie fällen, denn sie können dann stets auf zwei Weisen entstanden sein, und die bekannte Weise, nämlich den Betrug, wird man immer für wahrscheinlicher halten müssen als die der bisherigen Erfahrung noch fernliegende.» Wir sind hier am Kernpunkt des Ganzen angelangt, wo der große Irrtum der Parapsychologie bloßliegt. Es ist die ständige Mißachtung der methodologischen Grundregel der Naturwissenschaft: Principia non esse praeter necessatitem multiplicanda, jenes GALILEIschen Satzes, der in seiner Umkehrung zwangsläufig zu der Denkweise zauberwahnerfüllter

Tab. 14: Die Tricks der Medien

«Medium»	getäuschte Gelehrte	vorgebliche «Psychokinese»	Tricks
F. Cook	W. Crookes	«Materialisation» eines «Geists» namens Katie King. Nachdem das Phantom huldreichst die Erlaubnis erteilt hatte, es zu küssen und ihm eine «astrale» Haarlocke abzuschneiden, kam Crookes zu dem Schluß: «Sich vorzustellen, daß die Katie King der letzten drei Jahre das Resultat eines Betrugs sei, tut jedermanns Vernunft und gesundem Menschenverstande mehr Gewalt an als ihr zu glauben, was sie von sich selbst zu sein behauptet.»	Verkleidungskomödie im abgedunkelten Schlafzimmer Fräulein Cooks. Den «Geist» spielte je nach Bedarf sie selbst oder eine Komplizin. Entlarvung 1880 durch Zugriff, wobei sich das Phantom als das mit Flanellunterzeug und Korsett bekleidete Medium erwies. Weitere Entlarvungen 1873 und 1899.
D. Home	W. Crookes	Übernatürliche «Autolevitation» in die Luft durch geheimnisvolle Gewichtsverminderung. Der Warnungen von Skeptikern («etwas Fehlerhaftes im Apparate») ungeachtet hielt Crookes nach Wiegeversuchen für bewiesen, daß seine «Experimente die Existenz einer auf irgendwelche noch nicht erklärte Weise mit der menschlichen Organisation verbundenen Kraft bestätigen, durch welche festen Körpern ohne physikalische Berührung eine erhöhte Schwere mitgeteilt werden kann.»	Einfacher mechanischer Kniff, beschrieben in den «Bekenntnissen eines Mediums» (Parker): Die «Geisterwaage» wird durch eine mittels Zwickbohrer am Fußboden befestigte, dunkel gefärbte Schnur unschädlich gemacht, worauf durch Anziehen oder Nachlassen jede gewünschte Stellung erzielt werden kann; die Sitzungen fanden nur bei schwacher Beleuchtung statt. Über Crookes «Versuchsbericht» urteilte die Royal Society, daß dieser «wegen des gänzlichen Mangels an wissenschaftlicher Genauigkeit in den von ihm beigebrachten Be-

			weisen nicht als die Aufmerksamkeit der Königlichen Gesellschaft der Wissenschaften verdienend erachtet wurde.» Entlarvungen Homes 1857 und 1868. Gerichtliche Verurteilung wegen betrügerischer Erbschleicherei mittels vorgetäuschter Geisterbeschwörung.
H. Slade	F. ZÖLLNER	«Direkte Schrift» aus dem «Jenseits» auf Schiefertafeln. ZÖLLNER: «Bei Slades Darbietungen sind ihm spirits, also Geister behilflich.» Zur Unterbringung der «Phänomene» im physikalischen Weltbild erdachte ZÖLLNER die Theorie von der «Durchdringbarkeit der Materie» und der «vierten Dimension.»	«Zu der Tafel gehört eine genau auf die Schreibfläche passende Pappeinlage. Diese ist auf der einen Seite so schwarz wie die Schreibfläche der Tafel. Auf der anderen Seite ist die Einlage mit gewöhnlichem Zeitungspapier beklebt. Das hat seinen bestimmten Grund. Die Tafel wird nämlich nach dem Vorzeigen (die Einlage muß dabei vorsichtig festgehalten werden) in der Weise auf den auf dem Tisch ausgebreitetem Bogen Zeitungspapier abgelegt, daß die Seite mit der Einlage nach unten zu liegen kommt. Nimmt man die Tafel dann fort, dann bleibt die Einlage auf dem Zeitungsbogen liegen und wird von ihr verschluckt. Natürlich ist die Tafel schon vorher mit der Antwort beschrieben worden» (PELZ). Die «Sladesche Geistertafel» ist heute für 22,50 DM im Zauberartikelgeschäft erhältlich. Auch Slade wurde mehrmals entlarvt, 1876 durch LANCASTER und 1883 durch TRUESDELL, sowie 1884 durch eine Kommission. Schließlich Betrugsgeständnis

E. Paladino	C. Lombroso, C. Richet, A. de Rochas	«Levitation» von Tischen, «Telekinese» von Stühlen, Geschirr, Saiteninstrumenten, spukhafte Klopftöne, «Apporte» von Bonbons, Rosen und Orangenblüten aus der «anderen Welt», kalter Grabeshauch, eisige Händedrücke von «Geistern». Lombroso: «So hatten wir also die in völligem oder fast völligem Dunkel beobachteten wunderbaren Phänomene schließlich erhalten, ohne das Medium auch nur einen Augenblick lang aus den Augen zu verlieren ... Warum Tatsachen leugnen, die man mit eigenen Augen gesehen hat?»	Durch geschickte Bewegungen wurden Hände und Füße aus der «Kontrollkette» befreit und damit dann die «Fernbewegungen» ausgeführt. Die unheimlichen Klopflaute: «Cri-cri», eine in den Schuhabsatz eingebaute Feder, mit der man durch Pressen ein schwer lokalisierbares dumpfes Geräusch erzeugen konnte. Das kühle Jenseitslüftchen: ein kleiner Blasebalg unter dem Rock in Form eines einfachen Schlauches, endend in einem Gummiballon, der unter der Achselhöhle eingeklemmt und durch Andrücken des Arms betätigt wird. Der kalte Händedruck des Todes: die eigene mit Äther angefeuchtete Hand. Zahlreiche Entlarvungen, u. a. 1895 und 1910. Von allen Wundern blieb «nur eines übrig, nämlich daß große Gelehrte solch frechen Schwindel auf eine unbekannte Kraft zurückführen» (Moll).
A. Rothe	G. Sulzer	«Apporte» frischer Blumen, Apfelsinen und Zitronen aus dem «Jenseits» durch Kindergeist «Friedchen».	Entlarvung durch die Kriminalpolizei. Die Blumen und Früchte wurden aus einem – mit Eiswürfeln gekühlten – Geheimfach im Unterrock herauspraktiziert. Verurteilung zu 18 Monaten Gefängnis wegen fortgesetzten Betrugs (Landgericht Berlin 1907).
K. Goligher	W. Crawford	Tischlevitationen bei rotem Gaslicht. Nach Crawford stieß der Körper des	Verwendung eines Holzstabs (vgl. Abb. 22) oder auch ganz einfach Hochheben der

		Mediums «psychische Ruten» aus, die, von den Knieen ausgehend, sich unter dem Tisch nach oben bogen und diesen hochhoben. Daß die Phänomene bei Tageshelligkeit ausblieben, erklärte CRAWFORD mit der «Tatsache, daß die psychischen Ruten nicht steif werden, wenn starkes Licht darauf spielt.»	Tischplatte mit einem übers Knie gelegten Bein. Entlarvungen durch HEUZE und FOURNIER D'ALBE 1922. Der Parapsychologe CRAWFORD beging schließlich in geistiger Zerrüttung Selbstmord.
C. Tomczyk	J. OCHOROWICZ, A. v. SCHRENCK-NOTZING	«Levitationen» von Streichholzschachteln, Scheren, Waagschalen und Zelluloidkugeln, «medianime» Leuchterscheinungen am Unterleib, magisches Anhalten einer Uhr. V. SCHRENCK-NOTZING sah «fluidische Fäden, di Medium ideoplastisch produziert werden.»	Manipulationen mit dünnen Seidenfäden oder Pferdehaaren (vgl. Abb. 21), eine Taschenlampe unter dem Rock und der bekannte präparierte Zeiger der sog. Zauberuhr. Entlarvung durch Nachvergrößerung von Fotos, auf denen die Fäden zum Vorschein kamen.
E. Carrière alias R. Dupont alias M. Béraud	C. RICHET, A. v. SCHRENCK-NOTZING	«Materialisationen» von «Phantomen», Gesichtern und Gliedern von «Geistern» und von «Teleplasma» im sog. Dunkelkabinett.	Auf engstem Raum zusammengelegte Artefakte (bemalte Papierfetzen, Chiffongaze) wurden in Mastdarm- und Scheidenpessaren durch die «Kontrolle» geschmuggelt und hinter dem schwarzen Vorhang des Kabinetts entfaltet. Auswürgen von vorher verschluckten Stoffresten – Wiederkäuertrick der früheren Jahrmarkt-Froschschlucker. Zahlreiche Entlarvungen.

L. Laszlo	A. v. Schrenck-Notzing	Paranormales Leuchten («Telepyretik»), «Materialisation» von «Geisterstoff».	Phosphorstäbchen und mit Öl gefüllte Zigaretten, Gummischnürchen und mit Gänsefett schlüpfrig gemachte Verbandswatte; ein Komplize reichte die Hilfsmittel in unbewachten Augenblicken. Entlarvung 1924 durch Geständnis.
P. Erto	G. Geley	Aussenden supranormaler «Blitze» aus dem Körper.	Schlagen von Cereisenteilchen an kleine Metallfedern, Geräusch durch keuchendes Husten überdeckt. Entlarvung durch aufgefundene Metallstückchen.
M. Franek-Kluski	G. Geley	Paraffinabgüsse von «Geistergliedmaßen», «Materialisationen» von Affenmenschen und Raubvögeln. Nach Geley «Ideoplastie durch Intelligenzen oder Wesen, die ihre Anwesenheit bei den Sitzungen dokumentiert haben.»	Entlarvung durch Feststellung von Brandwunden am Gesäß des Mediums, nachdem der Abdruck eines menschlichen Hintern als «Geistergesicht» vorgewiesen worden war.
W. und R. Schneider	A. v. Schrenck-Notzing, E. Holub, E. und M. Osty	«Telekinese» von Taschentüchern, «Fernwirkung» auf Glocken und Spieldosen, «Autolevitationen».	Plumpe Manipulationen. Entlarvung durch kriminalistische Fangmethode: Nachdem man eine Glocke rot angestrichen hatte, zeigten sich prompt Farbspuren an den Händen des Mediums. Die «Levitationen» kamen durch schlichtes Balancieren auf einem Stuhl zustande. Entlarvungen 1920 und 1924.

M. Silbert	R. Tischner, M. Walter, T. Weimann	Geistererscheinungen unter Detonationen, Glockenläuten durch «Hausgeist Nell». Weimann: «Das Gravitationsgesetz erfährt eine Änderung und wird auf einige Zeit unterbrochen.»	Verwendung von Knallerbsen; das Geisterglöckchen mit den Füßen bedient. Obwohl das «Medium» keinerlei Kontrolle gestattete, mehrere Entlarvungen. Bis heute arbeiten deutsche Hexenbannerinnen mit Feuerwerkskörpern, vgl. die Schilderung eines Abergläubischen bei Kruse: «In der Geisterstunde mußten mein Onkel und ich mit ihr nach einem Kreuzweg weit draußen vor dem Dorf. Es war stockdunkel und stürmisch. Wir durften kein Wort sprechen. Sie sagte: Wenn ein furchtbares Brausen durch die Luft auf uns zustößt oder uns ein schwarzer Hund mit glühenden Augen umkreist, sollten wir nicht bange werden … Mich gruselte furchtbar. Plötzlich gab es nicht weit von uns einen furchtbaren Knall. Es explodierte etwas, und eine Flamme kam aus der Erde. Mein Onkel sagte nachher: ‹So was Schreckliches habe ich noch nie erlebt›.»
Ein afrikanischer Medizinmann	P. Fuchs, H. Bender	Hühnerfedern unter einer Kalebasse werden auf geheimnisvolle Weise aufgerichtet. Bender: «Verdacht auf Psychokinese.»	Erklärung schon aus Benders Abbildungen zu entnehmen: Stehaufmännchen-Konstruktion.

Abb. 22: Entlarvende Blitzlichtaufnahme des «Mediums» K. Goligher bei einer «Tischlevitation». Einfacher Stab, vermutlich aus Holz, zwischen den Knieen der Betrügerin, von dem Parapsychologen CRAWFORD jedoch als «psychische Rute» gedeutet. Aus dem von den Okkultisten totgeschwiegenen «Dreimännerbuch»: V. GULAT-WELLENBURG, v. KLINCKOWSTROEM und ROSENBUSCH, Der physikalische Mediumismus.

Zeitalter zurückführt, hinter jedem Gauklertrick, den man nicht sofort durchschaut, echte Hexerei zu argwöhnen. Da wir heute wissen, daß die Grenzen der Taschenspielerei nicht festzulegen sind, gilt in diesem Bereich die Beweisregel, die in klassischer Weise HELLWIG formuliert hat:

«Nur solche Tatsachen können als zuverlässig gelten, die unter solchen Bedingungen erzielt worden sind, die alle Fehlerquellen strikt ausschließen, die insbesondere auch irgendeine betrügerische Manipulation des Mediums unmöglich machen. Sind diese Voraussetzungen nicht gegeben, bestehen vielleicht sogar gewisse Verdachtsgründe gegen die Zuverlässigkeit des Mediums, so sind wir nicht berechtigt, die von dem Medium hervorgebrachten Erscheinungen als echt anzuerkennen. *Die Beweislast trifft also in vollem Umfang die Okkultisten und nicht uns* ... Man muß auch m. E. von der Regel ausgehen, daß ein Medium, das einmal betrogen hat, künftig als zuverlässig nicht mehr gelten kann und deshalb auch diejenigen Experimente mit ihm, die vorher oder nachher angestellt worden sind, als beweiskräftig ohne weiteres auszuscheiden haben.»

Dasselbe gilt mutatis mutandis auch für den Experimentator:

«Kommen wir auf Grund unserer, vielleicht ungenügenden, Unterlagen zu der Überzeugung, daß der betreffende Beobachter als ein absolut zuverlässiger Forscher nicht angesehen werden kann, so ist es für uns ausgeschlossen, seine Untersuchungen als einwandfreie Grundlage für unsere Überzeugung zu verwerten.» (a. a. O.)

Man versteht nun, weshalb den bisherigen parapsychologischen Bemühungen die wissenschaftliche Anerkennung versagt bleiben mußte. Der Beweislast wurde in keinem einzigen Falle Genüge geleistet.

Der magische Untergrund

Daß die Parapsychologen sich mit dem «Ignoramus» nicht bescheiden wollen, kommt für den Kenner nicht überraschend. Kulturhistorische Betrachtung liefert hier einigen Aufschluß. Nihil novum sub sole – das gilt ja im besonderen für den Okkultismus.

Daß schon CROOKES' Wiegeversuche nur eine Neuauflage der mittelalterlichen Hexenproben darstellten, ersehen wir aus den historischen Berichten (SOLDAN und HEPPE, RIEZLER, BASCHWITZ, MERZBACHER). In den dunklen Jahrhunderten glaubte man felsenfest, daß «Hexen» sich mit Hilfe des «Teufels» leichter machen könnten, weshalb man auf der Rathauswaage «prüfte», ob sie ihr natürliches Gewicht hatten oder nicht. So wurden z. B. im Jahre 1728 in Szegedin mehrere Personen dieser Wiegeprobe unterworfen. Eine große dicke Frau wog dabei nur anderthalb Lot, ihr Mann, der sehr kräftig war, nur fünf Quentchen, und andere sogar noch weniger. Damit war ihr Leben verwirkt. (Der Henker hatte die Waage einfach festgeklemmt). Ein weiterer vortrefflicher Hexen-Erkennungstest war die Wasserprobe, bei der man zaubereiverdächtige Frauen gefesselt an einem Seil im Wasser schwemmte. Bei übernatürlicher «Gewichtsverminderung» mußten sie «wie Pantoffelholz» auf der Oberfläche schwimmen. Der Ausgang der Probe hing natürlich wieder von der Laune des Scharfrichters ab, je nachdem dieser das Seil kurz oder lang hielt. Wählte er ersteres, winkte der Beschuldigten der Scheiterhaufen, im anderen Fall ertrank sie sowieso. An diesen verbrecherischen Schwachsinn glaubten auch Gelehrte jahrhundertelang. Die letzte Wasserprobe fand erst 1836 bei Danzig statt. Die Frau sank nicht unter, so wurde sie als schuldig betrachtet und vom Pöbel totgeschlagen. Doch der Aberglaube ist zäh, und so vermerkte RIEZLER 1896 als Kuriosum die unzweifelhafte Überzeugung des Parapsychologen DU PREL, daß beim Hexenbad eine geheimnisvolle okkulte Kraft die natürliche Schwerkraft überwunden habe. Und noch 1971 bringt BENDER ein Bild der mittelalterlichen Prozedur zu seinem Kapitel «Rätselhafte physikalische Bewirkungen» (vgl. Abb. 23); von Nina Kulagina berichtet er, sie verliere «während der psychokinetischen Demonstration bis zu zwei Kilogramm Gewicht.»

Zur Ehre der Wissenschaft bleibe jedoch nicht unerwähnt, daß ein Gutachterkollegium der Universität Leyden schon 1594 gegen den Wahnsinn Stellung nahm, worauf die Hexenproben in den gesamten Niederlanden verboten wurden. Und auch in Deutschland gab es skeptische Obrigkeiten: So wurde im Jahre 1707 im Hannöverschen eine Witwe, die sich mit einem Strick gebunden und ins Wasser geworfen hatte, um bei sich selbst den Hexentest zu machen, «wegen der von ihr versuchten abergläubischen Wasserprobe» mit 5 Tagen Gefängnis bestraft. (SOLDAN und HEPPE).

Den Aberglauben von der «spezifischen Leichtigkeit» bestimmter Personen sehen wir in seiner Hochblüte in der Wahnidee vom Hexenflug, wie sie im späten Mittelalter ausgebildet war. Die geistesgeschichtliche Entwicklung hat HANSEN überzeugend dargelegt. Zunächst hatte es den Anschein gehabt, als sei es der Kirche gelungen, den alten heidnischen Seelenglauben an herumflatternde weibliche Nachtgespenster – besonders Eulen dachte man sich als blutsaugende «Lamien» – auszutilgen. Denn der sog. Canon Episcopi hatte die Erzählungen von in gewissen Nächten durch die Luft reitenden wilden Weibern als haltlose Wahnvorstellungen erklärt, mit der schon ganz vernünftigen antiokkulten Begründung: «Im Traum sieht man manches,

Abb. 23: «Hexe» bei der abergläubischen «Wasserprobe». Die mittelalterlichen Hexenjäger behaupteten, der «Teufel» könne «Zauberinnen» leichter machen, so daß sie auch gefesselt auf der Wasseroberfläche schwämmen. In dem abergläubischen Lehrbuch des Parapsychologen BENDER zum Kapitel «Rätselhafte physikalische Bewirkungen» (!) abgebildet (1971).

was in wachem Zustand nie erscheint.» Aber der alte Glaube war noch zu stark, und bis zur Renaissance der Naturwissenschaften war noch ein weiter Weg. In der Parapsychologie des Mittelalters, der scholastischen Dämonologie, erwachte das Phantasiegebilde von neuem zum Leben, bis es schließlich nach jahrhundertelangem spitzfindigen Grübeln zu dem absurden Wahnsystem des «Hexenhammers» gediehen war: Verruchte Zauberweiber flogen in der Walpurgisnacht auf Böcken und Schweinen, Besenstielen und Ofengabeln zum «Hexensabbat», um dort mit dem «Teufel» persönlich widernatürliche Unzucht zu treiben (vgl. unsere Titelvignette). So schilderten SPRENGER und INSTITORIS im Jahre 1487 die Ausfahrt der «Hexen»:

«Sie haben sich eine Salbe aus den gekochten Gliedern von Kindern, besonders solcher, die vor der Taufe von ihnen getötet worden sind, zu bereiten und nach der Anleitung des Dämons damit irgendeinen Sitz oder ein Stück Holz zu bestreichen, *worauf sie sich sofort in die Luft erheben.*»

Reisten die Hexen auf Böcken, war sogar noch Platz für teufelslüsterne Nachbarinnen, die der Fähigkeit zur Autolevitation ermangelten:

«Sie steckten dann dem Bock nur eine Stange zu einem gewissen Ort hinein, auf diesen konnte sich alsdann die ganze Reisegesellschaft vollkommen sicher niedersetzen und man hatte nicht zu befürchten, daß einer aus der Luft herabfiel» (zit. bei MANNHARDT).

Es ist nicht ohne Reiz, die Beweisführung dieser Okkultisten zu verfolgen, denn bereits hier werden den Skeptikern – die zum Leidwesen der Abergläubischen offenbar nie aussterben – paranormale «Erfahrungen» entgegengehalten. Da alle «Hexen» vor Gericht gestanden, daß sie flogen – die Folter trieb ihnen das Leugnen sehr schnell aus – und man Ähnliches, wie die Erzählungen vom Luftflug Habakuks und Simon Magus', auch in der Bibel fand, mußten diese Geständnisse glaubwürdig sein. Die entgegenstehende Ansicht des Canon Episcopi tat man dann mit folgender Rabulistik ab:

«Wer möchte denn so dumm sein, daß er nach jenem Kanon alle Hexentaten und Schädigungen nur Wahngebilde und in der Vorstellung bestehend nennte, da sich allen das Gegenteil ganz klar und sinnenfällig zeigt? ... Hierher gehört jene Hexe aus Breisach, die, von uns befragt, ob sie nur in der Fantasie und Vorstellung, oder aber auch körperlich ausfahren könnten, antwortete: ‹*Auf beide Arten.*› ... Wer ist da so unklug, daß er schließen wollte, daß sie nicht auch körperlich ausfahren könnten?» (SPRENGER und INSTITORIS).

Wir finden also schon hier die typisch okkultistisch-parapsychologische Beweisführung, die *neben* der natürlichen auch die übernatürliche These gleichberechtigt heranzieht. Man vergleiche dazu die moderne parapsychologische Diskussion der «Bilokation» (jemand soll zur gleichen Zeit an zwei Orten sein können):

«Wenn sich Fälle sichern ließen, bei denen die so häufig berichtete Erscheinung des wundertätigen Paters (an zwei Orten zugleich) ohne Erwartung ... auftritt, müßte der paranormalen Deutung größerer Spielraum eingeräumt werden» (BENDER 1959).

Die Folgen der paranormalen Auffassung sind bekannt. Nachdem die mittelalterlichen Okkultforscher «bewiesen» hatten, daß «Hexen» vermittels «Bilokation» durchaus gleichzeitig auf dem Blocksberg mit dem Satan buhlen und zu Hause im Ehebett liegen konnten, wurde jenen bedauernswerten Angeklagten jeder Alibibeweis abgeschnitten, ließ sich doch gegen die Einwände der Ehemänner mit okkultistischer Aftergelehrsamkeit ohne Mühe dartun, daß «der Teufel mit Hilfe höllischen Blendwerks einen Scheinleib im Hause des Gatten zurückzulassen pflegte, der die Gestalt einer Frau hatte» (HANSEN). Ähnlich ist es noch heute für den Parapsychologen WEIMANN eine ausgemachte Sache, daß jemand beispielsweise im Garten Blumen pflücken und gleichzeitig sein «odischer Fluidalkörper» weiter im Zimmer sitzen bleiben kann. Der Psychiatrie längst bekannte Erlebnisse Schizophrener und anderer psychisch Gestörter werden hier für bare Münze genommen (vgl. JASPERS). Wie sehr gerade dem Levitationsglauben psychopathologische und psychopharmakologische Ursachen zugrunde liegen – Intoxikationen durch bestimmte Nachtschattengewächse («Hexensalbe»), hypoglykämischer Zustand u. a. m. –, ist der medizinischen Literatur zu entnehmen (Nachweise bei PROKOP 1973) und dem Interessierten auch in populärwissenschaftlichen Darstellungen zugänglich (vgl. MARZELL, SCHURZ).

Nun mag man den Okkultisten des Mittelalters ihre Unwissenheit noch nachsehen. Kenntnisse in Psychologie, Psychiatrie und Pharmakologie waren damals noch spärlich. Für moderne Wissenschaftler gibt es aber diese Entschuldigung nicht mehr. Es kann nur wieder in der alten Verschmierung von Vorstellungs- und Wahrnehmungswelt enden, wenn Zeugenerzählungen ohne Glaubwürdigkeitsprüfung als objektive Wirklichkeit genommen werden. Wenn man weiß, daß Kranke lieber zu den abenteuerlichsten Erklärungsversuchen greifen, als sich von der Irrtümlichkeit ihrer Trugwahrnehmungen zu überzeugen (vgl. WITTER), so muß man es mit DESSOIR als sehr naiv bezeichnen, wenn skeptischen Kritikern noch immer vorgeworfen wird, daß sie «positive Zeugnisse angesehener Beobachter» leugnen (so BENDER im Anschluß an den abergläubischen C. G. JUNG). Mit solchen «Zeugnissen» lassen sich eben keine empirischen Tatsachen zur Gewißheit erhärten. Das wäre dasselbe, wie wenn jemand die Existenz neuer Strahlen lediglich durch Zeugen vom Hörensagen in einer Gerichtsverhandlung beweisen wollte.

Es ist diese Denkweise, die Ammenmärchen sofort Glauben schenkt, ohne entgegenstehende Erfahrungen zu berücksichtigen, die wir seit LEVY-BRUHL als abergläubisch im ursprünglichen Sinn ansehen: die magisch-primitive Weltsicht des frühen Menschen, der allerorten übernatürliche Mächte am Werk sieht, weil er die natürlichen Ursachen nicht erkennt oder nicht wahrhaben will.

Es verwundert danach nicht, daß für Parapsychologen selbst von Steinzeit-Greuelmärchen noch «ein unaufgelöster Rest von Fällen bleibt, der die Frage nach einer psychokinetischen Einflußnahme rechtfertigt» (MISCHO). Vom «Krankheitszauber mittels Zusendung negativer Emotionen» über den «Todesfluch» – vgl. schon Rigoletto – bis zum «Totbeten» (SCHROEDER und OSTRANDER, MISCHO, TENHAEFF) erstreckt sich die Reihe prälogischer Wunderskurrilitäten, die jetzt wieder «erforscht» werden, als ob es keine Aufklärung gegeben hätte. Nicht einmal der Aberglaube vom «bösen Blick» ist ausgestorben, wie OSTRANDERs und SCHROEDERs «Bericht» über eine «Versuchsperson» des Parapsychologen KAFKA demonstriert:

«Nach mehreren Jahren recht grausamen Trainings nahm KAFKA ihn mit auf einen Spaziergang und sagte, auf einen Baum deutend: ‹Sehen Sie den Vogel dort oben?› Der Mann blickte den Vogel an, auf den KAFKA gewiesen hatte, und der Vogel fiel, wie berichtet wird, tot zur Erde.»

Vergleiche hierzu:

«Der Herzog von Bragance hatte in seinem Dienst einen Einäugigen, der, wenn er einen Falken oder irgendeinen Vogel, der seine Beute verfolgte, starr nachsah, diesen zwang, seine Beute sofort auf die Erde fallen zu lassen» (alte Sage, nach SELIGMANN).

Und:

«In S. gibt es einen älteren Mann, der nach Ansicht einiger Dorfbewohner Mensch und Vieh behext. Dieser Mann half vor einiger Zeit beim Umbau eines Hauses. Man sah ihn dort nicht gern. Ein Nachbar geriet unter eine einstürzende Mauer und wurde verletzt. Ohne den bösen Blick des Hexers wäre die Mauer nicht umgefallen»
(ein Abergläubischer 1950, zit. bei KRUSE).

Schließlich die gelehrten Abergläubischen des 15. Jahrhunderts:

«Manche haben brennende Augen, die durch den bloßen Blick andere bezaubern. Ihr Blick ist giftig und schädlich, und zwar am meisten für Kinder, die einen zarten Leib haben»
(SPRENGER und INSITORIS).

Nach soviel überwältigenden «Zeugnissen» will es wohl nur übelwollenden Skeptikern nicht in den Kopf, wenn die Parapsychologen

ANDREAS und KILIAN solch bösen Blick als echte Psychokinese ansehen: »Der oder die mit ihm Begabte blickt begehrlich auf – sagen wir – eine kostbare Vase, und sie zerspringt.« Es bleibt dann lediglich zu fragen, ob der Hexer wegen Sachbeschädigung verurteilt werden kann – eine Berührung fand ja nicht statt. Dem Armen kann wohl nur geraten werden, stets mit gesenktem Kopf zu gehen, wie seinerzeit im alten Rom ein gewisser Maximinus tat, weil er PLINIUS (7, 2, 16 ff.) gelesen hatte und folglich die Gefährlichkeit seiner Augen kannte (vgl. STEMPLINGER). Auf keinen Fall darf der mit solcher «Fähigkeit» Behaftete in einen Spiegel schauen, denn unweigerlich würde sein fürchterlicher Blick in gerader Linie auf ihn zurückgeschleudert, und so würde er sich womöglich selbst töten! Erwehrte man sich doch nach diesem trefflichen Rezept des todbringenden Basilisken: Man hielt ihm einfach einen Spiegel vor, und sein eigener giftiger Blick, um 180 Grad gewendet, machte ihm sofort den Garaus; man mußte nur sorgfältig darauf achten, daß man das Untier «erblickte», bevor es einen «ansah» – sozusagen ein Zauberblick-Gefecht –, weshalb man in England reimte:

Abb. 24: Sog. Milchzauber durch «Butterhexen», Grund für zahllose Todesurteile durch abergläubisch verblendete Hexenrichter. Angeblich leitete der «Teufel» die Milch durch «Fernwirkung ohne Berührung» aus den Zitzen der «verhexten» Kuh über einen in einen Türpfosten gesteckten Axtstiel in den «Hexenkessel». Darstellung aus der «Emeis» des hexengläubigen GEILER v. KAISERSBERG.

«Mischiefs are like the cockatrice's eye,
If they see first, they kill, if seen, they die»
(nach v. HOVORKA und KRONFELD).

Fürwahr also noch große Aufgaben, die der parapsychologischen Forschung harren, um den «wahren Kern» in alledem herausfinden!

Ganz wohl scheint es ANDREAS und KILIAN dabei allerdings nicht zu sein, da sie immerhin «ein wenig besorgt fragen, wo hier die Grenze zum Aberglauben liegt – bis zum Glauben an die verhexte Kuh, die keine Milch mehr gibt, könnte es sonst nicht mehr weit sein.»

Dem kann man wohl beipflichten (vgl. Abb. 24).

Spuk als Forschungsobjekt

Daß der alte Hexen- und Gespensterwahn nicht nur in seiner Substanz, sondern auch in der noch ganz mittelalterlichen Art und Weise seiner Propagierung fortlebt, zeigt sich auch an der famosen sog. Spukforschung, mit der die Parapsychologen die Existenz von «Poltergeistern» und ähnlichen Schreckgestalten beweisen wollen (MOSER, TIZANE, GRABINSKI, THURSTON, OWEN, BENDER, ROLL). «Ach wenn mir's nur gruselte!», diesen Märchenwunsch hegen viele nach wie vor, und so zieht mancher sogar am hellichten Tage aus, das Fürchten zu lernen. «Spuk ist eine Herausforderung für die Wissenschaft», heißt es bei BENDER. Und längst haben die Parapsychologen diesen Ruf angenommen. Gespensterseher können heute unbesorgt sein: Wo immer es nicht ganz geheuer aussieht, ist die Parapsychologie zur Stelle, um mit den modernsten Geräten neuzeitlicher Technik den Geistern auf den Leib zu rücken.

Gar nicht so selten sind die Fälle. Da fliegen wie von selbst Haushaltsgegenstände durch die Zimmer, Teller und Tassen aus den Schränken, Vasen von den Regalen, Porzellan zerschellt, Gläser zerspringen, Schrauben werden locker, Bilder drehen sich und fallen von den Wänden, greulich werden Äpfel angebissen, Würste zweckentfremdet, Nachttöpfe wie von Geisterhand geleert, ehrwürdige Heiligenbilder ruchlos mit Tomatenmark beschmiert, Tinte wüst herumgespritzt, Kleider zerrissen, warme Steine regnen in die gute Stube, Nägel kommen – o Graus – direkt aus der Wand, Unsichtbare klingeln an der Haustür, und in den Bettladen hört man ein schauerliches Klopfen. Und bleich vor Schrecken stammeln die Betroffenen: Es spukt!

Die Sachverhalte gleichen sich alle mehr oder weniger. Verwandte kommen, Neugierige, Gruselhungrige. Man holt die Polizei, die, ihrerseits oft ratlos, die Feuerwehr, das Elektrizitätswerk, den Schornsteinfeger, Baubehörden, Physiker, Statiker und alle möglichen anderen Fachleute zu Rate zieht. Dann werden Meßgeräte angeschlossen, die Wasserleitung durchgespült, die Fundamente abgeklopft, Mauern freigelegt, Wind- und andere Strömungen überprüft, Seismographen aufgestellt, man spürt dem Holzwurm und den Kellerratten nach, und manchmal stößt man tatsächlich auf stampfende Maschinen in der benachbarten Fabrik (vgl. SCHÜPPERT) oder auf das Bierglas, das ein schalkhafter Dachdecker statt eines Ziegels eingesetzt hat, um mit der »Geisterpfeife», die der Nordwind anbläst, die Hausbewohner zu erschrecken. Meist aber bleiben trotz allen Rätselratens die Ursachen im Dunkeln. Unterdes geht der Spuk weiter. Immer toller wird das Treiben. Scharen von Sensationsgierigen reisen in Omnibussen an, um wenigstens einmal im Leben ein richtiges Spukhaus zu sehen. Auch der Pfarrer war schon da und hat versucht, den Teufel auszutreiben. Vergebens.

Dies ist die Stunde des Parapsychologen und seines Teams. Mit Video-Recordern, elektronischen Kameras mit Funkübertragung, elektronischen Sperranordnungen und anderen raffinierten Apparaten wird jetzt der Kobold in die Enge getrieben, und siehe da, «es zeigt sich meist, daß die Erscheinungen von Jugendlichen in der Pubertät abhängig sind« (BENDER 1973).

Wer jedoch annimmt, der Fall sei damit erledigt und das letzte Wort habe der Jugendrichter, der irrt sich. Schabernack ja, aber keineswegs ein Jugendstreich, sondern rätselhafte, paranormale «Entladungen», «wiederholte spontane Psychokinese», so erklären Parapsychologen (BENDER und Schule) die Vorkommnisse. Nicht der Jugendliche selbst lasse die Steine heimlich aus der Hosentasche fallen, sondern geheimnisvolle unbekannte Kräfte im Widerspruch zu allen bekannten physikalischen Gesetzen!

Im Angesicht von derlei Schnickschnack mag man geneigt sein, lächelnd zur Tagesordnung überzugehen, und was den Inhalt der okkultistischen Behauptungen angeht, so wäre dies auch völlig richtig, trotz allen larmoyanten Lamentierens der Okkultforscher über die Ungläubigen, die mit «Hohn und Geringschätzung» solch «ernsten Menschheitsfragen» gegenübertreten (s. MOSER im Anschluß an den schwer abergläubischen Justinus KERNER). Da jedoch in den letzten Jahren wieder erhebliche Anstrengungen unternommen wurden, um die Bevölkerung von den angeblich neuen positiven Ergebnissen der «Spukforschung» zu überzeugen, erscheinen Richtigstellungen geboten, zumal die Öffentlichkeit gerade in jüngster Zeit auch durch Fernsehsendungen über dieses Thema wieder falsch informiert wurde. Den *Bergen* an pseudowissenschaftlichen Spukbüchern stehen leider nur wenig aufklärende Schriften gegenüber, so daß es auch dem gutwilligen Laien nicht immer leicht fällt, sich ein selbständiges Urteil zu bilden.

Die Sache sieht wie immer sofort anders aus, wenn man die «Erscheinungen» etwas zurückverfolgt und frühere Stellungnahmen betrachtet. Die Geschichte zeigt uns auch hier, daß es schon früher nicht nur Scheingelehrte gab, und daß auch auf diesem Gebiet alles schon da war. Tabelle 15 gibt eine kleine Übersicht über die polternden Geister der Vergangenheit.

Tab. 15: Historische Poltergeister

Zeit	Sachverhalt	Meinungen
1548	In Arnheim klagten junge Leute, daß ihnen hartes Zeug in die Leiber gezaubert würde, und brachten als Beweisstücke Nadeln, Nägel, Steine u. ä. in Erbrochenem und im Stuhlgang zum Vorschein. Als Urheberinnen des «Spuks» verdächtigte man 2 alte Frauen.	Ein Wahrsager bestätigte die Angaben der «Spukbefallenen« und «erkannte» in den verhafteten Frauen die verantwortlichen «Hexen». Der Stadtarzt WEIER entlarvte jedoch die «Verhexten» durch gründliche körperliche Untersuchungen als Schwindler und wies nach, daß die spitzen Gegenstände sich niemals in den Körpern befunden hatten, sondern durch betrügerische Manipulationen in den Auswurf praktiziert worden waren. So konnten die Beschuldigten in letzter Minute vor dem Tod auf dem Scheiterhaufen gerettet werden. WEIER warnte deshalb dringend vor den «unwissenden Doctores», die bei den Spukkomödien «nicht den natürlichen Grund erkennt, sondern einer Unholden zugeschrieben ..., daß dadurch der schendtliche argwon vom verzaubern erst recht erregt und gestercket, auff daß unschuldige Weibspersonen verklagt und hernach im rauch gen Himmel geschickt würden.»
1560	Eine Frau brachte angeblich Kirschensteine zur Welt.	WEIER: «Eine grobe Lügen eines Meßpfaffen. Es hat einer auß dieser beschornen rott kürtzlich ein erdichtet, erlogen Gesprech in truck verfertigt, es sey nemlich vor etlich Jaren einem Weibe das Bäuchlein dermassen auffgegangen, daß jedermann, sie gehe schwanger, gentzlich vermeint habe.

Und dieweil sie guter hoffnung, sie würde noch vor Faßnacht des Kindes genesen, und aber solchs wieder ihr hoffnung nicht beschehen, habe sie bey ihm rath und hülff gesucht, da habe er ihr ein tranck eingegeben, dadurch er bey seinem geschwornen eyd zwo Kannen Kirschenstein, die zum theil schon angefangen grünen, zum theil aber eines fingerlang auffgeschossen, von ihr getrieben habe. Es wird dieser Kautz die Anathomica etwan nicht wol gestudiert haben. Denn daß es eine lange, breite, dicke lügen sey, mag ein jeder darbey wol leichtlich abnemmen.»

1596 In Burton/England berichtete der 14jährige Thomas Darling von Feuersflammen in seinem Nachttopf und von einer umherspukenden grünen Katze. Es wurde deshalb eine alte Frau, Alice Gooderidge, als Hexe verdächtigt, weil sie dem Jungen einmal einen lauten Bauchwind mit dem Spottvers verwiesen hatte: «Gyp with a mischief, and fart with a bell, I shall go to heaven, and thou shalt go to hell.› Nachdem der Frau auf Anraten eines Hexenfinders glühende Schuhe übergezogen worden waren, gestand sie unzüchtige Beziehungen mit dem Teufel in Gestalt eines Hündchens namens Minny.

Der Spukforscher und Exorzist DARREL zweifelte nicht an dem ausgefolterten Geständnis und ermittelte demzufolge «teuflische Besessenheit.» Durch Bauchreden produzierte er «dämonische« Stimmen im Leib des Jungen, die er für hineingehext erklärte und dann unter Beschwörungen «austrieb». Dem Erzbischof HARSNETT gelang es jedoch, den Jungen zum Geständnis zu bewegen, daß er den «Spuk» selbst aus Rachsucht inszeniert hatte. Frau Gooderidge war allerdings inzwischen im Gefängnis gestorben. HARSNETT überführte schließlich auch den Spuk-Experten DARRELL öffentlich betrügerischer Praktiken, worauf dieser zu einem Jahr Gefängnis verurteilt wurde. Trotz allem blieb DARRELL auch nach Strafverbüßung bei seinem verbrecherischen Handwerk, und verfaßte zur Werbung für seine Teufelsaustreibungen Flugblätter wie «Die wunderbare und wahre Geschichte einer gewissen Hexe namens ...» (BASCHWITZ).

1620 Bei dem Schuljungen William Perry in Bilston (Staffordshire) schien der Teufel los: Stecknadeln, Federn und Wollknäuel kamen aus dem Mund

Katholischen Exorzisten gelang es, drei böse Geister aus dem Körper Perrys zu treiben: Luther, Calvin und Foxe. Waren allerdings Protestanten anwesend, kehrten die Vertriebenen sofort zurück

des Knaben, und in seinem Nachttopf sah man schwarzen Urin. Eine alte Frau wurde als Hexe angeklagt.

und erfüllten das Haus mit lautem Gebrüll. Auf Vorschlag THOMAS MORTONS spähte jemand durchs Schlüsselloch und sah dabei, wie «Bilston Boy» schwarze Tinte in den Nachttopf goß. Darauf gestand der Schalk, daß alles Betrug war, angestiftet von katholischen Priestern, um eine erfolgreiche Teufelsaustreibung vorführen zu können (BASCHWITZ).

1663 Im Landhaus des englischen Friedensrichters John Mompesson wurde unheimliches Trommeln und Pochen gehört. Zur Untersuchung eilte der Spukforscher GLANVILL herbei. Er beobachtete ein kratzendes Geräusch im Schlafzimmer der kleinen Töchter; danach ertönte es wie das Hecheln eines Hundes, ein leinener Sack bewegte sich, und die Familienbibel flog schnurstraks in den Kamin.

GLANVILLS Ergebnis: Dämonischer Spuk durch Hexerei. Hiergegen legte schon WEBSTER dar, wie der «Experte» sich durch die kleinen Possentreiberinnen hintergehen ließ, und nannte die ganze Spuk-Lehre eine Albernheit. Doch ungerührt beharrte GLANVILL auf seinem «Fall» als «vollkommenen und klaren Beweis von Hexen und Gespenstern» und klagte gramgebeugt, daß «die Welt ihr Gelächter und Gespött mit allen solchen Geschichten treibet und fest entschlossen bleibet, sie als Zeitvertreib und Altweibermärchen zu verachten.» Solche schlimmen Skeptiker wollte der Spukforscher ein für allemal mundtot gemacht wissen, zu welchem Zweck er sie einfach des Atheismus bezichtigte, um sie als Ketzer an den Brandpfahl zu bringen, nach dem gloriosen Gedankengang: «Wer das Dasein von Hexen leugnet, der leugnet auch das Dasein der Geister, und wer dieses tut, der leugnet auch das Dasein Gottes.»

1695 Im Stall des schottischen Kleinpächters Andrew Mackie wurde nachts das Vieh losgebunden, Topfhaken und ein Hirtenstab verschwanden von der Wand, Steine prasselten während des Sonntagsgebets ins Haus, Bettzeug wurde fortgerissen, und ein Eimer mit Torf ging

Nachdem «Es» auf die Kommode geklopft und alle Anwesenden als «Hexen» bezeichnet hatte, die zur Hölle fahren sollten, erklärte eine Spukforscher-Konferenz unter Vorsitz des Geistlichen TELFAIR das Geschehen für teuflischen Spuk (nach MOSER). Es handelte sich natürlich bloß um Schabernack der drei minderjährigen Kinder Mackies.

mitten im Flur in Flammen auf; schließlich bemerkten Nachbarn in einer Ecke des Hofes «etwas Schwarzes, wie eine Wolke, das immer größer wurde, als wolle es das ganze Haus füllen.»

1701 Der Jungarbeiter Richard Hathaway bellte wie ein Hund und erbrach zahlreiche Stecknadeln. Als Schuldige bezichtigte er Sarah Mordike, die sofort verhaftet und den üblichen Hexenproben unterzogen wurde. Obgleich man keine «Teufelsmale» fand, wurde gegen sie Anklage wegen Zauberei erhoben.

In der Gerichtsverhandlung ermittelte Lord Chief Justice Sir John HOLT, daß die Stecknadeln immer nur dann «apportiert» wurden, wenn Hathaway die Hände frei hatte, und entdeckte dann eine große Anzahl Nadeln in dessen Hosentaschen. So konnte er Frau Mordike freisprechen und den betrügerischen Denunzianten zu Pranger und Gefängnis verurteilen.

Solche «Zauber-Advocaten, welche durch ihre superklugen Phantasie-Grillen dem Teuffelischen Hexengeschmeiß das Wort reden wollen», hatte der Spukforscher GOLDSCHMIDT noch kurz zuvor als Atheisten und «Naturalisten» bezichtigt, weil sie nicht an «die geschehenen Erscheinungen der Gespenster und Polter-Geister» glaubten (vgl. Abb. 25). Aber HOLT verlachte den Okkultwahn und sprach auch eine Frau frei, der von 9 Nachbarn übereinstimmend bestätigt wurde, daß sie vermittels überzähliger Brustwarzen einen teuflischen Kobold in Gestalt einen Iltis namens Tom säuge (HUTCHINSON; vgl. auch Abb. 26) Der Rechtslehrer THOMASIUS nannte wenig später Poltergeist-Forscher vom Schlage eines GOLDSCHMIDT «schimpfliche Abschreiber, bösartige Märchenerzähler und liederliche Betrüger.»

1782 Im schweizerischen Kanton Glarus gab das Töchterchen des Arztes Tschudi unter Krämpfen Stecknadeln, Nägel und Ziegelsteine von sich. Daraufhin wurde das Dienstmädchen der Familie, Anna

Nach positiven Gutachten angesehener «Experten» – u. a. eines wahrsagenden Viehdoktors – wurde Anna Göldi wegen von ihr verübter «außerordentlicher und unbegreiflicher Kunstkraft» zum Tode verurteilt und hingerichtet (entgegen C. G. JUNG nicht verbrannt,

	Göldi, eingesperrt und peinlich befragt. Unter der Tortur («ein Vaterunser lang ufzoge») gestand sie, das Kind verhext zu haben.	sondern geköpft). Im Urteil ist festgestellt, daß sie dem Kind ein verzaubertes Backwerk geschenkt und «da das Töchterlein das verderbliche Lekkerli schon genossen gehabt, eröffnet habe, daß solches würcken werde, nämlich es werde Guffen, Eisendraht, Häftli und dergleichen Zeugs von dem Kinde gehen, welches auch leider zum Erstaunen auf unbegreifliche Weise geschehen» (zit. nach SOLDAN und HEPPE).
1797	Im Forsthaus Tegel bei Berlin vernahm man in mondhellen Nächten ein hohles Dröhnen und Geklapper im Korridor.	Eine Untersuchungskommission entlarvte als den Poltergeist den Hausknecht. Er hatte die «Phänomene» mittels einer auf ein Kreuzholz gewickelten Gartenschnur «fernbewirkt». GOETHE äußerte sich hierzu bekanntlich: «Das Teufelspack, es fragt nach keiner Regel; wir sind so klug, und dennoch spukt's in Tegel.« Im Hinblick auf die unverbesserlichen Spukgläubigen forderte NICOLAI nach der Aufklärung des Falles vor der Berliner Akademie der Wissenschaften, die Gespensterseher durch Ansetzen von Blutegeln am Gesäß zu kurieren (LEITHÄUSER).
1889	Erscheinungen in einer Kate in Resau/Mark Brandenburg waren so schaudervoll, daß man den Pastor zu Hilfe rief. «Dann flogen Kartoffeln umher, im Rücken fühlte sich der Pastor dann berührt, und zugleich schwebte ein Blechmaß heran; kaum hatte dies der Zeuge wahrgenommen, als auch schon eine Bratpfanne, deren ursprüngliche Richtung dem Zeugen unbekannt geblieben, vertikal vor seinen Füßen herunterglitt; ganz kurz darauf flogen Kartoffeln gegen den linken Arm und schließlich ein Schinken-	Nach Ansicht des Parapsychologen v. SCHRENCK-NOTZING handelte es sich um echten Spuk: «Diese magischen Ereignisse sind in ihrer Gesamtheit keineswegs durch Schwindel erklärlich.» Von der Kriminalpolizei wurde jedoch einwandfrei der Dienstknecht Karl Wolter als Täter überführt; das Landgericht Potsdam verurteilte den Hausgeist zu 2 Wochen Haft wegen Sachbeschädigung und groben Unfugs. Wolter, der sich später als Gehilfe bei einem Jahrmarktszauberer verdingte, war so gewandt von Hand, daß er eine mehrweit entfernte brennende Kerze durch Werfen von Papierkügelchen auslöschen konnte. Nach HELLWIG (1929) zeigt der Fall, «mit welcher

	knochen gegen die linke Kinnbacke des Pastors. Der letztere hatte, nachdem die Milch im Topf aufgeschlagen, damit begonnen, aus einem Gesangbuche Lieder vorzulesen, und hielt nach dem Erscheinen der Bratpfanne den Hut vor die linke Gesichtsseite» (Urteil des Landgerichts Potsdam vom 13. 3. 1889 i. S. gg. Karl Wolter wg. Sachbeschädigung u. a.)	Leichtfertigkeit selbst Fälle, in denen durch gerichtliche Urteile das Gegenteil festgestellt und eingehend begründet worden ist, ohne weiteres mit einer Bestimmtheit, die einen Widerspruch einfach nicht aufkommen läßt, als okkult bewertet und als beweiskräftig für die Realität von Spukvorgängen bezeichnet werden.»
1946	Ein 14jähriges Mädchen in Lauter am Chiemsee fühlte sich von ihrer Pflegemutter vernachlässigt, worauf Tomaten und Äpfel durch die Wohnung flogen, Brotrinde und Suppen verschwanden, Heiligenbilder mit Ichtyolsalbe verschmiert wurden und schließlich große Kothaufen und Urinlachen unter den Betten standen.	Der Parapsychologe BENDER fand keine natürlichen Ursachen. Die Umgebung vermutete «Geister» (SCHREY). Dagegen konnte der Kriminalist SCHÄFER ohne Mühe den Betrugsnachweis führen. Auf Befragen gab das Spukmädchen «offen zu, daß an den Berichten über die Spukvorfälle in Lauter kein Wort wahr ist, da ich diese Vorfälle und angeblichen Erscheinungen wissentlich und vorsätzlich verursacht habe. Meine Pflegemutter weiß das auch seit 1949... Glaublich im Sommer 1947 hat Professor Dr. BENDER diese Vorgänge in Lauter untersucht. *Ich* wurde dabei von ihm nicht befragt» (Protokoll vom 26. 4. 1955, erwähnt bei PROKOP 1973).

Wir sehen hier durch die Jahrhunderte hindurch immer wieder die gleiche abergläubische Befangenheit, die es den Okkultgläubigen verunmöglicht, die Lösung, das ganz natürliche Schwindelmanöver des kleinen Poltergeists, zu finden. Die Überführung des «Kobolds» gelingt jedoch meist auf Anhieb, wenn man wie auch sonst in Kriminalfällen nach dem Motiv fahndet. Auch Poltergeister haben ihre Beweggründe. SCHÄFER hat einige genannt:

«Man wollte sich im Mittelpunkt der Ereignisse wissen, wollte bedauert sein, wollte die Aufmerksamkeit von einem anderen ablenken, wollte Furcht einflößen, sich für Zurücksetzungen rächen, Benachteiligungen ausgleichen, wollte neue Bekleidung haben, neue Möbel, größere Wohnung, wollte einen Menschen durch die Beschmutzung eines Gegenstands seiner Verehrung be-

Abb. 25: Titelblatt eines Buches des Spukforschers GOLDSCHMIDT: «Höllischer Morpheus, welcher kund wird durch die geschehenen Erscheinungen der Gespenster und Poltergeister» (1698).

Abb. 26: Wahnglaube früherer englischer Parapsychologen von «teuflischen Kobolden», die von «Hexen» angeblich auf «paranormale» Weise vermittels «überzähliger Brustwarzen» ernährt werden. Titelblatt des Buches des okkultistischen Massenmörders «Generalhexenfinder» M. HOPKINS: The Discovery of Witches (1647).

leidigen, wollte einen anderen Menschen in schlechten Ruf bringen, wollte die Untermieter vertreiben, die Großmutter zum Auszug bewegen, Diebstähle verschleiern usw.»

Aber Okkultismus und kriminalistisches Denken schließen sich gegenseitig aus, und deshalb gehört an den «Spuk»-Ort nicht der Parapsychologe, sondern der nichtabergläubische Kriminalist und Trickexperte. Auch die teuersten Geräte nützen nichts, wenn sie auf Nichtvorhandenes angesetzt werden. Nil oculi prosunt, quibus est mens caeca videndi! Auf diese Weise kommt man, wie schon die alten Hexenrichter, zu den absurdesten «Feststellungen»:

«Der Spuk von Nicklheim begann in klassischer Weise im November 1968 mit Klopfen an Fenstern und Türen; dann drangen Steine in die Wohnung ein, auch in geschlossene Räume (!), was durch zahlreiche Zeugenaussagen erhärtet (!) ist» (BENDER 1970).

Für uns bleibt nur die Frage: Warum wurde kein Taschenspielsachverständiger zugezogen? Aber diese Frage war ja schon an alle Okkultisten der Vergangenheit zu richten. Die Antwort vermissen wir bis heute, und so verwundert es nicht, daß die «Spukforschung» seit 500 Jahren keinen Schritt vorwärts gekommen ist. Als ob es keinen düpierten ZÖLLNER gegeben hätte (vgl. Tabelle 14), spricht man wieder von «Durchdringbarkeit der Materie». Sogar Physiker diskutieren allen Ernstes, ob Steine oder Eisenstücke «psychokinetisch» durch eine Wand gehen könnten, ohne Löcher zu hinterlassen, und erwägen die Hypothese eines «höheren Raumes» oder einer «vierten Dimension». Dabei hat schon HELLPACH auf den Denkfehler des ZÖLLNERschen Beweises hingewiesen (s. LEHMANN), und heute weiß jeder durchschnittlich begabte Gymnasiast, daß imaginäre Größen wie die höheren Dimensionen allenfalls rechnerische Hilfsmittel darstellen, dadurch aber natürlich noch nicht zu Bestandteilen unserer Wahrnehmungswelt werden. Wir können uns solche Dimensionen mit dem Geist vorstellen, aber nicht durch Erfahrung wahrnehmen. Den unklaren Köpfen sei ans Herz gelegt, das Studium der einschlägigen Schriften KANTs geflissentlich nachzuholen. Die dreidimensionale Raumanschauung ist nun einmal, wie MACH sagt, eine der wichtigsten Grundlagen unserer sinnlichen Weltauffassung und als solche nicht zu eliminieren. Daran konnte nicht einmal EINSTEIN etwas ändern (vgl. JAMMER). Wie kann man nur annehmen, daß dies die Erzählungen abergläubischer oder schwachsinniger Zeugen vermöchten?

Vielleicht werden Parapsychologen auch folgenden Fall mit «Psychokinese in der vierten Dimension» erläutern?:

«Unter der uralten Burg Reinstein unweit Blankenburg am Harz liegt ein großes Felsenloch, angefüllt mit allerhand kleinen Steinen, wie man sie sonst nicht auf Gebirgen, sondern bloß in Ebenen findet. Wenn jemand von solchen Steinen viel oder wenig nimmt, führt oder trägt, so kommen sie doch wieder an denselben Ort, da sie sind weggenommen worden, so daß die Höhle immer voll von Steinen bleibt. Es soll aber noch keinem gefrommt haben, dergleichen Steine wegzubringen» (deutsche Sage bei Gebr. GRIMM).

Aus dem Sagen-Schatzkästlein können wir auch die Herkunft des Steinregen-Aberglaubens entnehmen. Alle Steine und Felsen nämlich, deren Entstehung sich man im Mittelalter nicht auf natürliche Art zu erklären vermochte, wurden dem Teufel zugeschrieben:

«Zu Köln bei der Kirche liegt ein schwerer Stein, genannt Teufelsstein, man sieht darauf noch die Kralle des bösen Feindes eingedruckt. Er warf ihn (nach BERKENMEYER 1414, den 30. Oktober) während eines Sturmwinds nach der Kapelle der Heiligen Drei Könige und wollte sie niederschmettern, es ist ihm aber mißlungen» (ebenda).

Gewaltige «Energien, die bei weitem die einer Wasserstoffbombe übersteigen» (BENDER), befürchten hier ja auch moderne Spukforscher. Denn: die Steine fühlen sich warm oder heiß an, wie VOLMAR grausenerfüllt immer wieder feststellen mußte (auf der Einbanddecke seines Spukbuches ist bezeichnenderweise ein Dachbodengespenst mit dem Kopf unter dem Arm abgebildet). Besser hätte man daran getan, die Schurztaschen der «Medien» zu inspizieren.

Ähnliche Unterlassungen waren in einem Fall zu beobachten, der mittlerweile als «Spuk von Rosenheim» auch Nichtabergläubischen ein Begriff geworden ist und Umfragen zufolge die Zahl der Spukgläubigen in unseren aberglaubensfrohen Landen stark anwachsen ließ. Die Begebenheit ist deshalb so bemerkenswert, weil sie in paradigmatischer Weise zeigt, wie durch unvollständige Berichte das Publikum irregeführt zu werden pflegt. Die «Erscheinungen» unterschieden sich bis auf wenige Details (rätselhafte Telefonanrufe, ausgelöste Sicherungsautomaten und ähnliche leicht zu manipulierende «elektrische Phänomene») nicht sonderlich von den sattsam bekannten Poltergeist-Spektakeln. Da es immer nur während der Bürozeit «spukte», konzentrierten sich die Ermittlungen bald auf die 19jährige Büroangestellte Annemarie S. Der anwesende Parapsychologe, BENDER, sah Ähnlichkeiten mit «personengebundenem Spuk» im traditionellen Sinn und konstatierte «Psychokinese»: «Ging das junge Mädchen durch den Gang, begannen die Lampen hinter ihr zu schwingen, explodierten Beleuchtungskörper, flogen die Scherben auf sie zu» (1971). Was aber steht im Bericht des Kriminalbeamten? Dies:

«Ich stellte mich im Speisezimmer so auf, daß ich die Lampe im Flur durch einen Türspalt beobachten konnte. Nach einiger Zeit wurde die S. in die Küche gerufen. Sie lief durch den Wohnungsflur unter der Lampe hindurch, ohne daß sich etwas bewegte. Einige Minuten später lief sie wieder durch den Flur zurück, und *ich sah ganz deutlich, daß sie, als sie unter der Lampe hindurchlief, dieselbe mit der rechten Hand blitzschnell in Schwingungen versetzte*» (Protokoll vom 17. 1. 1968 – 19Js 1723/67 StA Traunstein).

Ausgerechnet diese entlarvenden Feststellungen, die alles erklären, fehlen bei BENDER (1968, 1970, 1971, 1973). Eine eindeutige Materialselektion also, durch die dem Leser in concreto vorliegende gegenbeweisliche Tatsachen gegen Psychokinese alias Zauberei vorenthalten wurden!

Hier hört freilich alle Wissenschaft auf. Die Massenmedien aber haben, nach Bizarrem gierig, die neue Gruselstory bereits nachgeplappert, und wieder einmal hatte die Aufklärung das Nachsehen. Obgleich also auch hier die Entlarvung stattfand und ALLAN weitere Manipulationsmöglichkeiten aufgezeigt hat, wird fort und fort von Annemaries «geheimnisvoller unbekannter Energie» berichtet; so hieß es u. a., sie habe dadurch mehrmals, zum Schrecken ihres Bräutigams, eine ganze elektrische Kegelbahn lahmgelegt (KELLER).

Aetas media restituta! Vergleiche:

«Dorothea Kauffmännin wurde 1692 der Hexerei verdächtigt, als sie erzählte, daß sie für das immerwährende unerklärliche Glockenläuten im Hause verantwortlich sei ... Die Ratsverlässe teilen uns mit, daß sie Fragestücke für ein peinliches Verhör entworfen haben. Zu diesem Zweck ließ man die Kauffmännin in das Lochgefängnis überführen» (KUNSTMANN).

Wie es in solchen Fällen dann bei der Beweisaufnahme zuging, ersehen wir aus Friedrich v. SPEEs Klage: «Darum werden zwar die Indizien der Inquisitoren gegen die Angeklagten sorgfältig in den Akten aufgezeichnet, daß aber die meisten davon nicht vollständig bewiesen sind oder was gegen sie vorgebracht ist oder wie sie gänzlich widerlegt sind, – das wird mit keinem Wörtchen erwähnt.»

Schon damals also Materialselektionen, um das Übernatürliche zu beweisen!

Die Macht des Totenglaubens

Der Hexenwahn stellt nur *einen* Bestandteil des Spukaberglaubens. Ein anderes mächtiges Urbild ist der Totenglaube, die ganz alte prähistorische Seelenvorstellung. Jene archaische Totenfurcht, die den Verstorbenen noch mitten unter uns Lebenden, als Wiedergänger, umgehen wähnt, steckt als elementare Vorstellung noch fest im primitiven Menschen. Jahrhundertelang durch Ammenerzählungen wieder und wieder in den Gehirnen aufgefrischt, dienen die Totengeister, die um

Mitternacht gespenstisch in weißen Laken – im Totenhemd – durch altes Gemäuer und verschlossene (!) Türen schweben und schauerlich mit ihren verrosteten Ketten rasseln, noch immer als Schreck und Schabernack der Kinder. Und weil es zur Maskerade des Gespensterreigens nur wenig Requisiten braucht, bildet der durch den Korridor schleichende Spiritus familiaris geradezu das Muster für das Poltergeistspiel. In einem badischen Schloß ging so ein Ruheloser um, der «Schlurfer». Alle Jahre an einem bestimmten Tag wurden ihm ein paar neue Schuhe hingestellt, die er zu seinem «Laufen» brauchte. Die Abergläubischen erzählten, daß man oft seine schlurfenden Schritte hören konnte. Das Schloß liegt längst in Schutt und Asche, aber noch immer lebt der «Schlurfer», den vielleicht einmal ein neckischer Page gespielt hat, in der Erinnerung der Dörfler.

In England ist dieser Gespensterglaube zum Gesellschaftsspiel geworden. Vom alten Lord HALIFAX rühmten seine Gäste, wie «herrlich er die Anwesenden erschaudern lassen konnte; und was sie ganz besonders gruselte: diese entsetzliche Furcht hinterher, etwas Kaltes zu berühren.» Man kann das gut verstehen, wenn man Geschichten liest wie diese aus seinem berühmten Ghost Book:

«Ein junges Paar übernachtete im verrufenen Zimmer. Plötzlich erwachte der Mann mit dem Gefühl, daß er zwischen *zwei* Personen lag. Vorsichtig weckte er die Frau, und beide sahen im Schein des Kaminfeuers ganz deutlich den Umriß einer menschenähnlichen Gestalt unter der Bettdecke. Während sie noch starr vor Schrecken lagen, hörten sie draußen Schritte ganz sacht und langsam den Korridor entlang kommen, immer näher, bis vor die Tür. Stille. Dann bewegte sich der Türgriff, und die Tür schwang auf, ganz sanft. Leise tappten die Schritte durch das Zimmer. Wieder Stille. Da, ein gräßliches gurgelndes Röcheln, und dann sahen beide die Bettdecke wie von zitternden Fingern weggerissen! Und noch einmal schlurften die grauenvollen Schritte durch den Raum, hinaus in den Korridor, um dann draußen ganz allmählich zu ersterben» («Drei in einem Bett»).

So mit genüßlichem Entsetzen makabre Scherze treibend, begegnet England seinen Gespenstern. Man unterhält sich mit ihnen, aber man nimmt sie nicht wichtig. Es fehlt überhaupt der tierische Ernst, der den Okkultismus hierzulande kennzeichnet. Auch wenn dort einer über «geisterhafte Fußtritte» ein ganzes Buch verfaßt (MACGREGOR), so huldigt er eingestandenermaßen seinem Spleen und nicht der «Erforschung». Selbst eine so fleißige Arbeit wie der «Reiseführer zu britischen Geistern» (UNDERWOOD), der zu jedem Spukort gewissenhaft auch die Übernachtungsgelegenheiten verzeichnet, läßt augenzwinkernd durchblicken: «Glaub's oder laß es bleiben.»

Ganz anders die deutschen Okkultisten. Für sie ist das Schloß- und Kirchhofsgespenst («ortsgebundener Spuk») eine «wissenschaftliche

Aufgabe von allergrößter Bedeutung, um den Spuk unserem Weltbild allmählich einordnen zu können» (MOSER). Allen Ernstes «erforschen» Parapsychologen (MOSER, GRABINSKI, VOLMAR) «Phänomene» wie die folgenden:

«Geistererlebnisse eines schweizerischen Landpfarrers»
«Auf dem Friedhof erlöst»
«Ein oberpfälzisches Pfarrhaus als Spukhaus»
«Die Nonne im Unterstand»
«‹In der kommenden Nacht wirst du bei mir schlafen›»
«Der ruhelose Geist des Pfarrers von Bischoffingen»
«Das geheimnisvolle Läuten auf Schloß Holligen»
«Zehn Jahre lang nach dem Tode täglich beraten»
«Das Fraueli mit dem Deckelkörbchen»
«Ein ruheloser Notar»
«Die weiße Frau auf Schloß Bernstein» (vgl. Abb. 27)
«Von einem Verstorbenen angebranntes Meßbuch»

Abb. 27: Die «Weiße Frau» von Schloß Bernstein/Österreich, angeblich fotografiert von einem Augenzeugen. Typisch okkultistische Fälschung (1913).

Was es z.B. mit letzterem auf sich hat, zeigt uns GRABINSKI an einem alten Meßbuch mit Brandstellen. Es wird nach allen Seiten untersucht und den Experten zur Begutachtung vorgelegt: «Es sei erwähnt, daß auch Prof. Dr. BENDER, der Leiter des Freiburger Instituts für Grenzwissenschaften, mit einer Assistentin das Meßbuch bei mir einer genauen Besichtigung unterzogen hat und sichtlich von den Brandstellen beeindruckt war. Er äußerte sich u.a. dahin, es sei auffallend, daß solche Fälle nicht isoliert daständen. Der vorliegende Fall sei jedenfalls gut dokumentiert» (GRABINSKI 1964). Doch lautet GRABINSKIs Ergebnis nicht, wie man annehmen sollte, auf Verursachung durch tropfende Altarkerzen, sondern dahin, daß eine «arme Seele» da ihre feurige Hand hineingedrückt habe. Sicherlich würde er auch folgenden «Fall» unter die «gut dokumentierten» einordnen:

«Den verstorbenen Pfarrer Feuchter aus Ruhl, der sich trotz eines beim Tode seiner ersten Frau abgelegten Schwures wieder verheiratet hatte und zur Strafe im ganzen Ort gar greulich herumspukte, stellten die Jesuiten in der Kirche; sie zwangen ihn unter Beschwörungen in einen Sack hinein, und er bat nur, seiner Frau beim Abschied noch einmal die Hand reichen zu dürfen. Sie aber wurde gewarnt und hielt ihm nur ihr Tuch hin, das dann auch sofort in Flammen aufging» (Thüringer Sage bei FREUDENTHAL).

Das alles ist lehrreich, weil es ad oculos demonstriert, daß hier ältester Volksglaube selbst in zeitbedingten Einzelheiten alle gesellschaftlichen Wandlungen unverändert überdauert hat (zur heidnischen Herkunft der Vorstellungen über die feurigen Hände der Geister s. KROLL). Daß dem ganzen Spuk- und Geisterglauben aber bestimmte seelische Erlebnisse zugrunde liegen, ahnte schon OTTO, und ZUCKER hat es durch klinische Beobachtungen wahrscheinlich gemacht. Die Dinge sind seit geraumer Zeit bekannt und sollten von den akademischen Gespenstersehern endlich zur Kenntnis genommen werden.

Richtet man nämlich den Blick nicht auf die ungerufenen Erscheinungen, sondern auf das abergläubische Erleben als solches, so zeigt sich, daß gerade in den okkultistischen Paradefällen nicht das Gespenst, sondern das Gruseln als solches das Wesentliche ist. Das Gefühl beschreiben fast alle Geisterseher übereinstimmend als einen spezifischen Erstarrungszustand, ein sie plötzlich überkommendes lähmendes Entsetzen, bei dem sie kein Glied mehr rühren können und ihnen alle Haare zu Berg stehen. So schildert der Spukseher C. G. JUNG sein Erlebnis mit einem halbierten Frauenkopf auf seinem Schlummerkissen: «Ich kam mir in meiner Erstarrung wie gelähmt vor. Ich konnte schließlich nichts mehr denken und verfiel in einen halbwachen Torpor.» Die von ZUCKER gesammelten Erfahrungen legen nun nahe, daß dieses Gefühl der «Bannung» nicht, wie es die Erlebenden immer erzählen, dem «Gespenst» nachfolgt, sondern es begleitet, ja ihm sogar vorhergeht und es erst hervorruft. Ähnliche Zustände mit Gespenster-Halluzinationen sind bei Enzephalitis lethargica bekannt. Es handelt sich dabei offenbar um vasomotorische Krisenvorgänge, die den ganzen Körper erfassen (Gänsehautbildung, Durchrieselungsgefühl, Heiß- und Kaltwerden) und somit auf eine Lokalisation im Zentralnervensystem hinweisen.

Nun wird auch klar, weshalb so viele Menschen *keine* Gespenster erleben: weil bei ihnen jene hirnorganischen Besonderheiten fehlen, die das Gruseln *ohne äußeren Anlaß* auslösen. Die Situation ist hier vergleichbar dem epileptischen Anfall, der ja ebenfalls seine Ursache in einer besonderen Beschaffenheit des Gehirns hat. Der anfallsfreie Gesunde kann sich in jene Gefühlszustände naturgemäß nicht einfühlen. Ihm geht es wie jenem bekannten Märchenheld, der das Gruseln erst zu lernen glaubte, als man ihm einen Eimer voll kalten Wassers und zappelnden Gründlingen überschüttete. Solche «Gespenstererlebnisse ohne Gespenster» lehren uns, daß der Inhalt der begleitenden Halluzinationen lediglich durch die Vorstellungswelt des erlebenden Subjekts bestimmt wird. Während der eine nur sinnloses Klopfen und Rumoren hört oder ein schemenloses Alpdrücken spürt, «sieht» der andere die ans Fenster pochenden verdorrten Schwurfinger des gestern begrabenen Meineidigen oder «spürt» im Hockauf den alten Waldmüller, der mit seinem greulichen schwarzen Hund (Augen wie Zinnteller) zur Strafe für seine Wilderertaten im Hohlweg bis zur «Erlösung» «umgehen» muß.

Um es kurz zu sagen: *Jeder sieht die Gespenster, die er verdient.* Dem Abergläubischen läßt sein mythisches Denken die dem körperlichen Krisenzustand so adäquaten numinosen Elementarvorstellungen hochsteigen – nun sieht er wieder wie der geisterfürchtige Primitive Tote als Lebende, in voller Körperlichkeit mit allen ihren früheren Eigenschaften. «Die afrikanischen Ovaherero sind überzeugt, daß ein Leichnam heiraten und längere Zeit mit seiner Gattin leben könne, ohne daß diese es bemerkt, mit was für einem Wesen sie es zu tun hat» (OTTO). Im alten Ägypten führte solche Nekrophilie zu Geschlechtsverkehr mit Mumien; man wußte zu diesem Zweck durch Injektionen harziger Substanzen in die Venen des männlichen Geschlechtsglieds Erektionen post mortem zu erzeugen (v. NEGELEIN). So zum Verwechseln ähnlich scheint der Tote dem Lebenden, daß die Chiriguano-Indianer, wenn sie einen Bekannten treffen, zuerst fragen: «Bist du lebendig?» (LEVY-BRUHL). Weil er ähnliche Vorsichtsmaßnahmen verabsäumte, ging noch vor nicht allzu langer Zeit ein deutscher Bauer in die Irre, der in einem Nachbardorfe einkehrte. Bei dem hinter dem

Ofen der Gaststube sitzenden Wirt bestellte er ein Getränk. Zu seinem Erstaunen regte der sich nicht. Da kommt die Wirtin und klagt dem Gast, daß ihr Mann schon vor Tagen gestorben sei und nicht fort wolle (mündlich aus dem Kraichgau). Daß auch der beklemmende Gedanke an Scheintote hereinspielt, hat Wilhelm Busch richtig gesehen und in seiner scherzhaften Art glaubhaft gemacht:

> «‹Heißa!› – rufet Sauerbrot –
> ‹Heißa! meine Frau ist tot!
> Hier in diesem Seitenzimmer
> Ruhet sie bei Kerzenschimmer.
> Heute stört sie uns nicht mehr,
> Also, Alter, setz dich her!›
> Knarr! – da öffnet sich die Tür.
> Wehe! Wer tritt da herfür!?
> Madame Sauerbrot, die schein-
> Tot gewesen, tritt herein.
> Starr vor Schreck wird Sauerbrot,
> Und nun ist er selber tot.»

Man kann unsere Spiritisten nur bedauern, da sie sich ja, wenn sie konsequent sind, wohl täglich mit ähnlichen Identifizierungsproblemen herumschlagen müssen. Das sind eben die Folgen, wenn Vorstellung und Wahrnehmung, Traum und Wachen, Wahn und Wirklichkeit verwechselt werden. Wir erkennen nun, wie unsinnig es ist, Schloßgespenstern mit Kamera und Blitzlicht auflauern zu wollen. Genau so gut könnten wir am Dorfteich warten, bis vielleicht Nixen und Wassermänner auftauchen («Wiesengunkele, hopp hopp, drei Füß' und kein Kopp!»). Und wie wäre es mit Elfen, Wichtelmännern, Bergmännlein, dreibeinigen Hasen, Werwölfen, Lindwürmern, Irrwischen, Leuten ohne Kopf, Vampiren, blutenden Steinen, wilden Jägern und feurigen Hunden, der Roggenmuhme, dem Butzemann und vielleicht dem Vogel Greif?

Hier zeigt sich, daß der von den Okkultisten so gröblich mißbrauchte Begriff der wissenschaftlichen Hypothese dringend einer definitorischen Einschränkung bedarf, wollen wir nicht Gefahr laufen, daß schließlich alles und jedes Hirngespinst zur «Forschungsaufgabe» gemacht wird. Es gibt einfach gewisse Grenzen, innerhalb derer sich jeder Forscher bewegen muß, wenn er ernst genommen werden will – eine «Grenzwissenschaft», die zwischen dieser und der «anderen» Welt oszilliert, ist keine Wissenschaft, sondern grober und naiver Unfug. Bestimmte Tatsachen stehen nun einmal fest: daß die Erde eine Kugel ist, daß ein schwerer Körper nach unten fällt und daß die Hexen nicht zum Blocksberg fliegen. Wer solche Grundtatsachen unserer Existenz (wir nennen sie auch Erfahrungssätze) bezweifelt, ist kein «mutiger Forscher», sondern setzt sich heute allenfalls der Forderung nach psychiatrischer Untersuchung aus. Mit anderen Worten: eine Hypothese muß *wahnfrei* sein, um das Ehrenattribut der Wissenschaftlichkeit verdienen zu dürfen.

Was die Wahnidee von der «Psychokinese» betrifft, so können wir nach allem uns guten Gewissens der Verordnung der edlen Kaiserin Maria Theresia anschließen:

«Wir haben eine Zeitlang mißfällig wahrnehmen müssen, daß nicht allein verschiedene von unseren Landeseinwohnern in ihrer Leichtgläubigkeit so weit gehen, daß sie dasjenige, was ihnen durch Traum oder Einbildung vorgestellet oder durch andere betrügerische Leute vorgespiegelt wird, für Gespenster und Hexereyen halten, sondern daß sie auch in ihrer Leichtgläubigkeit oftmals mit einigen von Vorurteilen eingenommenen gelahrten Personen bestärket werden ... So ist unser gnädigster Befehl, daß allemal, wenn ein solcher Kasus eines Gespenstes, oder Hexerey vorkommen sollte, derselbe der *Polizey* sofort angezeiget, mithin von *dieser*, unter Beiziehung eines *vernünftigen Physizi*, die Sache untersucht und eingesehen werden solle.»

Der Hexen und Gespenster ist man aber bis heute nicht habhaft geworden. Es gibt eben im Himmel und auf Erden nicht alle Dinge, von denen unsere Schulweisheit sich träumt.

Literatur

ADRION, A.: Zauberei, Zauberei
Walter Verlag, Freiburg i. Br. (1968)

ALLAN, SCHIFF u. KRAMER: Falsche Geister, Echte Schwindler
Zsolnay Verlag, Hamburg 1969

ANDREAS, P. u. KILIAN, C.: Die Phantastische Wissenschaft Parapsychologie
Econ Verlag, Düsseldorf (1973)

BAERWALD, R.: Okkultismus und Spiritismus und ihre weltanschaulichen Folgerungen
Deutsche Buchgemeinschaft, Berlin (1926)

BASCHWITZ, K.: Hexen und Hexenprozesse
Rütten u. Loening, München (1963)

BASSIN, F., u. PLATONOV, K.: Verborgene Reserven des höheren Nervensystems
Hippokrates Verlag, Stuttgart (1973)

BENDER, H.: Glaubensheilung und Parapsychologie
In BITTER: Magie und Wunder in der Heilkunde
Kindler Verlag, München (1959)

BENDER, H.: Der Rosenheimer Spuk – ein Fall spontaner Psychokinese
Zeitschr. Parapsychol. 11, 104 (1968)

BENDER, H.: Neue Entwicklungen in der Spukforschung
Zeitschr. Parapsychol. 12, 1 (1970)
BENDER, H.: Unser sechster Sinn
Deutsche Verlagsanstalt, Stuttgart (1971)
BENDER, H.: Spuk als wissenschaftliche Grenzfrage
In: Verborgene Wirklichkeit
Walter Verlag, Freiburg i. B. (1973)
BRUHN, C.: Gelehrte in Hypnose
Parus Verlag, Hamburg 1926
CHAUVIN, R., u. GENTHON, J.-P.: Eine Untersuchung über die Möglichkeit psychokinetischer Experimente mit Uranium und Geigerzähler
Zeitschr. Parapsychol. 8, 140 (1965)
CRAWFORD, W.: The Reality of Psychic Phenomena
Watkins, London 1919
CROOKES, W.: Der Spiritismus und die Wissenschaft. Experimentelle Untersuchungen über die psychische Kraft
Mutze, Leipzig (1898)
CROOKES, W.: Materialisationsversuche
Mutze, Leipzig (1923)
DELLA PORTA, G.: Magia naturalis
Ch. Peganium, Nürnberg (1680)
DESSOIR, M.: Vom Jenseits der Seele, 6. Aufl.
Enke Verlag, Stuttgart (1931)
FREUDENTHAL, H.: Das Feuer im deutschen Glauben und Brauch
De Gruyter, Berlin (1931)
GELEY, G.: Materialisationsexperimente mit M. Franek Kluski
Mutze, Leipzig (1922)
GLANVILL, J.: Blow at modern Sadducism on Witches and Witchcraft
London (1666)
GLANVILL, J.: Sadducismus triumphatus. Vollkommener und klarer Beweis von Hexen und Gespenstern
Hamburg (1701)
GOLDSCHMIDT, P.: Höllischer Morpheus, welcher kund wird durch die geschehenen Erscheinungen der Gespenster und Poltergeister
Hamburg (1698)
GRABINSKI, B.: Spuk und Geistererscheinungen, 4. Aufl.
Styria Verlag, Graz (1953)
GRABINSKI, B.: Beweise aus dem Jenseits
Credo Verlag, Wiesbaden (1964)
GRIMM, J., u. GRIMM, W.: Deutsche Sagen
Wissenschaftl. Buchgesellschaft, Darmstadt (1971)
GROSS, H., u. SEELIG, E.: Handbuch der Kriminalistik, 8. Aufl.
Schweitzer, Berlin (1954)
V. GULAT-WELLENBURG, W., v. KLINCKOWSTROEM, C., u. ROSENBUSCH, H.: Der physikalische Mediumismus
Ullstein Verlag, Berlin (1925)

HALIFAX, C.: Ghost Book, 4. Aufl.
Geoffrey Bles, London (1953)
HANSEN, J.: Zauberwahn, Inquisition und Hexenprozeß im Mittelalter, 2. Aufl.
Scientia Verlag, Aalen (1964)
HARSNETT, S.: Discovery of the Fraudulent Practises of John Darrell
London (1599)
HELLWIG, A.: Okkultismus und Wissenschaft
Enke Verlag, Stuttgart (1926)
HELLWIG, A.: Okkultismus und Verbrechen
Hanseatischer Rechts- und Wirtschaftsverlag, Hamburg (1929)
V. HOVORKA, O., u. KRONFELD, A.: Vergleichende Volksmedizin
v. Strecker u. Schröder, Stuttgart (1908)
HUTCHINSON, F.: An Historical Essay concerning Witchchraft
London (1718)
JAMMER, M.: Das Problem des Raumes
Wissenschaftl. Buchgesellschaft, Darmstadt (1960)
JASPERS, K.: Allgemeine Psychopathologie, 8. Aufl.
Springer Verlag, Berlin (1965)
JUNG, C. G.: Vorrede zu F. MOSER: Spuk
Gyr Verlag, Baden (1950)
KELLER, W.: Was gestern noch als Wunder galt
Droemer/Knaur, Zürich (1973)
V. KLINCKOWSTROEM, C.: Die Zauberkunst, 2. Aufl.
Deutscher Taschenbuchverlag, München (1968)
KROLL, J.: Gott und Hölle, 2. Aufl.
Wissenschaftl. Buchgesellschaft, Darmstadt (1963)
KRUSE, J.: Hexen unter uns?
Hamburgische Bücherei, Hamburg (1951)
KUNSTMANN, H.: Zauberwahn und Hexenprozeß in der Reichsstadt Nürnberg
Stadtarchiv, Nürnberg (1970)
LEHMANN, A.: Aberglaube und Zauberei, 3. Aufl.
Enke Verlag, Stuttgart (1925)
LEITHÄUSER, J.: Das neue Buch vom Aberglauben
Safari Verlag, Berlin (1964)
LEVY-BRUHL, L.: Die geistige Welt der Primitiven
Wissenschaftl. Buchgesellschaft, Darmstadt (1966)
LOMBROSO, C.: Hypnotische und spiritistische Forschungen
Enke Verlag, Stuttgart (o. J.)
MACGREGOR, A.: Phantom Footsteps
Macmillan, London (1959)
MACH, E.: Zeit und Raum, physikalisch betrachtet
In: Erkenntnis und Irrtum
Wissenschaftl. Buchgesellschaft, Darmstadt (1968)
MAIR, L.: Magie im Schwarzen Erdteil
Kindlers Universitätsbibliothek, München (1969)

MANNHARDT, W.: Zauberglaube und Geheimwissen, 5. Aufl.
Barsdorf Verlag, Berlin(1920)
MARZELL, H.: Zauberpflanzen, Hexentränke
Francksche Verlagsbuchhandlung, Stuttgart (1963)
MERZBACHER, F.: Die Hexenprozesse in Franken, 2. Aufl.
Beck Verlag, München (1969)
MISCHO, J.: Parapsychologie und Wunder
Zeitschr. Parapsychol. 13, 24 (1971)
MOLL, A.: Das «Medium» Eusapia Paladino
Dtsch. med. Wschr. 28, 524 (1903)
MOSER, F.: Spuk, Irrglaube oder Wahrglaube?
Gyr Verlag, Baden (1950)
V. NEGELEIN, J.: Weltgeschichte des Aberglaubens
De Gruyter, Berlin (1935)
OSTRANDER, S., u. SCHROEDER, L.: Psi, 2. Aufl.
Scherz Verlag, München (1971)
OTTO, W.: Die Manen, 3. Aufl.
Wissenschaftl. Buchgesellschaft, Darmstadt (1962)
OWEN, A.: Can we Explain the Poltergeist?
Garrett Publications, New York (1964)
PARKER (alias CHAPMAN): Confessions of a Medium
Griffith u. Farran, London (1882)
PELZ, C.: Nachweisbarer Okkultbetrug
In: Bekämpfung von Glücks- und Falschspiel
Bundeskriminalamt, Wiesbaden (1955)
PLINIUS SECUNDUS, C., d. Ä.: Naturgeschichte
Wissenschaftl. Buchgesellschaft, Darmstadt (1968)
PRATT, J.: Zum Stand der Psychokinese-Forschung
In: H. BENDER: Parapsychologie
Wissenschaftl. Buchgesellschaft, Darmstadt (1966)
PROKOP, O.: Medizinischer Okkultismus, 3. Aufl.
Gustav Fischer Verlag, Jena (1973)
PROKOP, O.: Naturwissenschaft contra Parapsychologie
Arch. Kriminologie 154, 100 (1974)
RIEZLER, S.: Geschichte der Hexenprozesse in Bayern, 2. Aufl.
Scientia Verlag, Aalen (1968)
ROLL, W.: Kann man den Poltergeist mit dem Bandmaß fangen?
In: Psi und Psyche, Festschrift f. H. BENDER
Deutsche Verlagsanstalt, Stuttgart (1974)
SCHÄFER, H.: Straftaten ohne Motiv?
Kriminalistik 10, 28 (1956)
V. SCHRENCK-NOTZING, A.: Physikalische Phänomene des Mediumismus
Reinhardt Verlag, München (1920)
V. SCHRENCK-NOTZING, A.: Materialisationsphänomene, 2. Aufl.
Reinhardt Verlag, München (1923)
SCHREY, C.: Spuk am Chiemsee
Credo Verlag, Wiesbaden (1950)

SCHÜPPERT, R.: Der Ravensburger Spuk – aufgeklärt
Münchn. med. Wschr. 99, 222 (1957)
SCHURZ, J.: Vom Bilsenkraut zum LSD
Francksche Verlagsbuchhandlung, Stuttgart (1970)
SCOT, R.: Discoverie of Witchcraft
London (1584)
SELIGMANN, S.: Der böse Blick und Verwandtes
Barsdorf Verlag, Berlin (1910)
SOLDAN, W. u. HEPPE, H.: Geschichte der Hexenprozesse, 3. Aufl.
Wissenschaftl. Buchgesellschaft, Darmstadt (1969)
V. SPEE, F.: Cautio Criminalis oder Rechtliches Bedenken wegen der Hexenprozesse
Wissenschaftl. Buchgesellschaft, Darmstadt (1967)
SPRENGER, J., u. INSTITORIS, H.: Der Hexenhammer
Wissenschaftl. Buchgesellschaft, Darmstadt (1974)
STEMPLINGER, E.: Antiker Volksglaube
Spemann Verlag, Stuttgart (1948)
TENHAEFF, W.: Außergewöhnliche Heilkräfte
Walter Verlag, Freiburg i. Br. (1957)
THOMASIUS, C.: De crimine Magiae
In: Dissertationes academicae varii imprimis juridici argumenti
Uhl, Halle (1773 ff.)
THURSTON, H.: Poltergeister
Räber Verlag, Luzern (1956)
TIZANE, E.: Sur la piste de l'homme inconnu
Tonquédec, Paris (1951)
TRUESDELL, J.: Bottom Facts concerning Spiritualism
Garden, New York (1889)
UNDERWOOD, P.: A Gazetteer of British Ghosts
Souvenir Press, London (1971)
VOLMAR, F.: Berner Spuk
Francke Verlag, Bern (1969)
WEBSTER, J.: Display of supposed Witchcraft
London (1673)
WEIER, J.: Von Teuffelsgespenst, Zauberern und Gifftbereytern, Schwartzkünstlern, Hexen und Unholden, 2. Aufl.
Nicolaus Basseus, Frankfurt a. M. (1586)
WEIMANN, T.: Parapsychologie, In PAKRADUNY: Die Welt der geheimen Mächte
Löwit, Wiesbaden (o. J.)
WITTER, H.: Allgemeine und spezielle Psychopathologie
In: Handbuch der forensischen Psychiatrie, Bd. 1
Springer Verlag, Berlin (1972)
ZMECK, J.: Wunderwelt Magie
Henschel Verlag, Berlin (1974)
ZUCKER, K.: Psychologie des Aberglaubens
Scherer Verlag, Heidelberg (1948)

Statt eines Nachworts

Wir streiften durch den Irrgarten des Okkultismus am Ariadnefaden der Naturwissenschaft. Am Ausgang des Labyrinths verbleibt uns nur eine Warnung – vor dem Eintritt. Denn dort ist nichts zu finden, was die Erkundung lohnt; es sei denn die alte Feststellung, daß es mit dem Okkulten nichts ist. Von den zahlreichen parawissenschaftlichen Theorien konnte keine einzige verifiziert oder auch nur wahrscheinlich gemacht werden. Parapsychologie und Paramedizin sind eben nicht die empirischen Wissenschaften, die sie zu sein vorgeben, sondern ein monströs-abstruser Mischmasch aus Glauben und Rationalismus. Elementare mythische Vorstellungen, uralter Volksaberglaube, Wahnideen und andere abnorme seelische Erlebnisse werden hier mit pseudowissenschaftlichen Argumenten zu objektiven Tatsachen umgefälscht; Sympathie- und Zauberglaube, prälogische Seelenvorstellungen und andere primitiv-magische Volksanschauungen sollen als Realitäten «wissenschaftlich bewiesen» werden. In seinem monomanischen Bestreben, eine «andere» Wirklichkeit, einen «verborgenen» Sinn *hinter* den Dingen zu erlangen, erweist sich der Okkultismus, wie BRY es formulierte, als geistiges «Hinterweltlertum» und damit als verkappte Religion. Aller Fluß hochtönender Phrasen und wissenschaftlich klingender Fremdworte kann nicht darüber hinwegtäuschen, daß hier «Alleingültiges für Allgemeingültiges» ausgegeben ist mit all den Gefahren, die in unserer wissenschaftsgläubigen Zeit ein solch verschleierter Absolutheitsanspruch für die körperliche und geistige Volksgesundheit mit sich bringt.

Wohin es führen kann, wenn Wahnvorstellungen und Lügenmärchen durch Scheingelehrte als unbestreitbare Naturtatsachen hingestellt werden, zeigt uns in eindringlicher Weise die Vergangenheit. An den Verbrechen der Hexenverfolgungen, jener Warnungstafel der Geschichte, erkennen wir, daß auch in der Wissenschaft nichts folgenlos bleibt, und sei es auch der größte Blödsinn. Wir können hier von unseren skeptischen Vorfahren nur lernen. Sie waren in diesen Dingen sehr viel hellhöriger, denn für sie waren die Folgen des Okkultismus augenfällig. Man muß sich das vergegenwärtigen: Während dreier Jahrhunderte gab es in ganz Europa nur wenig größere Orte, die nicht von den Schmerzensschreien der im Zauberwahn gepeinigten Menschen widerhallten. Überall wurden Scharen in Verliese geworfen, bestialisch gemartert und auf fürchterliche Weise verbrannt. Fast jeder hatte einmal, vielleicht als Kind schon, auf einem Richtplatz die Flammen der Scheiterhaufen lodern sehen, in denen man alte – und auch junge – Frauen lebendig röstete (vgl. Abb. 28); die Henkerlisten verzeichnen oft Hunderte von Opfern an einem Tag. Widerstand erschien sinnlos, prallte an der Mauer abergläubischer Dummheit ab, war glatter Selbstmord. Selbst ein v. SPEE wollte verzagen: «Gott weiß es, wie oft ich das unter tiefen Seufzern in durchwachten Nächten überdacht habe und mir doch kein Mittel einfallen wollte, der Wucht der öffentlichen Meinung Einhalt zu gebieten.» Es mußte erst eine robustere Generation heranwachsen, die sich vom Popanz der «Autoritäten» nicht mehr beeindrucken ließ. Es waren die Väter der Aufklärung, die erkannten, daß es verlorene Liebesmühe ist, von hohlköpfigen Fanatikern Einsicht und Wandlung zu erhoffen; hier ist schwereres Geschütz

Abb. 28: Folgen von Zauberwahn: Hexenverbrennung. Die Gesamtzahl der Todesopfer beträgt Millionen! Hier eine Exekution in Amsterdam 1581. Zeitgenössischer Kupferstich.

vonnöten. Samuel PUFENDORF, der große Rechtslehrer, empfahl deshalb seinem großen Schüler THOMASIUS: «Wir haben es mit harthäutigen Tieren zu tun, und man muß sie mit der Mistgabel kitzeln.»

THOMASIUS hat das Rezept erfolgreich angewandt. Mit grimmigem Hohn entlarvte er die gelehrten Hexengläubigen als «Abschreiber ohne Verstand und abergläubische Nacherzähler alter Weiberlehren»; das altdumme Okkultistenargument von der «verblüffenden Gleichförmigkeit der Zeugenberichte» zerschmetterte er durch die einzige spöttische Frage, was wohl von tausend untereinander übereinstimmenden Aussagen zu halten sei, daß eine Hexe im Himmel gewesen, mit St. Petrus getanzt und mit dessen Jagdhund geschlafen habe? Erst dadurch, daß THOMASIUS auf diese derbe Weise die Schreibtischtäter dieses Aberglaubens, die *gelehrten* Hexenmörder, der allgemeinen Verachtung und Lächerlichkeit preisgab, gelang es, dem Massenmorden ein Ende zu setzen. Dem finsteren Spukgebilde schien endgültig der Garaus gemacht. «Fallet nieder, alte gute Mütterchen, fallet nieder und danket Gott, daß diese Zeiten vorüber sind!» frohlockte darob MANNHARDT noch vor 50 Jahren.

Ist die Gefahr wirklich vorüber?

Wir dürfen dessen nicht allzu sicher sein. Wie wir gesehen haben, ist der alte Zauberglaube keineswegs ausgerottet. Ein großer Teil des Volkes glaubt nach wie vor felsenfest an das Walten okkulter Kräfte, und in der parapsychologischen Lehre von der «Psychokinese» feiert der ganz nackte Hexenwahn auch in gelehrten Köpfen wieder fröhliche Urständ. Wenn wir beobachten, wie die alte Afterwissenschaft sich heute selbst an Universitäten wieder breitmacht, dann sind wir versucht zu fragen, ob denn Männer wie WEIER, HARSNETT, v. SPEE, WEBSTER, BEKKER und THOMASIUS umsonst gelebt haben und ob MANNHARDT nicht zu früh gejubelt hat. LEHMANNs Hoffnung, daß der Glaube an Magie mit der fortschreitenden Erkenntnis der Naturgesetze schwinden werde, hat sich jedenfalls als eitel erwiesen. Durch die mit Hilfe der prookkultistischen Massenpresse gegenwärtig betriebene permanente Falschinformation des Publikums ist es im Gegenteil bereits wieder soweit gekommen, daß Millionen fest an Astrologie, Prophetie, Hellsehen, Telepathie, Hexenzauber, Gespenster und ähnliche mittelalterliche Wahnvorstellungen glauben. Selbst Gebildete werden durch die einseitigen Berichte, in denen die vernichtende Kritik der Naturwissenschaftler in aller Welt unterschlagen wird, irregeführt. Eine zunehmende Kritiklosigkeit, unklares und verschmiertes Denken läßt auch intelligente Menschen mystisch-irrationalen Vorstellungen nachhängen. Nüchterne Selbstbesinnung, rationale Intention, mit anderen Worten Vorsicht und Vernunft wollen schwinden.

Ein Teil des Abendlandes scheint Abschied zu nehmen von der griechischen und lateinischen Klarheit, ohne die es niemals Wissenschaft gegeben hätte.

Da Wundermärlein meist eine viel stärkere Faszination ausstrahlen als klare wissenschaftliche Deduktionen, dürfte es nur eine Zeitfrage sein, wann sich die unheilvolle Massensuggestion zur ernsten Gefährdung der Allgemeinheit ausgewachsen haben wird – wenn nicht mehr sachgemäße Aufklärungsarbeit geleistet wird. Schon FREUD sah schwarz:

«Von der ersten Zustimmung an werden die Okkultisten ihre Sache für siegreich erklären, sie werden den Glauben von der einen Behauptung auf alle anderen ausdehnen, von den Phänomenen auf die Erklärungen erstrecken, die ihnen die liebsten und die nächsten sind. Die Methoden wissenschaftlicher Untersuchung sollen ihnen ja nur als Leiter dienen, um sich über die Wissenschaft zu erheben. Wehe, wenn sie so hoch gestiegen sind! Und keine Skepsis der Umstehenden und Zuhörenden wird sie bedenklich machen, kein Einspruch der Menge sie aufhalten. Sie werden als Befreier vom lästigen Denkzwang begrüßt werden, alles, was seit den Kindertagen der Menschheit und den Kinderjahren des Einzelnen an Gläubigkeit bereit liegt, wird ihnen entgegenjauchzen. *Ein fürchterlicher Zusammenbruch des kritischen Denkens*, der deterministischen Forschung, der mechanistischen Wissenschaft *mag dann bevorstehen*; wird ihn die Technik durch ihr unerbittliches Festhalten an Größe der Kraft, Masse und Qualität des Stoffes aufhalten können?

Von dem besonderen Hang unseres Volkes zum Mystizismus sprach bereits Ricarda HUCH. Nicht ohne Grund haben die Exzesse des Hexenwahns ihr schrecklichstes Ausmaß in den Ländern deutscher Zunge erreicht. Wer garantiert, daß solche Epidemien sich nicht wiederholen und daß nicht eines Tages ein neuer SPEE wieder verzweifelt ausrufen muß: «Sehet Deutschland, so vieler Hexen Mutter!»

Wir wollen aber keine neuen Hexenbrände. Wir haben die Nase noch voll von dem Leichengeruch, den die Greuelmärchen *früherer* Spuk-Professoren erzeugt haben. Schon Francis BACON hat die Magie von den Naturwissenschaften geschieden. Nach dem Siegeszug der Empirie ist diese Trennung nicht mehr rückgängig zu machen. Für derlei «Magia naturalis» hat Europa mit Millionen Scheiterhaufen bereits teuer genug bezahlt. Es reicht jetzt.

Wir wollen den Okkultisten ja gern ihren Aberglauben lassen. Der Glaube ist frei, auch der Glaube an Blödsinn. Wer jedoch in rückwärts gewandter «Revision der Aufklärung» solchen Glauben wieder als «Wissenschaft» unter die Leute bringt, macht sich der Volksverdummung schuldig und muß in seine Schranken verwiesen werden. Zur Verbreitung sektiererischer Glaubensvorstellungen ist jederzeit Platz in den Kultsälen von Tempeln, aber nicht in den Hörsälen der Universitäten. Das Elend, das Sektierer mit wissenschaftlichem Anspruch angerichtet haben – und, wie wir auch auf anderen Gebieten sehen, täglich noch anrichten –, ist so groß, daß wir hier nicht lässig schweigen dürfen. Zum Schutz des Allgemeinwohls ist hier jeder Einsichtige verpflichtet, von seinem Recht der Kritikfreiheit Gebrauch zu machen, um dem scheußlichen Bastard von Aberglauben und Pseudowissenschaft, als welcher auch der moderne Okkultismus daherhinkt, den Kehraus zu bereiten. Denn «es gibt nichts Schändlicheres in der Welt als sich auf Lügen und Märchen einzurichten.»

Sachregister